“十三五”高职高专物流管理校企合作系列教材

广 州 铁 路 职 业 技 术 学 院 资 助 出 版

物流作业安全管理

WULIU ZUOYE ANQUAN GUANLI

主　编　李　劲

副主编　黎应雄

参　编　唐晓林　隆心

广东高等教育出版社
Guangdong Higher Education Press

·广州·

图书在版编目（CIP）数据

物流作业安全管理/李劲主编．—广州：广东高等教育出版社，2020.9（2022.9 重印）
ISBN 978－7－5361－6661－5

Ⅰ．①物…　Ⅱ．①李…　Ⅲ．①物流管理－安全管理－教材　Ⅳ．①F252

中国版本图书馆 CIP 数据核字（2019）第 296422 号

出版发行	广东高等教育出版社 社址：广州市天河区林和西横路 邮编：510500　营销电话：（020）87554153　87553735 http://www.gdgjs.com.cn
印　　刷	佛山市浩文彩色印刷有限公司
开　　本	787 毫米×1 092 毫米　1/16
印　　张	15
字　　数	320 千
版　　次	2020 年 9 月第 1 版
印　　次	2022 年 9 月第 2 次印刷
定　　价	39.80 元

前　言

基于“建设现代职业教育体系，深化产教融合、校企合作，培养高素质劳动者和技能型人才”的职业教育要求，我们联合广深铁路股份有限公司的专业人士共同编写了《物流作业安全管理》教材。本教材按照企业物流过程和安全管理要求，以项目—任务的编写模式组织教材内容，理论知识按照够用的原则，注重项目—任务内容的实用性、实战性和具体可操作性，注重解决物流实际过程中安全隐患、危险的识别、评价和控制的能力培养和方法的掌握等，强调“模拟实践化、岗位操作化、问题方法化”。

本教材在满足物流作业安全管理所需的一般知识、技能要求的基础上，突出了铁路物流安全管理的所需的行业知识与技能要求，体现了铁路物流行业对安全管理人才在知识与技能方面的具体要求。全书共分八个项目，38 个任务，引用许多案例，按照物流安全作业及管理的基本流程，即识别、认识危险，评价危险，分类控制或规避危险等来编写教材，重点写了如何识别、评价和控制人的不安全行为，以及由人的不安全行为引发的物的不安全状态等。学生在学习过程中应注意结合我国物流安全的实际情况进行理解，并完成相关训练任务。

本书由李劲任主编，设计全书的编写思路和具体要求，并对全书进行统稿；黎应雄任副主编，对项目六、七进行统稿。具体分工为：李劲（广州铁路职业技术学院）编写了项目一、二、三、五、六，唐晓林（广东南华工商职业学院）编写了项目四，黎应雄（广深铁路股份有限公司广州货运中心）编写了项目七，隆心怡（广州铁路职业技术学院）编写了项目八。

在本书的编写过程中，我们查阅了大量的信息资料和相关书刊，引用了当前国内外专家学者的一些研究成果、有关企业的安全管理模式和资料，在此对他们表示深深的谢意！

由于编者水平有限，错漏在所难免，诚望指正。

编　者

2020 年 6 月

目　　录

项目一　认识物流安全管理 ……………………………………………………（ 1 ）

任务一　认识物流安全管理的重要作用 ……………………………………（ 1 ）

任务二　认识安全、本质安全和安全生产管理 ……………………………（ 10 ）

任务三　了解物流作业安全管理的来源 ……………………………………（ 11 ）

任务四　认识安全管理的特征 ………………………………………………（ 13 ）

项目二　学习及应用安全生产法规 ……………………………………………（ 20 ）

任务一　《中华人民共和国安全生产法》一点通 …………………………（ 20 ）

任务二　认识安全生产法规 …………………………………………………（ 24 ）

任务三　学习安全生产法 ……………………………………………………（ 30 ）

任务四　了解职业病防治、女职工与未成年工特殊保护 …………………（ 59 ）

项目三　事故发生的机制分析 …………………………………………………（ 67 ）

任务一　认识事故发生的机制 ………………………………………………（ 67 ）

任务二　了解海因里希的因果连锁理论 ……………………………………（ 72 ）

任务三　了解能量意外释放论 ………………………………………………（ 74 ）

任务四　了解以人的失误为主因的事故模型 ………………………………（ 79 ）

任务五　了解轨迹交叉论 ……………………………………………………（ 83 ）

任务六　了解系统理论 ………………………………………………………（ 86 ）

项目四　物流安全作业行为分析与改善 ………………………………………（ 90 ）

任务一　了解不安全行为的生理因素 ………………………………………（ 90 ）

任务二　认识不安全行为的心理特征 ………………………………………（ 93 ）

任务三　认识行为科学与人的不安全行为 …………………………………（ 97 ）

任务四　了解改善人的不安全行为的途径 …………………………………（100）

项目五　物流作业中人的失误分析与预防 ……………………………………（104）

任务一　了解物流作业中人的失误 …………………………………………（104）

任务二　人的失误致因分析 …………………………………………………（109）

任务三　心理紧张与人的失误 …………………………………………（113）
任务四　作业疲劳及其预防 …………………………………………（115）
任务五　人的失误的预防 ……………………………………………（118）

项目六　装卸搬运作业安全管理 ……………………………………（123）
任务一　装车、卸车和堆码作业安全 ………………………………（124）
任务二　车辆使用与高处安全作业 …………………………………（128）
任务三　作业人员安全要求与夏冬季作业安全 ……………………（129）
任务四　设备设施作业安全管理 ……………………………………（131）
任务五　机械作业安全管理 …………………………………………（134）
任务六　掌握主要货物品类装卸作业和应急处置 …………………（144）

项目七　铁路物流作业安全管理 ……………………………………（149）
任务一　认识铁路物流作业安全管理现状 …………………………（149）
任务二　了解铁路物流作业内容及分类 ……………………………（153）
任务三　铁路物流作业安全影响因素分析 …………………………（162）
任务四　了解铁路物流作业安全管理 ………………………………（172）
任务五　掌握铁路货运安全员作业标准 ……………………………（180）

项目八　危险品物流作业安全管理 …………………………………（196）
任务一　了解危险货物分类及物流作业的一般要求 ………………（196）
任务二　认识危险品物流的包装和标志 ……………………………（202）
任务三　了解危险品的托运与承运 …………………………………（210）
任务四　掌握危险品的装卸和运输要求 ……………………………（211）

附　录
《中华人民共和国安全生产法》 ……………………………………（214）
《中华人民共和国职业病防治法》 …………………………………（231）
天津港“8·12”瑞海公司危险品仓库特别重大火灾爆炸事故调查报告……（231）

参考文献 ………………………………………………………………（232）

项目一　认识物流安全管理

【学习目标】

1. 树立危险作业行为都是恶的、丑的意识。
2. 了解物流安全管理在物流中的重要作用。
3. 理解物流作业实现本质安全的途径。
4. 能识别和消除物流事故隐患。

任务一　认识物流安全管理的重要作用

安全管理的三个终极问题就是，如何识别危险，如何评价所识别的危险，如何消除或控制危险。物流安全管理则相应地要解决如何识别物流系统中的危险，如何评估所识别的危险、如何消除或控制物流系统中的危险这三个问题。追求美好生活是每个人的初心，只有安全工作和生活才能让这一初心得以实现。我国的安全生产，如物流作业安全与管理需要形成怎样的共识，才能在我们的共同努力下长治久安？

请你根据自己的经验和知识，并根据如下参考资料判断，在近年来，以下哪两个行业的危险性会排在前两位？

①采矿业；②化工业；③冶金业；④建筑业；⑤交通运输和仓储业。

（参考答案见第 2 页）

一、对物流作业危险的认识

请阅读下列材料，谈谈自己对物流作业安全管理的认识，并尝试得出物流事故发生的主要轮廓。

【阅读材料 1】

漠视员工生命　严重违法违规　肆意践踏红线
四川宜宾××公司胆忒大

2018 年 7 月 12 日 18 时 42 分，四川省宜宾市江安县阳春工业园区，宜宾××科技有限公司（以下简称“××公司”）二车间脱水釜发生爆炸，连锁反应引起二车间、三车间内的设备及物料起火燃烧，造成 19 人死亡、12 人受伤……

中华人民共和国应急管理部于7月17日在宜宾召开事故现场警示会，深入剖析事故暴露出的问题，指出这是一起典型的严重违法违规导致的安全生产事故，教训极为深刻，必须引以为戒。

“7·12”事故，从已掌握的情况来看，××公司利字当头，目无法纪，漠视员工生命，肆意践踏红线，已无疑义：未批先建，拒不执行停建指令；边生产边建设，无自动化控制系统；设计和建设“两张皮”，明挂羊头暗卖狗肉；“科技”公司无科技，工艺来源不明，设备陈旧，车间副主任只上过小学三年级，员工多为农民工……

如此胆大妄为，可以说不出事是偶然，出事是必然。这样一家“脏乱差”的企业怎么就成了江安县招商引资的“香饽饽”？是谁的过错？又是谁的责任？

“捡进篮子就是菜”，江安县为××公司一路大开绿灯，“精气神”都耗在了招商引资、拉动GDP（国内生产总值）上，贪大求全、降低门槛，把安全也给免掉了。

据了解，这是2012年河北××化工有限公司“2·28”爆炸事故以来，化工企业死亡人数最多的一起事故。

××公司成立于2015年6月，注册资本为1 000万元，是江安县政府招商引资的重点工程。2016年4月，该公司取得江安县发改局批复的“企业投资项目备案通知书”，设计年产2 000吨5-硝基间苯二甲酸、300吨2-(3-氯磺酰基-4-氯苯甲酰) 苯甲酸。

对危化品企业，从选址开始，到建设、投产、运行、经营等全过程各环节，我国法律法规都有一系列严密而具体的规定。从调查情况来看，××公司无法无天，漠视员工生命，视法律法规为儿戏，自己想怎么干就怎么干，严重违法违规。

根据目前调查了解的事实可认定该公司涉嫌“八宗罪”。

第一宗，选址长江边，工厂平面布局严重违规。

2016年1月5日，习近平总书记在重庆主持召开推动长江经济带发展座谈会时强调，要“共抓大保护、不搞大开发”。但2017年才开工建设的××公司距离长江的直线距离只有500多米。

该公司三个车间平行设置，间隔只有13米。办公楼建于生产区，且违规设置员工宿舍。

第二宗，违法违规建设，偷梁换柱，逃避政府监管。

未批先建，拒不执行停建指令。2017年7月，宜宾市安监局检查发现××公司未

• 参考答案 •

参考答案：建筑业；交通运输和仓储业

根据全国和广东、安徽两省的生产安全事故统计数据，可判断建筑业、交通运输和仓储业是近一年来危险性排在前两位的行业。

根据应急管理部通报2018年1—6月份全国建筑业安全生产形势，1—6月份全国建筑业共发生生产安全事故1 732起、死亡1 752人，同比分别上升7.8%和1.4%，事故总量已连续9年排在工矿商贸事故第一位。

（资料来源：安委办函〔2018〕67号）

批先建，要求其立即停工并补办危化品建设项目“三同时”手续。××公司仅在2017年12月补办了宜宾市安监局下发的安全审查意见书，2018年3月15日其安全设施设计审查未通过。在办理有关许可审批的同时，××公司拒不执行停止建设指令，事故发生前，办公楼、分析室、烘干房、一车间、二车间、三车间、库房、储罐区等主要建筑物已基本建成。

第三宗，项目设计水平低，从建成之日起就已经存在重大隐患。

××公司建设的装置化验室、办公楼等，面向生产车间的一侧都违反规定只安装了普通玻璃门窗。

第四宗，工艺来源不明，反应釜多是利旧，涉嫌非法来料加工，未掌握原材料的名称和安全特性。

××公司采用的咪草烟和三氮唑生产技术，无正规技术来源，未经正规设计，分别由常州市××国际贸易公司和成都××药业有限公司提供工艺路线。技术提供方为保密，隐瞒了部分化学品名称标识，更没有提供安全技术说明书。××公司技术负责人根据经验规划了生产装置和操作流程，对相关技术的安全风险不了解。

第五宗，评价报告与现场工艺流程、设备布置及生产产品严重不符。

二车间、三车间未严格按照设计图纸进行建设，设计和建设“两张皮”。该公司3月起试生产的产品，也不是其在项目引进、行政许可报批时申请的产品，而是咪草烟和三氮唑，明挂羊头暗卖狗肉。同时，精制车间还在进行邻乙基对硝基苯胺的中试。

第六宗，边施工边生产，设备“裸奔”运行。

无论是5-硝基间苯二甲酸和2-(3-氯磺酰基-4-氯苯甲酰）苯甲酸，还是咪草烟和三氮唑，其生产过程均涉及多种重点监管危化品和重点监管工艺，如水合肼、双氧水、甲醇，硝化、氧化、重氮化等。然而××公司在自动化控制系统、可燃和有毒气体报警系统及消防水系统等安全设施均未安装，且没有制定试生产方案的情况下就开始了试生产。事故发生时，该公司已获得100余万元利润。自动化控制系统缺失导致每班均有十余人在反应釜周边进行人工操作。

第七宗，安全管理极为混乱，边生产边调整操作流程。

责任制、操作规程、交接班等管理制度一概没有。经理层和各部门负责人只有口头授权，无正式任命文件；交接班时间随意，有关人员在生产装置内交接班。生产靠技术提供方技术员指导，××公司尝试打通生产工艺，摸索工艺参数，边生产边随便改变调整操作流程，并在车间随意堆放没有任何标识的化工原材料、半成品、产品，使用易产生静电的PP（玻纤增强聚丙烯）管输送易燃易爆液体物料。

第八宗，安全管理机构不健全，人员资质违反安全生产要求。

××公司安全管理机构不健全，安全环保部只有1名安全员，且不具备安全管理能力，各车间也没有专职或兼职安全员。企业实际控制人无化工方面的学历和从业经验，对化工生产的风险没有任何认知。技术负责人仅掌握5－硝基间苯二甲酸等两种产品技术，也不具备安全生产等专业管理能力。

车间副主任罗某只有小学三年级文化程度，2月份入职，6月份就被提拔为车间副主任，字都认不全，更别提化工专业知识了。

此次事故中死亡的19人中有16人是××公司的操作工，大部分是当地农民，达不到企业生产涉及的氧化、硝化等工艺要求的特种作业人员必须具备高中以上学历的要求。据调查，7月前入厂的员工根本没有受过任何安全教育。

据了解，这些操作工每个月能拿到4 000元左右，“在当地算是高的”。

“处理过这么多事故，检查过那么多企业，企业违法违规到这种程度，还是第一次见到。”应急管理部党组成员王浩水在会上说，“这样的企业发生恶性事故是必然的，只是早一天晚一天的问题。”

（资料来源：张楠．漠视员工生命　严重违法违规　肆意践踏红线　四川宜宾××公司胆忒大［N］．应急管理报，2018－07－12.）

【阅读材料2】

2012年6月29日4时20分左右，湖南省株洲市茶陵县××物流有限公司一辆号牌为湘B8××××（湘B3×××挂）的重型半挂油罐车从广东省茂名市到东莞市，当车辆行驶至广州市沿江高速公路南岗段夏港入口附近，临时停靠在道路最外侧车道和应急车道中间时，一辆号牌为湘L6××××的个体经营货车从后方驶来，与湘B8××××油罐车发生追尾，造成油罐内所载溶剂油泄漏。溶剂油顺着高速公路排水管流入高速公路高架桥下的货物堆场，桥下突然发生爆燃，大火迅速引燃油罐车、桥下堆放的木板及临时搭建的工棚，造成20人死亡、31人受伤（其中16人重伤）。

（资料来源：摘自《广东省广州市“6·29”重大事故情况的通报》安委办明电〔2012〕18号）

图1－1　“6·29”广州油罐车爆炸事故现场

【阅读材料3】

2010年5月23日2时50分，史某驾驶号牌为蒙F1××××重型货车，由辽宁省鞍山市台安县达牛镇××压燃厂装载钢材前往内蒙古自治区兴安盟。当由西向东行驶至长深高速公路辽宁阜新境内彰武服务区时，在服务区内掉头后由服务区入口逆向驶入长

（春）深（圳）高速至306.2 km处，与由西向东驶来的天津市长途汽车公司驾驶员赵某驾驶的号牌为津AB××××大客车正面相撞起火，造成33人死亡、24人受伤，两车烧毁报废。直接经济损失2 403.5万元。

（资料来源：摘自《关于辽宁省阜新市“5·23”特别重大道路交通事故调查处理结果的通报》安委办〔2011〕3号）

【阅读材料4】

2010年7月15日，新加坡×××石油公司所属30万吨××××油轮在向国际储运公司原油罐区卸送最终属于中油燃料油股份有限公司（中国石油控股的下属子公司）的原油；中油燃料油股份有限公司委托天津×××石化技术有限公司负责加入原油脱硫剂作业，×××公司安排上海××商品检验技术服务有限公司大连分公司在国际储运公司原油罐区输油管道上进行现场作业。所添加的原油脱硫剂由×××公司生产。

15日15时30分左右，该油轮开始向国际储运公司原油罐区卸油，卸油作业在两条输油管道同时进行。20时左右，××公司和×××公司作业人员开始通过原油罐区内一条输油管道（内径0.9 m）上的排空阀，向输油管道中注入脱硫剂。7月16日13时左右，油轮暂停卸油作业，但注入脱硫剂的作业没有停止。18时左右，在注入了88 m^3脱硫剂后，现场作业人员加水对脱硫剂管路和泵进行冲洗。18时8分左右，靠近脱硫剂注入部位的输油管道突然发生爆炸，引发火灾，造成部分输油管道、附近储罐阀门、输油泵房和电力系统损坏和大量原油泄漏。事故导致储罐阀门无法及时关闭，火灾不断扩大。原油顺地下管沟流淌，形成地面流淌火，火势蔓延。事故造成作业人员1人轻伤、1人失踪，消防战士1人牺牲、1人重伤，103号罐和周边泵房及港区主要输油管道严重损坏，部分原油流入附近海域。据统计，事故造成的直接财产损失为22 330.19万元。

（资料来源：摘自《关于大连中石油国际储运有限公司“7·16”输油管道爆炸火灾事故情况的通报》安监总管三〔2010〕122号）

【阅读材料5】

2012年7月5日凌晨1时57分，潮水过浙江杭州七堡，浪高2 m。诸暨货0×××船在四桥下游1 km处往上游航行，GPS记录显示，该货船最后一次上线记录是凌晨2时37分，在钱江四桥附近，之后该船处于掉线状态。钱江地方海事处海月桥所当班人员在动态监管系统中发现该货船后，立刻通过监管系统调取电话想与他们取得联系，但该船始终没有回应。钱江海事派出正在避潮的两艘海事艇去附近搜寻，海事艇发现该货船时，该货船已经被潮水击沉，船底朝天浮在江面上。所幸的是，轮机员和驾驶员水性好，依附在船身上才得了救，但货船所运200余吨黄沙全部沉入江底。

（资料来源：货船违规穿越2米大潮被掀翻　200余吨黄沙沉入江底［EB/OL］. http：//zjnews. zjol. com. cn/05zjnews/system/2012/07/05/018635567. shtml.）

【阅读材料6】

2012年4月9日凌晨4时许，广东省东莞市中堂镇潢涌村××纸业有限公司的员工王某清驾驶一辆高位叉车，从一期仓库下纸的位置将一卷611型号的纸卷搬运到611型号纸卷堆放位置，到位后，王某清将叉车的升降杆升高，把该纸卷堆放在第六层。纸卷堆放整齐后，王某清驾驶叉车后退准备离开仓库，在退车时却忘记了将升降杆收缩回来，导致叉车的升降杆撞到仓库顶部的电缆桥架及电缆线。王某清被电缆桥架掉下来的铁皮砸伤头部，后离开现场。根据东莞市公安消防局的鉴定结果，正是王某清的不慎撞跌电缆桥架及电缆线造成电缆线机械损伤，绝缘体破坏，最终导致电缆线短路，高温引燃纸卷继而引发火灾。经过消防队员6天6夜的工作，纸厂大火最终被扑灭。据统计，该次火灾造成××纸业有限公司直接财产损失逾4 724万元，另外，当火灾发生时，正在该公司一期仓库电梯内工作的员工崔某某由于停电被困电梯内，由于火势太大消防人员无法进入救援，崔某某最后死亡。

（资料来源：中堂“4·9”火灾事故责任者以涉嫌重大责任事故罪被起诉［N］. 广州日报，2012-08-31.）

阅读完上述材料后，你可试试勾勒出物流事故发生的概况。

（1）物流事故发生的环节：________________

（2）物流事故发生的后果：________________

（3）导致物流事故发生的最主要因素：________________

（参考答案见第8页）

物流过程中一旦发生事故，物流的目标将难以实现，安全在物流活动中至关重要。无论是何种形式的物流活动，都需要从安全的角度高效力、高效率地管理物流作业，预防事故的发生。造成物流事故发生的因素很多，需要专业化系统管理。

⊙ **实战** 1.1

根据上面的阅读资料，列出导致物流事故的因素，并进行分类。

⊙ **自测题** 1.1

物流安全作业是否能创造价值？

二、物流事故

1. 物流事故分类

物流事故是指在物流过程中发生的，造成人员伤亡、财产损失或环境破坏的意外事件，如果事件的后果是人员伤亡（含健康损害），称为人员伤亡事故；如果没有造成人员伤亡或身体损害，而是财产、环境或其他损失，就是非人员伤亡事故，例如，以货物本身是否安全、准时送达，可将货运事故分为火灾、被盗、丢失、损坏、腐坏、污染、湿损、票货分离和其他 9 种。

根据 2007 年 6 月 1 日实施的我国《生产安全事故报告和调查处理条例》规定，生产安全事故类别可根据事故导致人员的伤亡人数和经济损失的价值分为一般事故、较大事故、重大事故和特别重大事故四大类。据此，物流事故也应按此条例规定核定类别。判定生产安全事故的类别可根据表 1－1 进行。

表 1－1　生产安全事故分类

事故类别	分类标准	
	死亡 X 数或重伤 Y 数/人	经济损失 Z/亿元
特别重大事故	$X \geqslant 30$；$Y \geqslant 100$	$Z \geqslant 1$
重大事故	$10 \leqslant X < 30$；$50 \leqslant Y < 100$	$0.5 \leqslant Z < 1$
较大事故	$3 \leqslant X < 10$；$10 \leqslant Y < 50$	$0.1 \leqslant Z < 0.5$
一般事故	$X < 3$；$Y < 10$	$Z < 0.1$

备注：重伤包括急性工业中毒。

2. 效力

效力是指在一定时间内对物流过程中安全目标的满足程度。如果所有参与物流活动的组织在其生命周期内都能像美国杜邦公司一样，明确地将安全目标定为“零伤害，零职业病，零环境损坏”，就是在物流活动中做得最有效，即解决了做正确的事的问题。

3. 效率

效率是指在给定的物流活动的安全目标水平下，根据组织对资源利用的经济性测量的效果。这是在物流活动中解决做正确的事后，解决正确地做事的问题。

4. 事故隐患

在物流过程中，不发生事故是否就意味着安全呢?

事故隐患是指在物流作业中可导致发生的人的不安全行为、物的不安全状态或管理上的缺陷。重大事故隐患是指可能导致重大人身伤亡或者重大经济损失的事故隐患。

例如，图 1－2 所示的物流作业就属于事故隐患。

图 1－2　物流作业事故隐患

考虑事故起因，可将事故隐患归纳为21类，即火灾、爆炸、中毒和窒息、水害、坍塌、滑坡、泄漏、腐蚀、触电、坠落、机械伤害、公路设施伤害、公路车辆伤害、铁路设施伤害、铁路车辆伤害、水上运输伤害、港口码头伤害、空中运输伤害、航空港伤害和其他类隐患等。

• 参考答案 •

物流事故发生的概况主要包括：

（1）物流事故发生的环节：运输、仓储、装卸搬运、包装、流通加工、配送、信息处理等物流全部环节。

（2）物流事故发生的后果：造成人员伤亡、财产损失或环境破坏等后果。

（3）导致物流事故发生的最主要因素：人是导致物流事故发生的最主要因素。

5. **危险**

危险是指一个系统中存在导致发生不期望后果的可能性超过了人类可承受的限度。

根据上面的定义，在安全生产中，危险是生产系统中的事件发生伤害后果的可能性与严重性的二元函数，可用危险度 R 来表示危险的程度，即有：

$$R = F \cdot C$$

凡是发生人员伤亡的后果，都是我们不期望的后果，其发生的概率越小越好，一般希望发生的概率小于万分之一，甚至小于十万分之一。

试判断表1－2中某系统一事件导致的后果是否超出了人类可承受的限度。

表1－2

F	C	R	承受限度
0.1%	2人死亡	0.2%	
1%	1 000元财产损失	10	
1%	土壤被破坏		

（参考答案见第9页）

6. **危险源**

危险源是指一个系统中具有潜在能量和物质释放危险的、可造成人员伤害、在一定的触发因素作用下可转化为事故的部位、区域、场所、空间、岗位、设备及其位置。它的实质是具有潜在危险的源点或部位，是爆发事故的源头，是能量、危险物质集中的核心，是能量从那里传出来或爆发的地方。危险源存在于确定的系统中，不同的系统范围，危险源的区域也不同。例如，每个可能发生事故的生产经营企业就是一个危险源，而从一个物流企业来说，每一台运行的车辆、储存货物的仓库都是危险源。

请问下面的等式是否成立，为什么？

危险源 = 事故隐患

一般来说，危险源可能存在事故隐患，也可能不存在事故隐患，对于存在事故隐患的危险源一定要及时加以整改，否则随时都可能导致事故。实际中，对事故隐患的控制管理总是与一定的危险源联系在一起，因为没有危险的隐患也就谈不上要去控制它；而对危险源的控制，实际上就是消除其存在的事故隐患或防止其出现事故隐患。所以，在实际中有时会不加区别地使用这两个概念。

危险源应由三个要素构成：潜在危险性、存在条件和触发因素。危险源的潜在危险性是指一旦触发事故，可能带来的危害程度或损失大小，或者说危险源可能释放的能量强度或危险物质量的大小；危险源的存在条件是指危险源所处的物理、化学状态和约束条件状态，例如，物质的压力、温度、化学稳定性，盛装危险物质的压力容器坚固性，周围环境存在的障碍物等情况；触发因素虽然不属于危险源的固有属性，但它是危险源转化为事故的外因，而且每一类型的危险源都有相应的敏感触发因素。如热能是易燃、易爆物质的敏感触发因素，压力升高是压力容器的敏感触发因素。因此，一定的危险源总是与相应的触发因素相关联。在触发因素的作用下，危险源转化为危险状态，继而转化为事故。

7. 重大危险源

重大危险源是指长期或临时生产、搬运、使用或储存危险物品，且危险物品的数量等于或者超过临界量的单元。

说明：①危险物品指易燃易爆物品、危险化学品、放射物品等能够危及人身安全和财产安全的物品；②单元指一个（套）生产装置、设施或场所，或同属一个工厂的且边缘距离小于 500 m 的几个（套）生产装置、设施或场所。具体可参阅《重大危险源辨识》（GB 18218—2000）。

• 参考答案 •

表 1-3

F	*C*	*R*	是否超出承受限度
0.1%	2 人死亡	0.2%	超出
1%	1 000 元财产损失	10	未超出
1%	土壤被破坏	—	未超出

⊙ 实战 1.2

根据你的经验，判断你目前所处的场所中是否存在事故隐患。

⊙ 自测题 1.2

请给出你认为物流安全管理的起点。

任务二　认识安全、本质安全和安全生产管理

一、安全的本质属性

事故不发生并不是安全的充分条件，而是它的必要条件。因此，有必要明确安全的确切含义。

1. **安全**

安全是指一个系统中所有的危险被控制在人类可接受范围的时间进程。安全与否，是对照危险的可被控制程度来判断的。一个系统是否安全，取决于两个方面：一是系统中的所有危险，无论是固有的危险还是渐生的危险是否都已经被识别；二是被识别的所有不可接受的危险是否已被消除或被控制在人类可接受的范围内。

2. **本质安全**

本质安全是指通过设计等手段使生产设备或生产系统本身在正常操作或运行时具有安全性，同时还需要具备即使在误操作或发生故障的情况下也不会造成事故的功能，即具备失误—安全功能和故障—安全功能。

失误—安全功能，是指操作者即使操作失误也不会发生事故或伤害，或者说设备、设施和技术工艺本身具有自动防止人的不安全行为的功能。

故障—安全功能，是指设备、设施或技术工艺发生故障或损坏时，还能暂时维持正常工作或自动转变为安全状态。

这两种功能应该是一个系统本身在规划、设计、建造阶段就具有，是系统的有机组成部分，而不是事后再补偿或补救的。

本质安全是生产中“安全第一、预防为主、综合治理”理念的最佳体现，也是安全生产顶层设计的准则。

3. **安全生产管理**

在生产中，有效地运用资源，发挥人的智慧，通过决策、计划、组织和控制活动，实现人与机器设备、物料、环境的和谐，达到安全生产目标的过程。

安全生产管理目标是减少和控制危害，减少和控制事故，尽量避免生产过程中由于事故造成的人员伤害、财产损失以及其他损失。它随着科学技术和科学管理的发展而发展，系统安全工程原理和方法的出现，使安全生产管理的内容、方法、原理都有了很大的拓展。

⊙ 实战 1.3

根据你的经验，给出一个具有本质安全的系统。

⊙ 自测题 1.3

当某系统具有本质安全的性质时，是否需要进行安全管理？为什么？

任务三　了解物流作业安全管理的来源

人类对安全的追求从来就未停止过。根据美国心理学家亚伯拉罕·马斯洛的需求层次理论，人类的需求是分层次的，由低到高，分别是生理需求、安全需求、社交需求、尊重需求、自我实现需求。安全的需求要求劳动安全、职业安全、生活稳定、希望免于灾难、希望未来有保障等，安全需求是在人类的生理需求得到满足时，最需要得到满足的一种需求。

物流作业中，货运需求方对安全、准时、经济、便利均有诉求，一般都将安全列在首位。但实际过程中，一旦与利益尤其是经济利益相关时，相当数量的个人与组织又会将安全置于利益之后。

那么，物流作业安全管理从何而来？从目前已有的实践和研究来看，物流作业安全管理来源于合理科学的安全理念、安全行为、安全法治、安全管理、安全科技、安全投入和安全教育培训等的总和。

一个国家的安全生产工作方针应是合理科学的安全理念的集中体现。安全生产工作方针是指政府对安全生产工作的根本要求。根据历史资料，我国安全生产工作方针大体可以归纳为三个阶段的变化与发展：第一阶段（1949—1983 年）“生产必须安全、安全为了生产”；第二阶段（1984—2004 年）“安全第一、预防为主”；第三阶段（2005 年至今）“安全第一、预防为主、综合治理”。该演变反映了我们对安全生产逐步有了更为合理科学的认识，是科学合理的安全理念的结晶。

1952 年 12 月，原劳动部召开第二次全国劳动保护工作会议。这次会议明确提出了安全生产方针，即“生产必须安全、安全为了生产”的安全生产统一方针。“生产必须安全、安全为了生产”虽然明确了生产与安全之间的关系，但有两个问题还需要进一步明确，一是如果生产与安全产生冲突时如何排序，二是日常的安全生产如何科学地处理好危险、隐患等。

在安全生产上，会经常出现一些错误的认识和行为。例如，一些人认为强调安全生产，安全就会影响生产。1979 年 11 月 25 日，石油工业部海洋石油勘探局渤海 2 号钻井船在渤海湾内翻沉，造成船上 72 名职工死亡，“渤 2”事故后强调了一下安全，就有人认为影响了生产，使生产人员缩手缩脚，不敢干了，并导致 1981 年下半年生产下降。这当然是一种错误的看法。事实上，是不抓安全破坏了生产，发生事故影响了生产，绝不是安全工作做多做好影响了生产。

各种本来可避免的事故，尤其是重特大伤亡事故的发生，表明并不是所有人都把“世间最宝贵的是人”这个道理搞清楚了，从而“目中无人”的事件时有发生，有一些生产管理部门总认为他们是管生产的，不管人的安全。这种只顾挣钱，不管工人死活的做法，不仅反映了一些企业在安全生产理念和行为上存在严重的错误，同时也反映了我们的安全监管和安全法治存在严重的问题。

改革开放后，生产管理部门逐渐认识到，在生产中贯彻安全生产工作方针，就是贯彻“安全第一、预防为主”的思想，经全国讨论后，认为这一提法比较科学，有利于安全生产和遏制事故的发生。1984 年，主管安全生产的劳动人事部在呈报给国务院成立全国安全生产委员会的报告中把“安全第一、预防为主”作为安全生产方针写进了报告，并得到国务院的正式认可。1987 年 1 月 26 日，劳动人事部在杭州召开会议把“安全第一、预防为主”作为劳动保护工作方针写进了我国第一部《劳动法（草案)》。从此，“安全第一、预防为主”便作为安全生产的基本方针确立下来。随着安全生产越来越受到重视，“安全第一”成为以法律强制实施的安全生产基本方针。

2002 年 11 月 1 日起施行的《中华人民共和国安全生产法》（以下简称《安全生产法》）将“安全第一、预防为主”列为我国安全生产管理方针。一方面说明了“安全第一、预防为主”的正确性，另一方面表明它适用于所有的安全生产管理。在法律上确立“安全第一、预防为主”的方针，就是要求在生产经营活动中将安全放在第一位，重视安全生产，采取一切可能的措施保障安全，防止一切可能出现的事故，生产必须安全，安全是生产的先决条件。实现这些要求，执行“安全第一、预防为主”的方针是一项法定的义务和责任，是在法律面前必须严肃对待的大事，是要依法坚持的长期方针和基本方针。

“安全第一”体现了人们对安全生产的一种理性认识，这种理性认识包含以下两个层面。

第一层面，生命观。它体现人们对安全生产的价值取向，也体现人们对人类自我生命的价值观。每个人的生命只有一次，是至高无上的，要珍惜生命、爱护生命、保护生命。事故意味着对生命的摧残与毁灭，因此，生产活动中应把保护生命的安全放在第一位。

第二层面，协调观，即生产与安全的协调观。任何一个系统的有效运行，其前提都是该系统处于正常状态。因此，“正常”是基础，是前提。

从生产系统来说，保证系统正常就是保证系统安全。安全就是保证生产系统有效运转的基础条件和前提条件，如果基础和前提条件不保证，就谈不到上有效运转。因此，应把安全放在第一位。

把“综合治理”充实到安全生产方针当中，始于中国共产党第十六届中央委员会第五次全体会议通过的《中共中央关于制定“十一五”规划的建议》，此建议中提出：“保障人民群众生命财产安全。坚持安全第一、预防为主、综合治理，落实安全生产责任制，强化企业安全生产责任，健全安全生产监管体制，严格安全执法，加强安全生产设施建设。切实抓好煤矿等高危行业的安全生产，有效遏制重特大事故。”

2006 年 1 月 23—24 日，在北京召开的全国安全生产工作会议上，提出：“加强安全生产工作，以科学发展观统领全局，坚持‘安全第一、预防为主、综合治理’，坚持标本兼治、重在治本，坚持创新体制机制、强化安全管理。”

“预防为主、综合治理”体现了人们在安全生产活动中的方法论。由于隐患可能转化成为危险类型，因此隐患是事故的源头，要避免事故就要消除或控制这种“转化”，准确地说，是消除或控制转化的条件。那么，什么时候消除和控制最有效？事故有一个普遍的发展规律，那就是事故形成的初始阶段，其力量小、发展速度慢，这个时候消除或控制该事故所花费的人力、物力最少，成本最低。根据这个规律，消除事故的最好办法是主动排查、综合治理各类隐患，控制隐患转化为事故的条件，把事故消灭在萌芽状态。因此，应把预防和综合治理的方法作为事故控制的主要方法，这是安全生产工作方针的基石，是安全生产工作的重心所在。

2014 年 8 月 31 日第十二届全国人民代表大会常务委员会第十次会议通过全国人民代表大会常务委员会关于修改《中华人民共和国安全生产法》的决定，自 2014 年 12 月 1 日起施行。修改后的《安全生产法》将“安全第一、预防为主、综合治理”确定为安全生产工作方针。

因此，“安全第一、预防为主、综合治理”不仅是一种科学合理的安全理念，更是一种科学合理的安全生产工作方法。

一般而论，行为受理念的指引。但是，言行一致并不总是被坚持，尤其是个人或组织面临各种利益诱惑时，“安全第一”会转换为“利益第一”，或“速度第一”，或“义气第一”等不利于安全生产的现象。因此，安全管理制度和法制的建立、完善和执行，正是促使我们在安全的言行上保持一致的保障。安全理念与法制，解决组织和个人在安全生产中应该采取安全行为，而安全管理、安全科技、安全投入和安全教育培训却是解决组织和个人在安全生产中安全行为的方法、方式和路径。

2021 年 9 月 1 日起施行新修订的《中华人民共和国安全生产法》，对此有了更科学、更明确地认识：“安全生产工作应当以人为本，坚持人民至上、生命至上，把保护人民生命安全摆在首位，树牢安全发展理念，坚持安全第一、预防为主、综合治理的方针，从源头上防范化解重大安全风险。”

⊙ 实战 1.4

从安全的角度说说你的实际行为准则，你是否始终都按该安全行为准则行动？

⊙ 自测题 1.4

简述我国安全生产方针的演变历程。

任务四　认识安全管理的特征

面对频发的事故导致的巨大损失，安全生产管理已逐渐成为政府、社会和企业重点监督和管理的领域。安全生产管理作为人类社会发展必须要考量的指标，已成为生产管理的核心任务、绿色 GDP（国内生产总值）的核心构成要素。虽然许多组织和企业都将“安全第一、预防为主”作为安全生产管理方针，但监管者在实际工作中却仍倍感“四难”。一是被监管者的“脸难看”，二是所监管的“事难办”，从而导致安全监管者自身总是处于一种“人难做，心难安”的境地。如果我们想要改善这“四难”，则必须对安全的特性进行深入而准确的分析，唯有如此，我们的改善才会具有针对性，才会有所作为。安全管理作为管理的一部分，毫无疑问，应具有一般管理的共性因素，但在深入研究中会发现，它在管理的海洋中会有“孤岛效应”。安全管理“孤岛”的形成，与安全的特性、安全认识深刻性和安全对策的针对性等因素密切相关。

一、安全管理的四个特征

1. 安全管理的逆向性

安全管理与一般管理相比具有逆向性，安全管理的逆向性是影响安全生产的核心要素。过去由于对此问题的系统研究不够，因此，在安全生产管理的实践中难以用它来指导我们的管理工作。

（1）快速制胜，慢速致安。

现代管理越来越强调速度制胜，过去是大鱼吃小鱼，现在是快鱼吃慢鱼。求快是人之本性，快则占得先机，快则抢得资源，快则赢得时间。但安全管理却视快为大敌，均速甚至慢速致安。看看铁路作业时跨过轨道时的作业规程“一站，二看，三通过”。该规程诠释后其实就是“一慢——要跨过铁轨之前停下，二慢——左右看看，再动作——没有列车即将通过时才跨过铁轨”。铁路安全如此，公路安全也不例外。

道路交通安全也有“宁停一分，不抢一秒”的安全作业要求。分析导致道路交通事故的前三位原因：其主因是一个——“快”，道路交通事故的第一大原因是超速驾驶，“十次肇事九次快”绝非妄言；第二大原因是疲劳驾驶，劳逸结合本是人类生活的基本原则，疲劳了就应该休息一下，可在床上正常休息会耽误时间，眯着眼睛也要开车就是为了不耽误时间；第三大原因是超载，货物太多，分两次或三次装就能解决问题，可这样运得太慢。找出道路交通事故三个主因，就知道预防的主要对策为“慢”也！

这里的“慢”可以概括为：安全管理更需要计划性，而且计划应有相应的宽裕量，而不是一味地求快，以免欲速则不安。

慢速致安与快速制胜一显安全管理的逆向性。以慢为安，其实与“以退为进”的管理方法有异曲同工之妙，以安全为前提的“慢”，往往能后发而先至。

（2）玩新制胜，守“规”致安。

玩新制胜作为现代管理的制胜法宝，甚至被赋予“灵魂”之地位。

从目前我国生产领域已发生的事故分析来看，“两违”是最主要的致因。各种安全生产制度、规章和安全生产操作规程作为确保生产安全的法宝，绝大部分可能基本保持若干年不变，或完全保持不变，这需要我们在安全生产中因循守“规”，但在生产过程中，有一些人总想在已有的安全制度和安全规程前玩些新花样，这些玩新花样的人在万一之中要么害人，要么害己，还有可能既害人又害己。

> 2005 年 9 月 15 日、16 日，四川省城建劳务开发有限责任公司的两位班长，在生产物流过程中，由于在工地安全生产操作规程上未因循守“规”，既害人又害己。工地安全操作规程规定：大模板的外墙模板拆除前要用塔吊先吊好，然后才准拆除大螺栓及各种紧固件；已拆的活动的模板必须一次连续拆除完，方可停歇，严禁留下安全隐患；模板未清理走时不能进入工地进行施工。分析该操作规程的规定，可以发现，如果操作者按规程操作完成整个生产物流过程，将获得三道安全屏障。15 日木工班班长李某却在吊钩未将模板吊住时命令工人将固定模板的螺栓先拆除，而未将已抽出螺栓的模板用吊车吊走。16 日 7 时混凝土班班长易某在模板

尚未移走的情况下，就命令工人易某（易班长的亲弟）在工地上进行现场清理工作。三道安全操作屏障就在未守“规”之际被轻易破坏，其结局是，工人易某在清理中被上空倒塌的模板砸中而当场死亡。李某与班长易某因涉嫌重大责任事故罪已被诉至法院，法律自会对他们进行公正的惩处。易某由于是死者的亲哥哥，在看守所期间更是整日自责而出现精神恍惚。

（资料来源：违规操作砸死弟弟，哥哥难逃罪责［N］. 中国劳动保障报，2006－08－26.）

逻辑分析与事故致因证明，在安全生产制度和安全操作规程面前，我们必须守“规”才能致安。

守“规”致安与玩新制胜二显安全管理的逆向性。创新往往是要打破规则的，而安全工作则经常强调要遵章守规，所以两者的着力点是有差别的。当然，这里不是说安全工作不能、不要创新，而是指安全工作的创新往往是在规则内的创新，而不是突破规则之类的创新。所以安全作业与管理首先是遵章守规，而不是挑战规章；其次是完善规章；再次才是规章的必要修订更新。

（3）降“本”制胜，增“本”致安。

现代管理中，在降低成本问题上谁也不敢怠慢，因为“降本领先”就能制胜。在生产过程中，为降低成本，有相当数量的管理者在安全投入上奉行“宁为高产多投一万，不为安全多花一元”，与安全管理之道背道而驰。根据国家安监局煤监部统计，在2004年年底国有煤矿安全投入欠账高达505亿元人民币。国有煤矿尚且如此，非国有煤矿在安全上的投入之少就可想而知。2004年生产的19.5亿吨原煤中，有7.5亿吨是在缺乏安全保障的生产环境中生产的。其结果是，当年虽然我国产煤量占到了世界的33.2%，但是全国的矿难死亡人数是6 027人，占全世界矿难死亡总人数的80%。随着我们对原煤生产的安全保障投入不断加大，同时对不具备安全生产的条件煤矿进行关停，我国原煤安全生产情况有了很大有改善，每年因生产安全事故死亡的人数大幅下降。2021年全国煤矿发生生产安全事故91起、死亡178人，同比减少31起、47人，分别下降25%和21%。

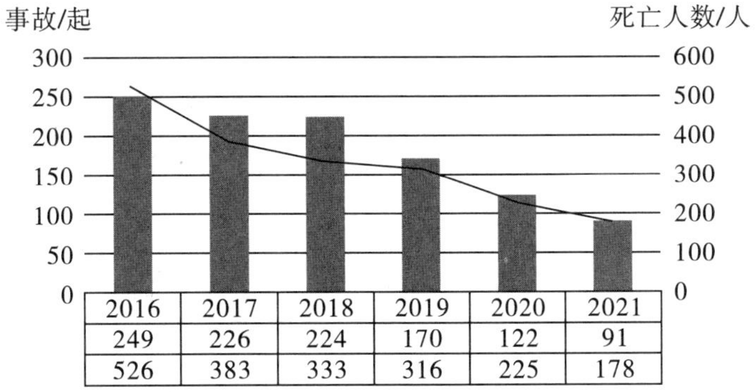

2016	2017	2018	2019	2020	2021
249	226	224	170	122	91
526	383	333	316	225	178

图1－3　2016—2021年全国煤矿事故情况（资料来源：中国煤炭工业协会）

在安全管理实践中，要想安全有保障，行之有效的方式是设定较高的安全（技术或非技术）系数。而较高的安全系数必然导致成本增高。如道路交通中，立交虽然建设成本较平交高，但安全性却是平交无法比拟的。美国柏克德公司作为已有百余年历史的工程总承包商，在全球承建的工程项目无论数量、规模和范围都鲜有对手。安全是柏克德的价值观和道德标准，柏克德每年为工人投保花费超过2 000万美元，公司ES&H（环境、安全与健康）部门每年有7 000万美元的预算资金用于改进安全，这一预算还经常超支。在柏克德的安全价值观中从未将安全投入作为可以节省的成本，与此对应的是柏克德的事故发生率远低于行业平均水平。

增“本”致安与降“本”制胜三显安全管理的逆向性。安全投入，当然需要从成本的角度来考量是否值得投入，但更需要从安全的角度，从道德的角度来考量是否值得投入，当我们树立了“安全第一”的价值观，任何能保障安全的投入都是值得的。

（4）抓大制胜，防小致安。

现代管理一般强调，如果大方向是对的，或者说战略是对的，哪怕局部有些问题，对全局取胜也无大碍。这样，在一般管理中，有的人就采取抓大放小的方式进行管理，甚至盲目地推广到安全领域。殊不知安全管理需要防微杜渐，小不防则酿大祸。

事故虽然不会雷同，但事故的致因有时却惊人地相似。

2004年4月8日19时，广东揭阳中润钢铁公司扩建工程施工，公司副总经理陈少鹏在指挥工人搬移钢架工棚时，碰到空中高压输电线路，发生12名工人死亡、3名工人受伤的特大生产安全责任事故。

（资料来源：王冲寒，黄春宇．万伏高压线电死12名工人［N］．广州日报，2004-04-10.）

2006年3月16日清晨，北京飞羽建筑工程有限公司1号厂房工程工地，北京三鼎空间钢构板材有限公司负责人杨合帅指挥其他5名人员在移动移动式工具脚手架过程中，脚手架接触厂区内架设的10 kV高压线，造成3人触电死亡。

（资料来源：血的教训：管理一松　事故准出，市建委通报6起安全事故［N］．建设市场报，2006-03-28.）

这两起事故的时间、地点、人员等虽然不同，但致因却非常的相似。在这两起物流作业前，与作业相关的管理者若能将整个物流作业从安全的角度进行系统考虑，绷紧防小致安这根弦，都能发现物流作业过程中可能导致事故的危险——触及物流作业区域上空的高压线，随即拟订一个避免触及物流区域空中高压线的安全物流作业方案，然后按方案组织物流作业。这样做的难度和成本都是小问题，要致安则需要我们从预先解决一切这类小问题入手。

防小致安与抓大制胜四显安全管理的逆向性。从中国文化的防微杜渐、安如泰山等这类成语中我们也能学习到许多预防事故的方法，汲取到安全管理的营养。

安全管理与一般管理相比的逆向性还不止上述四个方面，因此，在生产过程中，我们必须认识到安全需要逆向管理。

2. **安全管理对象状态的随机性**

安全与事故不是一对矛盾。因为没有发生事故，也未必说明我们正处于安全状态。正如我们对安全的认识：安全是危险被控制在可接受范围的时间进程。这说明“危险”与“安全”才是一对矛盾。危险被控制在可接受的范围才有安全；危险超出了可接受的范围就没有安全。但危险在生产、生活中可以说是无时不在，无处不在。而且它的“在”大部分是一种潜在，看不见、摸不着，一旦失去控制，随时可转化为造成人员伤亡、财产损失和破坏环境的事故。要长期控制隐形的“敌人”，很多时候被认为是杞人忧天，甚至被人看成是冒“傻气”，这时我们可能就不再想着如何将危险控制住。正是这两方面的因素，使安全状态经常处于随机状态。

安全状态的随机性，一方面需要人们在处事时总是保持“安全第一”的心态，尤其是在生产过程中；另一方面，如果处处、事事都靠人长时间处于一种警惕状态去确保安全，可能会超出人的生理和心理承受能力，以致有时无法保证。“随机”两字不仅仅是巧合，它指出了解决安全状态的随机性的有效方式，在生产过程中，我们应尽量以机器等技术手段代替人工操作。这种方式在确保生产安全中已变得越来越重要。

3. **安全状态的可得性**

安全状态具有随机性，也具有可得性。对于一个生产过程，这种可得性是以随机性为其下限，必然性为上限的。按照统计中正态分布的规律，能达到上限的比例不会太高，这就导致许多管理者放弃了对安全状态必然性的追求。但我们必须要认识的是，只有将安全状态的可得性作为追求目标，由随机性上升为必然性的组织才会具备可持续性发展的基础和可能性。在现实当中，随处可见因事故而倒闭的企业，但几乎未见因追求安全状态必然性而倒闭的公司。

美国杜邦公司却在追求安全状态必然性的过程中得到了持续发展。杜邦公司从1802年资产仅36 000美元的火药作坊，到2004年全球总收入超过270亿美元的跨国企业，与公司始终看重“安全”有着明显的正相关关系，“安全”伴随着公司的成长成为杜邦企业文化的核心理念。杜邦将先进的安全系统和管理制度引入在华投资企业，并取得了良好的成绩。拥有600多名职工的杜邦深圳工厂自1990年投产后保持过连续15年工作内没有伤害事故、8年工作外无伤害事故的安全状态，连续获得杜邦总部颁发的安全奖；1993年，上海杜邦农化有限公司创下160万工时无意外，成为世界最佳安全纪录；1996年，东莞杜邦电子材料有限公司凭借在安全方面的杰出纪录，荣获美国总部董事会的安全奖。由此可以推断，当一个组织持续将安全状态的可得性目标由随机性上升为必然性时，安全状态的长期可得性是可期的。

［资料来源：李劲．从四大特性找应对之策［J］．现代职业安全，2007（1）.］

4. **安全利益的潜在性**

安全投入不像生产投入那样与产出有直接的对等关系，它与产出之间很多时候是非对等关系。因此，安全利益是潜在的，而不是一种真金白银的利益。安全利益是抽象的而不是具体的，是直接利他而间接利己的。一些安全素养不够的管理者，对抽象的安全利益无法理解，在唯“真利”是图的市场经济中漠视安全投入，自有其必然性。但真正有眼力的作业和管理人员是能够看到安全投入所产生的最终价值的。路遥知危险，长久有安全。

⊙ 实战 1.5

安全作业可能会增加哪些成本？你如何看待这些成本的价值？

⊙ 自测题 1.5

简述安全管理的特性。

二、安全生产需要安全管理大师来打理

理解是行为的导师。在企业的生产经营中，如果管理者能对安全管理的逆向性、安全状态的随机性、安全状态的可得性和安全利益的潜在性安全的四大特性有一个系统的认识，那么对安全的追求就会成为其自觉行为。管理者能否认清安全管理的逆向性、安全投入的潜在利益，主要取决于其自身的素质。在当今的市场中，也许一年，甚至更短的时间就能造就一名富翁，但也许十年都无法培养出一名安全管理大师。一个社会能否可持续发展，需要的却是成千上万的安全管理大师，这些安全管理大师将以正确的安全价值观影响并提升全社会的安全理念。

美国柏克德公司的首席执行官（CEO）雷里·柏克德（Riley Bechtel）堪称世界一流的安全管理大师。1981 年，雷里以第四代家族企业领导人的身份出任公司 CEO 后，更是以自己独有的安全价值观，将公司带入了一个更高的发展境界。面对公司远低于行业平均水平的事故发生率，他并没有陶醉，而是冷静地向下属询问：“我们的建筑安全管理做得这么好，为什么还会有人受伤?”仅此一问就凸显其世界级安全管理大师之风范。他坚信“所有的事故和伤害都可预防。当我们预防事故时，必须做到万无一失”。雷里把公司的安全理念升级成了零事故理念。在此理念的指引下柏克德公司做出了与许多担心因强化安全管理而增加成本的建筑商不同的选择，通过零事故方式来实现利益最大化。

柏克德公司曾连续四年在美国被评为最安全的建筑公司。2004 年的国内工人损失工作天比率为 0.16%，2005 年，该比率仅为 0.14%，远低于美国建设业 0.46% 的平均水平。如果将 0.14% 的比率稍作解读，2005 年该公司每 10 万工人损失的工作天数为 140 天，约相当于我国《企业职工伤亡事故分类标准》中的发生重伤 1 人次。在美国《工程新闻纪录》评选的 2004 年最大的 400 家建筑承包企业中，按照在美国国内基础建设领域的收入排名，柏克德公司以高出第二名 174% 的绝对

优势位列第一。柏克德公司当年收入中的大部分来自危险废弃物处理（包括化学和核废料处理、石棉和石墨清除等），这类工程对工人有可能产生巨大的伤害，而柏克德公司硬是凭借到位的安全操作程序与防护措施实现了利益最大化。

在中国，柏克德公司在广东省惠州市承包了投资额高达43亿美元壳牌石油项目，可以让我们近距离地感受柏克德公司的安全管理理念和效果。柏克德公司负责安全管理的全球副总裁凯文·伯格（Kevin Berg）说，柏克德的安全人员最重要的任务是让工人们明白注重安全是为他们自身着想，比起工期进度，公司更在意的是人员安全。另一个卓有成效的办法是在工人出现不安全的行为时，用拍照、录像等方式记录下来，随后展示给当事人。“很有效果。他们看了，自己都非常后怕，立即能接受安全的做法。”

［资料来源：蔡钰. 柏克德：安全是种价值观［J］. 建筑师，2006（8）.］

当今中国，安全生产管理的现状与经济和社会的发展形成了巨大的反差。要消除这一反差，迫切需要中国企业的管理者对上述安全的特性有系统的认识。只有更多的管理者在这种系统认识的指导下，努力将自己修炼成雷里这样的安全管理大师时，反差将不复存在。中国的安全生产管理“顺差”境界需要中国的安全管理大师来创造和打理。

⊙ 实战 1.6

中国企业中有安全管理大师吗？若有，比例是多大？

⊙ 自测题 1.6

你认为自己具有安全管理大师的素质吗？

项目二　学习及应用安全生产法规

【学习目标】

1. 培养遵章守规的习惯。
2. 了解我国安全生产法规体系。
3. 理解安全生产法规对物流作业安全管理的基础作用。
4. 熟悉《安全生产法》中各主体的义务和权利。
5. 能应用《安全生产法》一些条款进行生产或管理。

任务一　《中华人民共和国安全生产法》一点通

安全生产条件既是安全生产的"紧箍咒"也是"金箍棒"

《中华人民共和国安全生产法》（以下简称《安全生产法》）2021 年修订版一共有 7 章 119 条，内容很多，这里先选择一个重要的点来讲，希望能由点及面，促进《安全生产法》的深入学习和执行。

下面列出了《安全生产法》中的三个条款，你认为哪个条款对生产经营单位的安全生产，既会具有"金箍棒"的威力，又会产生"紧箍咒"的威慑作用呢？

《安全生产法》的三条法律条款：

第四条　生产经营单位必须遵守本法和其他有关安全生产的法律、法规，加强安全生产管理，建立健全全员安全生产责任制和安全生产规章制度，加大对安全生产资金、物资、技术、人员的投入保障力度，改善安全生产条件，加强安全生产标准化、信息化建设，构建安全风险分级管控和隐患排查治理双重预防机制，健全风险防范化解机制，提高安全生产水平，确保安全生产。

平台经济等新兴行业、领域的生产经营单位应当根据本行业、领域的特点，建立健全并落实全员安全生产责任制，加强从业人员安全生产教育和培训，履行本法和其他法律、法规规定的有关安全生产义务。

第二十条　生产经营单位应当具备本法和有关法律、行政法规和国家标准或者行业标准规定的安全生产条件；不具备安全生产条件的，不得从事生产经营活动。

第五十七条　从业人员在作业过程中，应当严格落实岗位安全责任，遵守本单位的安全生产规章制度和操作规程，服从管理，正确佩戴和使用劳动防护用品。

答案是第二十条。虽然上述三条都很重要，都有可能，但最合适的是第二十条。

第二十条这两句话既是一个单位安全生产的"金箍棒"，也是"紧箍咒"。

“不具备安全生产条件的，不得从事生产经营活动。”就是单位安全生产的“紧箍咒”。咒语掌握者之一的安全生产监督管理部门，以此有的放矢地进行重点监管，破解安全监管的难点。上海市奉贤区安监局认为：“不具备安全生产条件的企业是安全隐患最大的企业，要牢牢盯住，开展专项整治，进行精准执法，必要时坚决关停，促使区内企业主动履行安全生产的主体责任，改善安全生产条件。”

如果一个单位具备了本法和有关法律、行政法规和国家标准规定的安全生产条件，就如有了一根威力巨大又称心如意的安全生产所需的“金箍棒”。

只有咒紧头，而无棒在手，生产安全朝夕难保；一旦变为“已有棒在手，仍念咒在头”，取安全真经又有何难！难的是打造一根有威力又称手的“金箍棒”，即一个生产经营单位如何才能确定为具备了安全生产条件呢？对此，《安全生产法》中并没有明示生产经营单位具备哪些具体条件才算具备安全生产条件。《安全生产法》中只是笼统地说“生产经营单位应当具备本法和有关法律、行政法规和国家标准或者行业标准规定的生产条件”。法律条文笼统，生产经营单位就容易马虎，事故隐患也就容易滋生，发生事故的概率就会增大。

例如，2018 年 6 月 19—22 日，应急管理部组织工作组赴贵州省贵阳市和遵义市，就工贸企业有限空间作业条件确认工作进行了明察暗访。以下是此次调查的《通报》（摘选部分）。

应急管理部办公厅关于明察暗访
贵州省工贸企业有限公司空间作业条件确认工作情况的通报

应急厅函〔2018〕154 号

各省、自治区、直辖市及新疆生产建设兵团安全生产监督管理局：

按照工作部署，2018 年 6 月 19 日至 22 日，应急管理部组织工作组赴贵州省贵阳市和遵义市就工贸企业有限空间作业确认工作进行了明察暗访。

……

二、存在的主要问题

（一）企业层面。

1. 有限空间作业管理制度照抄照搬、形同虚设。且未严格执行作业审批制度，一是贵州旭阳食品（集团）公司等 8 家企业管理制度不同程度存在与本企业实际不符的内容、要求配备的检测仪器和应急装备等实际未配备、作业审批要求分三级执行而实际不分级、制度之间相互矛盾等问题。如贵州旭阳食品（集团）公司的管理制度中要求检测该公司腌渍池不存在的氯气、氯乙烯、氯化汞等有毒有害气体；贵州省贵三红食品有限公司的管理制度中包括该公司不存在的炉、塔、釜、罐、槽车以及管道、炉膛、烟道等内容。暴露出企业的抄袭现象。

……

3. 未按规定配备气体检测仪器和通风设备。个体防护器材料和应急装备缺失。……贵州旭阳食品（集团）公司、贵州统之源食品有限公司等企业配备的通风设备风量少。不能满足现场通风要求。检查的 11 家企业均未配备隔绝式呼吸防护用品作为应急装备。4 家企业配备的过滤式防毒面具不能在缺氧环境中使用。而且选型错误。如贵州旭阳食品（集团）公司腌渍池配备的是过滤苯系物的防毒面具。都不能过滤硫化氢气体。

此调查发现：贵州旭阳食品（集团）公司等 8 家企业管理制度照抄照搬、形同虚设，例如该公司的管理制度中要求检测该公司腌渍池不存在的氯气、氯乙烯、氯化汞等有毒有害气体；贵州贵三红食品有限公司的管理制度中包括该公司不存在的炉、塔、釜、罐、槽车以及管道、炉膛、烟道等内容。这些都暴露企业的抄袭现象。

旭阳食品（集团）公司曾先后被评为全国诚信企业、农产品加工示范企业、贵州先进企业等，其网站上是这样描述自己的“企业文化”的，“旭阳人把国家标准作为产品生产的最低底线，更要以更安全更优质的产品奉献给消费者”。

将上述两条信息放在一起来看，一个全国示范企业、省级先进企业的安全生产管理制度是抄袭来的！难以置信。“优等生”抄袭，不知其内心可有内疚？如果没有，就说明它在安全生产过程中不仅行为是违法的，而且道德是沦丧的。这也折射出我国安全生产中令人担忧的现状。

企业的安全生产条件可分为软条件和硬条件两类。试问以下 4 个条件分别属于两类条件中的哪一类？

① 本单位的安全生产责任制。

② 本单位的安全生产规章制度和操作规程。

③ 合格的生产设备、工具。

④ 个体防护器材和应急装备。

第①②个条件属于安全生产的软条件，第③④个条件属于安全生产的硬条件。

一般可将安全生产的规章制度标准等列为安全生产的软条件，将安全生产的设备设施等列为安全生产的硬条件。在大部分人眼里，安全生产的软条件是容易具备的，只要有就行。这个想法还是有相当市场，例如前面提到的，抄个管理制度来滥竽充数绝不是个案，这是安全生产的大忌。

一家企业如果在管理制度等安全生产软条件上有问题，则在安全生产硬条件通常也会存在问题。例如，前面说到的明察暗访还查出旭阳公司未按规定配备气体检测仪器和通风设备，个体防护器材和应急装备缺失。该公司配备的通风设备风量小，不能满足现场通风要求；未配备隔绝式呼吸防护用品作为应急装备；腌渍池配备的是过滤苯系物的防毒面具，不能过滤硫化氢气体，属于选型错误。腌渍池在腌制干菜、咸菜、咸鱼、咸肉、酸菜、酸笋等产品时，由于通风不良，很有可能产生有毒的硫化氢、二氧化硫、氰化氢等气体，应配备隔绝式呼吸防护用品作为应急装备。

如何破解“具备安全生产条件”这道难题，打造安全生产需要的“金箍棒”?《安全生产法》并未给一个标准答案，需要生产经营单位结合自身生产经营的实际情况来寻找答案。下面我们一起来尝试破解这道难题。

首先，生产经营单位要谨记自己头上的紧箍咒——“不具备安全生产条件的，不得从事生产经营活动”。

其次，在具备安全生产条件的过程中，将安全生产软条件的建立和完备置于优先地位，以软条件的具备来推动和保证安全生产硬条件的具备；而硬条件的具备可进一步推动软条件的完善和落实。具体就是要按要求完成6项任务来打造安全生产所需的“金箍棒”。

第①②项任务，按照法律法规，对标先进，建立、实施和完善2项制度：

① 本单位的安全生产责任制。

② 本单位的安全生产规章制度和操作规程。

第③④项任务，按照法律法规，对标先进，制订和执行2个年度计划：

③ 本单位安全生产教育和培训年度计划。

④ 本单位安全生产工作年度计划。

第⑤⑥项任务，按照法律法规，对标先进，制定和执行1个预算和1个预案：

⑤ 本单位的年度安全生产预算。

⑥ 本单位生产安全事故应急救援预案。

具备了软条件，再从逻辑上分析安全生产的硬条件。

小结：

（1）《安全生产法》第二十条关于安全生产条件的要求既是生产经营活动的“金箍棒”，也是“紧箍咒”。

（2）对这一法律条款的理解和执行，要做到两点：一是要谨记安全生产的“紧箍咒”——“不具备安全生产条件的，不得从事生产经营活动”；二是要按照法律法规，对标先进，完成6项任务，打造安全生产所需的“金箍棒”，即建立、实施和完善2项制度，制订和执行2个年度计划，制定和执行1个预算和1个预案。

在上面的小结中，我们提到“二是要按照法律法规，对标先进，完成6项任务”，这6项任务中，你认为哪一项可以起基础作用，它完成得好，其他5项任务也可顺利完成?

你的答案：______________________________

（参考答案见第25页）

⊙ 实战 2.1

“不具备安全生产条件的，不得从事生产经营活动”是《安全生产法》对生产经营单位的要求，如果延伸来看，也是对从业人员的要求。你认为一名从业人员从安全生产角度而言，应具备哪些条件，才能从事生产经营活动？

⊙ **自测题 2.1**

试列出《安全生产法》中规定的安全生产工作方针。

任务二　认识安全生产法规

［**阅读材料**］

2010 年 9 月 21 日，受台风“凡亚比”影响，广东信宜紫金矿业有限公司（紫金矿业集团股份有限公司的全资子公司，简称紫金矿业）所属银岩锡矿高旗岭尾矿库发生溃坝，共造成下游村庄 22 人死亡，房屋全倒户 523 户。2010 年 10 月 9 日，信宜市政府向信宜市人民法院提起民事诉讼，为“9·21”信宜紫金矿业溃坝事故中受灾的灾民索赔，一时全国瞩目。历时近两年，备受关注的信宜市政府状告紫金矿业案于 2012 年 9 月 12 日双方达成和解协议，由紫金矿业集团股份有限公司一次性赔付 2.43 亿元，其中 1.85 亿元将支付给受灾村民。据悉，该案件首开国内以诉讼手段解决重大安全责任事故善后赔偿的先河，是国内法制史上具有里程碑意义的案件。

［资料来源：信宜紫金矿业案博弈始末［N］. 南方日报，2012-10-17（A13）.］

安全生产法规是指调整在生产经营过程中产生的与劳动者或相关人员的安全与健康、财产和环境安全保障有关的各种社会关系的法律规范总和。安全生产法规以强制方式要求用人单位为劳动者提供必要的安全卫生生产工作条件，生产参与各方在什么情况必须怎样做、不应该怎样做等。无论是企业还是个人，谁违反了安全生产法规，谁就要负相应的法律责任。因此，安全生产法规对企业的生产经营、人类社会的发展均起着至关重要的基础性作用。

一、安全生产立法历史沿革

1802 年英国制定的《学徒的健康和道德法》是最早的劳动保护立法。该法规定纺织工厂童工的工作时间每天不得超过 12 小时。随后，英国多次颁布工厂法来规定工人的安全生产问题，1869 年颁布《工厂法扩充条例》和《工厂管理条例》等。德国于 1839 年颁布《普鲁士工厂矿山规则》，1869 年制定《北德意志联邦统一工业劳工法》；1841 年制定《幼少年工保护法》，1874 年制定《劳工保护法》。此外，比利时、瑞士、意大利、挪威、丹麦等国都先后制定了有关安全生产的法规。进入 20 世纪以来，各国安全生产立法有了很大发展：一方面，在立法内容上不断提高劳动保护标准，改善劳动条件；另一方面，立法形式也从工厂法过渡到专门性劳动保护立法和在劳动法典中专章规定安全生产法。例如，美国于 1969 年颁布《煤矿安全与卫生法》、1971 年颁布《职业安全与卫生法》，日本于1972年颁布《劳动安全卫生法》，英国于1974年颁布《劳动安全与卫生法》，加拿大阿尔伯特省于1976年颁布《安全生产法》等。另外，在世界上70多个国家制定的《劳动法典》中都有关于安全生产的规定。

• 参考答案 •

第①项任务完成得好，其他5项任务也可顺利完成。即按照法律法规，对标先进，建立、实施和完善本单位的安全生产责任制。

在我国，1956年5月，国务院颁布关于安全生产的“三大规程”，即《工厂安全卫生规程》《建筑安装工程安全技术规程》《工人职员伤亡事故报告规程》，同时还颁布《国务院关于防止厂、矿企业中硅尘危害的决定》。这些法规明确了劳动过程中的安全与卫生标准。

改革开放以来，我国的安全生产立法有了很大的发展。1982年国务院发布《矿山安全条例》《矿山安全监察条例》《锅炉压力容器安全监察暂行条例》。1987年以后又颁布了以下法规，主要包括：

①《职业病范围和职业病患者处理办法的规定》。

②《中华人民共和国尘肺病防治条例》。

③《女职工劳动保护规定》。

④《企业职工伤亡事故报告规程》《工人职员伤亡事故报告规程》。

⑤《中华人民共和国矿山安全法》（以下简称《矿山安全法》），这是我国第五部有关安全生产的法律。

⑥《关于制止小煤矿乱挖滥采确保煤矿安全生产意见的通知》《劳动监察规程》。

⑦《中华人民共和国劳动法》（以下简称《劳动法》）、《中华人民共和国劳动合同法》（以下简称《劳动合同法》）等均有专门的章节和条款对安全生产做出规定，如《劳动法》第六章专章规定了“安全生产”，以劳动基本法的形式对安全生产做了原则性规定，同时原劳动部还颁布了配套性法规，如《劳动监察员条例》《未成年工特殊保护规定》。

⑧《中华人民共和国安全生产法》。

⑨《中华人民共和国职业病防治法》（以下简称《职业病防治法》）。

⑩《生产安全事故报告和调查处理条例》。

此外，国家颁布了包括管理标准、作业标准、劳动生产设备、工具安全卫生、生产工艺安全卫生、防护用品等内容的国家标准达150多项。这些标准为我国安全生产工作法制化奠定了基础，是实行安全生产监督管理的重要依据。

二、我国安全生产管理的法规体系

中华人民共和国成立后颁布并在有效实施的有关安全生产法规数量众多，其中《安全生产法》《职业病防治法》《矿山安全法》《劳动法》《劳动合同法》《生产安全事故报告和调查处理条例》等在安全生产管理中起着十分重要的作用，这些法规与宪法共同构成了我国安全生产法规体系（见图 2 - 1）。

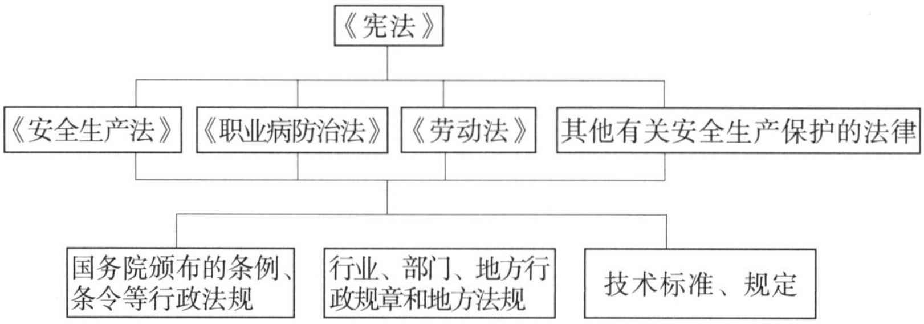

图 2 - 1　我国安全生产法规体系

1. **宪法关于安全生产保护的规定**

《中华人民共和国宪法》（以下简称《宪法》），是法律体系中的最高层级。

2018 年版《宪法》第 42 条规定：加强劳动保护，改善劳动条件。这是制定安全生产保护法规和实施的总原则、总思想和总要求。

《宪法》第 43 条规定：国家发展劳动者休息和休养的设施，规定职工的工作时间和休假制度。这一规定一方面说明劳动者的休息权利不容侵犯，另一方面要求通过建立劳动者的工作时间和休息休假制度，以保持劳动者有充沛的精力进行工作，防止因疲劳过度而发生伤亡事故，或积劳而引发职业病。尤其在生产不均衡时，生产经营单位安排加班，如果不注意科学合理安排，使从业人员从疲劳中恢复，很容易发生事故。生产高峰需要加班时，通常也是企业安全卫生保护的薄弱时期，一旦发生事故，不仅造成人员伤亡和财产损失，而且想通过加班加点追求效益的目标亦无法实现。

为具体落实该项规定，《劳动法》第 36 条规定：国家实行劳动者每日工作时间不超过八小时、平均每周工作时间不超过四十四小时的工时制度。《劳动法》第 38 条规定：用人单位应当保证劳动者每周至少休息一日。1995 年修订的《国务院关于职工工作时间的规定》第 7 条规定：国家机关、事业单位实行统一的工作时间，星期六和星期日为周休息日。该条同时还规定：企业和不能实行前款规定的统一工作时间的事业单位，可以根据实际情况灵活安排周休息日。根据《国务院关于职工工作时间的规定》的第 9 条，职工工作时间规定自 1995 年 5 月 1 日起施行；1995 年 5 月 1 日施行有困难的企业、事业单位，可以适当延期，但事业单位最迟应当自 1996 年 1 月 1 日起施行，企业最迟应当自 1997 年 5 月 1 日起施行。也就是说，从 1997 年 5 月 1 日起统一用人单位实行的法定标准工时，即在正常情况下普遍实行每日工作 8 小时、每周工作 40 小时的标准工作时间制度。

为保障劳动者的身体健康，防止用人单位随意加班加点，《劳动法》对用人单位延长工作时间做了限制性规定。《劳动法》第 41 条规定：用人单位由于生产经营需要，经与工会和劳动者协商后可以延长工作时间，一般每日不得超过 1 小时；因特殊原因需要延长工作时间的，在保障劳动者身体健康的条件下延长工作时间每日不得超过 3 小时，但是每月不得超过 36 小时。

《宪法》第48条规定：国家保护妇女的权利和利益。为了贯彻这一原则，国家专门针对妇女的生理特点，制定了有关女职工的特殊劳动保护法规。

2. 刑法关于安全生产的规定

《中华人民共和国刑法》第131条至第139条，规定了重大飞行事故罪、铁路运营安全事故罪、交通肇事罪、重大责任事故罪、重大劳动安全事故罪、危险物品肇事罪、工程重大安全事故罪、教育设施重大安全事故罪和消防责任事故罪等9种罪名；第164条规定了销售伪劣商品罪，第397条规定了渎职罪；此外还规定了重大环境污染事故罪、环境监管失职罪等。生产安全事故的责任人或责任单位构成犯罪的，将按刑法所规定的罪名被追究刑事责任。

3. 安全生产法

2021年修订版《安全生产法》是我国安全生产领域法律体系的核心。它通过总则、生产经营单位的安全生产保障、从业人员的权利和义务、安全生产的监督管理、生产安全事故的应急救援与调查处理、法律责任和附则等7章内容，对安全生产中重要、突出且紧迫的问题立法进行了规定。从2002年颁布至2021年，一共有四个版本，修订三次。第一版2002年6月29日公布，2002年11月1日施行；第二版2009年8月27日公布，2009年8月27日施行；第三版2014年8月31日公布，2014年12月1日施行；第四版2021年6月10日公布，2021年9月1日施行。

4. 劳动法

1995年5月1日实施的《劳动法》，在安全生产法实施前，起到了安全生产领域基础法的作用。它对劳动过程中的安全生产及监督检查都进行了具体的规定。《劳动法》在2009年进行了第一次修正，2018年进行了第二次修正。

5. 劳动合同法

2008年1月1日实施的《劳动合同法》，是针对《劳动法》实施过程出现的各种问题，为进一步完善劳动合同制度而制定的特别法。这部单行法与劳动法相比，具有针对性强和可操作性强等特点。《劳动合同法》的实施，主要想解决用人单位通过不与劳动者订立劳动合、劳动合同短期化、滥用试用期、滥设违约金、滥用“劳务派遣”等方式，规避其法定的义务，侵害劳动者合法权益，损害劳动者的健康和生命的各种不法行为。但在实施过程中，许多企业的用工形式（包括大型国有企业），越来越多地使用劳务派遣工，甚至将劳动合同工在劳动合同到期后，也改成劳务派遣工，出现了劳务派遣单位数量大幅增加、劳务派遣用工规模迅速扩大的情况。全国人大常委会曾在2008年和2011年两次进行劳动合同法执法检查。检查过程中发现，劳务派遣用工存在突出问题主要有：劳务派遣单位过多过滥，经营不规范；许多用工单位长期大量使用被派遣劳动者，甚至把劳务派遣作为用工主渠道；被派遣劳动者同工不同酬，没有归属感，心理落差较大。

针对劳务派遣普遍存在的问题，全国人大常委会对《劳动合同法》进行了修正，修改后的《劳动合同法》于2012年12月28日通过，并于2013年7月1日起施行。此次修改，就是要使劳务派遣回归其作为劳动用工补充形式的定位，把派遣用工数量控制在合理范围内。

6. 职业病防治法

2002 年 5 月 1 日实施的《职业病防治法》对用人单位在职业病防治的职责、职业病的前期预防、劳动过程中职业病的防护与管理、职业病诊断与职业病患者的保障、职业病防治的监督检查、法律责任等立法进行了规定。

7. 女职工和未成年工保护法

《劳动法》和《女职工劳动保护特别规定》对女职工规定实行特殊保护，主要规定了女职工禁忌从事的劳动。女职工禁忌从事的劳动是指生产过程存在可能对女职工生理机能产生不利影响的职业危害因素。这些危害因素有的直接损伤女职工生殖系统或生殖机能，有的间接损伤女性生殖系统。如果在劳动中不对女职工实行特殊保护，不仅会影响女职工本身的安全和健康，而且会影响到女职工下一代的安全和健康。

未成年工指已被录用的、在法定最低就业年龄以上的未成年人。即根据《劳动法》第 58 条规定，我国的未成年工是指年龄已满 16 周岁，未满 18 周岁的劳动者。未成年工与童工都是未成年人，但童工年龄更小，一般是法律所禁止录用的，而未成年工是允许录用的，但要实行特殊保护。未成年工正处在成长发育期，过重或过度紧张的劳动、不良的工作环境等都可能影响未成年工在劳动过程中的安全和健康。

对女职工和未成年工实行特殊的安全生产保护是必要的，是安全生产的重要组成部分。

8. 其他有关安全生产保护的法律法规

如矿山安全法、消防法、道路交通安全法、危险化学品管理条例等也对安全生产保护进行了相应的规定。

9. 安全生产保护的标准

安全生产保护标准有国家标准、行业标准、地方标准。一般分为设计规范类、安全生产设备工具类、生产工艺安全卫生类、防护用品类四类标准。

10. 我国已批准的国际劳工安全公约

我国于 1983 年恢复在国际劳工组织（ILO）的活动，在安全生产领域，一直保持积极良好的合作关系。目前我国政府已批准了 ILO《工作场所安全使用化学品公约》（第 170 号）、《建筑业安全卫生公约》（第 167 号）、《职业安全和卫生公约》（第 155 号）、《职业卫生设施公约》（第 161 号）四个与安全生产相关的公约。当我国安全生产法律与国际公约有不同时，应优先采用国际公约的规定（除保留条件的条款外）。

三、职业安全卫生保护

1. 职业安全卫生保护是我国职业安全卫生法规的一项重要制度

获得职业安全卫生保护是劳动者的一项基本权利，也是用人单位的一项重要义务和职责。由于劳动过程中不可避免地存在着各种不安全和不卫生的因素，给劳动者的生命安全和身体健康带来极大的危害，为劳动者提供安全卫生的生产工作条件是社会和谐发展的必要条件。因此，必须通过立法对劳动安全和劳动卫生做出规范，以保障劳动者在劳动过程中的安全和健康，并将其提高到基本人权的高度来认识，是社会主义市场中稳定劳动关系、稳定社会的一项重要工作。职业安全卫生是指国家为了保护劳动者在劳动过程中的安全和健康而制定的各种法律规范的总称。

劳动保护权又称职业安全卫生权。劳动保护关系从用人单位一方讲是提供保障的义务，并要将其落实为各项制度措施；对劳动者一方来讲是职业安全卫生保护权，是指劳动者享有的要求用人单位保护其在劳动过程中的安全和健康的权利。职业卫生保护权包括：

① 有权要求用人单位提供符合国家规定的职业安全卫生条件和劳动防护用品。

② 有权要求用人单位确定合理的劳动定额。

③ 有权享受法定的休息、休假。

④ 有权获得从事本职工作所应具备的安全技术和劳动卫生知识。

⑤ 对用人单位管理人员违章指挥、强令冒险作业，有权拒绝执行。

⑥ 对危害生命安全和身体健康的行为，有权提出批评、检举和控告。

⑦ 女职工和未成年工有权拒绝用人单位安排其从事女职工和未成年工禁忌劳动范围的作业。

⑧ 从事有职业危害作业的劳动者和未成年工有权要求用人单位定期进行健康检查。

2. 我国职业安全卫生保护法规的主要特点

我国职业安全卫生保护法规具有以下主要特点：

① 保护的对象是生产经营过程中的劳动者、财产和环境。

② 职业安全卫生保护法规具有强制性。

③ 职业安全卫生保护法规涉及自然科学和社会科学领域，因此它既具有政策性特点，又具有科学技术性特点。

⊙ 实战 2.2

1. 你认可“资本主义社会是一种不重视安全生产，不顾工人死活的社会”这一论断吗？为什么？

2. 请问在我国安全生产法律体系中起核心作用的是哪一部法律？

⊙ 自测题 2.2

1. 请问 1802 年制定的《学徒的健康和道德法》作为最早的劳动保护立法是由哪个国家制定的？该法规定纺织工厂童工的工作时间每天不得超过多少小时？

2. 根据我国法定标准工时，在正常情况下普遍实行每日工作多少小时、每周工作多少小时？用人单位由于生产经营需要，经与工会和劳动者协商后可以延长工作时间，一般每日不得超过多少小时；因特殊原因需要延长工作时间的，在保障劳动者身体健康的条件下延长工作时间每日不得超过多少小时，但是每月不得超过多少小时？

任务三　学习安全生产法

一、对安全生产法的一般认识

《安全生产法》自 2002 年 11 月 1 日起施行，2021 年第三次修订，目的是加强安全生产工作，防止和减少生产安全事故，保障人民群众生命和财产安全，促进经济社会持续健康发展。

《安全生产法》在总结我国安全生产经验的基础上，将“安全第一、预防为主、综合治理”规定为我国安全生产工作方针。“安全第一、预防为主”一直以来被确定为我国安全生产管理的方针；2005 年将安全生产管理方针调整为“安全第一、预防为主、综合治理。”2014 年修订后的《安全生产法》将其作为安全生产工作方针，2021 年修订版第三条，仍然以此作为安全生产工作方针。“安全第一”，就是在生产经营活动中，在处理保证安全与生产经营活动的关系上，要始终把安全放在首要位置，优先考虑从业人员和其他人员的人身安全。在确保安全的前提下努力实现生产的其他目标。“预防为主”，就是按照系统化、科学化的管理思想，根据事故发生的规律和特点，千方百计预防事故的发生，做到防患于未然。

1.《安全生产法》的立法目的

《安全生产法》的立法目的有四项：一是加强安全生产工作，二是防止和减少生产安全事故，三是保障人民群众生命和财产安全，四是促进经济社会持续健康发展。四个目的是相互联系和相互促进的。《安全生产法》的实施，使安全生产工作有法可依，保障其他三项目的的实现，其他三项目的的落实，让安全生产工作更富有成效，也更有动力，相互之间形成正向助推循环。

2.《安全生产法》的适用范围

《安全生产法》的适用范围有两个要件：一是在中华人民共和国领域内从事生产经营活动的单位（以下统称生产经营单位），二是生产经营单位从事的活动是安全生产。当满足这两个要件时，就能用《安全生产法》规范调整各相关利益主体的责权利关系。

《安全生产法》适用的例外，是指有关法律、行政法规对消防安全和道路交通安全、铁路交通安全、水上交通安全、民用航空安全以及核与辐射安全、特种设备安全另有规定的，适用其规定。

3. 安全生产工作的领导、方针和机制

《安全生产法》明确规定，我国安全生产工作坚持中国共产党的领导。

在任何生产经营活动中，如果始终把保护人民生命安全摆在首位，从源头上防范化解重大安全风险，就树牢了安全发展理念，以人为本，坚持了人民至上、生命至上，坚持了“安全第一、预防为主、综合治理”的安全生产工作方针。

《安全生产法》通过规定安全生产工作实行管行业必须管安全、管业务必须管安全、管生产经营必须管安全，来强化和落实《安全生产法》中最主要的两个责任主体的两种责任，一是生产经营单位对本单位安全生产负主体责任，二是政府及政府监管部门对区域内的安全生产负监管责任。通过这两种责任的明确和落实，建立生产经营单位负责、职工参与、政府监管、行业自律和社会监督的安全生产工作机制。

4. 生产经营单位如何强化和落实自身安全生产工作的主体责任

①必须遵守安全生产法和其他有关安全生产的法律、法规。

②加强安全生产管理，建立健全全员安全生产责任制和安全生产规章制度。

③加大对安全生产资金、物资、技术、人员的投入保障力度，改善安全生产条件。

④加强安全生产标准化、信息化建设，推动安全生产工作数字化。

⑤构建安全风险分级管控和隐患排查治理双重预防机制，健全风险防范化解机制，提高安全生产水平，确保安全生产。

对于平台经济等新兴行业、领域的生产经营单位，不能因为从业人员的归属与用工单位的不一致，弱化自身安全生产的主体责任，同时放任，甚至助推从业人员的违规违法作业行为。而应当根据本行业、领域的特点，建立健全并落实全员安全生产责任制，加强从业人员安全生产教育和培训，履行《安全生产法》和其他法律、法规规定的有关安全生产义务。

5. 谁是生产经营单位安全生产的第一责任人

生产经营单位的主要负责人是本单位安全生产第一责任人，对本单位的安全生产工作全面负责。其他负责人对职责范围内的安全生产工作负责。

6. 从业人员如何依法做好安全生产工作

从业人员要做好安全生产工作，就应当认真学习《安全生产法》，了解自己在安全生产中有哪些权利，需要履行好哪些义务，才能依法获得安全生产保障的权利，依法履行安全生产方面的义务。

7. 工会如何依法以对安全生产工作进行监督

工会对安全生产工作进行监督是法定职责。生产经营单位的工会要依法组织职工参加本单位安全生产工作的民主管理和民主监督，维护职工在安全生产方面的合法权益。生产经营单位制定或者修改有关安全生产的规章制度，应当听取工会的意见。

区域或行业工会可主动介入到尚无工会的生产经营单位，组织职工参加单位安全生产工作的民主管理和民主监督，维护职工在安全生产方面的合法权益。

8. 政府如何在宏观上依法治“安”

①安全生产规划和实施。国务院和县级以上地方各级人民政府应当根据国民经济和社会发展规划制定安全生产规划，并组织实施。安全生产规划应当与国土空间规划等相关规划相衔接。

②安全生产基础设施建设和安全生产监管能力建设。各级人民政府应当加强安全生产基础设施建设和安全生产监管能力建设，所需经费列入本级预算。

③安全风险评估与联防联控机制的建立与完善。县级以上地方各级人民政府应当组织有关部门建立完善安全风险评估与论证机制，按照安全风险管控要求，进行产业规划和空间布局，并对位置相邻、行业相近、业态相似的生产经营单位实施重大安全风险联防联控。

9. 各级人民政府对区域内安全生产工作的领导及监管职责

①国务院和县级以上地方各级人民政府应当加强对安全生产工作的领导，建立健全安全生产工作协调机制，支持、督促各有关部门依法履行安全生产监督管理职责，及时协调、解决安全生产监督管理中存在的重大问题。

②乡镇人民政府和街道办事处，以及开发区、工业园区、港区、风景区等应当明确负责安全生产监督管理的有关工作机构及其职责，加强安全生产监管力量建设，按照职责对本行政区域或者管理区域内生产经营单位安全生产状况进行监督检查，协助人民政府有关部门或者按照授权依法履行安全生产监督管理职责。

10. 安全生产的综合监督管理

①国务院应急管理部门对全国安全生产工作实施综合监督管理；县级以上地方各级人民政府应急管理部门对本行政区域内安全生产工作实施综合监督管理。

②国务院交通运输、住房和城乡建设、水利、民航等有关部门依照《安全生产法》和其他有关法律、行政法规的规定，在各自的职责范围内对有关行业、领域的安全生产工作实施监督管理。

③县级以上地方各级人民政府有关部门依照安全生产法和其他有关法律、法规的规定，在各自的职责范围内对有关行业、领域的安全生产工作实施监督管理。

④对新兴行业、领域的安全生产监督管理职责不明确的，由县级以上地方各级人民政府按照业务相近的原则确定监督管理部门。

⑤应急管理部门和对有关行业、领域的安全生产工作实施监督管理的部门，统称负有安全生产监督管理职责的部门。负有安全生产监督管理职责的部门应当相互配合、齐抓共管、信息共享、资源共用，依法加强安全生产监督管理工作。

创新安全生产综合监督管理　执法检查防范化解风险隐患

国家应急管理部针对安全生产综合行政执法中“人少质弱”和执法“宽松软”等突出问题，进行了应急管理综合行政执法改革。从强化专业力量、提高执法质量、创新执法评估、加强队伍建设等四个方面进行探索，通过配齐建强市县两级监管执法队伍，加强执法队伍专业化和机构标准化建设，突出解决“人少质弱”和执法“宽松软”等问题；通过加快推进技术检查员和社会监督员队伍建设，提高执法能力水平和权威性，切实发挥好执法检查防范化解风险隐患的重要作用。

（资料来源：应急管理部通报一批应急管理综合行政执法改革典型经验做法推动解决“人少质弱”和执法“宽松软”等突出问题 https://www.mem.gov.cn/xw/yjglbgzdt/202208/t20220824_420994.shtml）

11．依法制定及修订国家标准或者行业标准

国务院有关部门应当按照保障安全生产的要求，依法及时制定有关的国家标准或者行业标准，并根据科技进步和经济发展适时修订。

12．安全生产强制性国家标准

①国务院有关部门按照职责分工负责安全生产强制性国家标准的项目提出、组织起草、征求意见、技术审查。

②国务院应急管理部门统筹提出安全生产强制性国家标准的立项计划。

③国务院标准化行政主管部门负责安全生产强制性国家标准的立项、编号、对外通报和授权批准发布工作。

④国务院标准化行政主管部门、有关部门依据法定职责对安全生产强制性国家标准的实施进行监督检查。

⑤生产经营单位必须执行依法制定的保障安全生产的国家标准或者行业标准。

13．加强安全生产宣传，增强全社会的安全生产意识

各级人民政府及其有关部门应当采取多种形式，加强对有关安全生产的法律、法规和安全生产知识的宣传，增强全社会的安全生产意识。

14．如何做到行业自律

有关协会组织依照法律、行政法规和章程，为生产经营单位提供安全生产方面的信息、培训等服务，发挥自律作用，促进生产经营单位加强安全生产管理。

15．生产经营单位保证安全生产的责任可否委托给合法设立的机构

①依法设立的为安全生产提供技术、管理服务的机构，依照法律、行政法规和执业准则，接受生产经营单位的委托，为其安全生产工作提供技术、管理服务。

②生产经营单位委托依法设立的机构提供安全生产技术、管理服务的，保证安全生产的责任仍由本单位负责。

16．生产安全事故责任追究制度

国家实行生产安全事故责任追究制度，依照《安全生产法》和有关法律、法规的规定，追究生产安全事故责任单位和责任人员的法律责任。

一案双罚

2022 年 4 月 25 日，山东省济宁市梁山县应急管理局行政执法人员在对山东臻匠美家家居有限公司进行执法检查时，发现该公司存在 4 项违法行为（其中涉及“粉六条”的违法行为 1 项）：

1．砂光机作业场所未按规定及时规范清理粉尘，现场积尘严重。

2．喷漆房未按规定设置可燃气体报警装置和防爆电器设备设施。

3．干式除尘器锁气卸灰装置已失效。

4．特种作业人员王某田低压电工特种作业操作证未复审且违规上岗作业 20 余次。

上述违法行为分别违反了《安全生产法》第三十条第一款和第四十一条第二款等规定。该公司主要负责人吴某能存在未组织制定并实施本单位安全生产规章制度的违法行为，违反了《安全生产法》第二十一条第二项的规定。

处罚情况：5月23日，山东省济宁市梁山县应急管理局依据《安全生产法》第九十七条第七项、第一百零二条以及《安全生产违法行为行政处罚办法》第五十三条的规定，对山东臻匠美家家居有限公司上述4项违法行为分别裁量、合并处罚，作出罚款16.5万元的行政处罚决定；依据《安全生产法》第九十四条第一款的规定，对该公司主要负责人吴某能作出罚款人民币2.5万元的行政处罚决定。

（资料来源：必看！应急管理部公布一批“一案双罚”典型执法案例．潇湘晨报，2022－06－17）

17．**安全生产权力和责任清单的编制与公开**

县级以上各级人民政府应当组织负有安全生产监督管理职责的部门依法编制安全生产权力和责任清单，公开并接受社会监督。

18．**安全生产科学技术研究和安全生产先进技术的推广应用**

国家鼓励和支持安全生产科学技术研究和安全生产先进技术的推广应用，提高安全生产水平。

19．**安全生产奖励**

国家对在改善安全生产条件、防止生产安全事故、参加抢险救护等方面取得显著成绩的单位和个人，给予奖励。

重奖激励安全生产隐患举报

2022年3月，山东省应急管理厅接到群众实名举报，反映临沂市临沭县一化工企业未专库存放危险化学品。按相关程序，临沭县应急管理局对举报内容予以核查。经查，该企业在不具备存放危险化学品安全防护条件的油墨车间，存放桶装液体物料甲苯14桶（约10吨）、醋酸乙酯5桶（0.8吨），未按规定储存在专用仓库中，导致安全风险隐患增加。按有关法律法规规定，执法人员对该企业未专库存放危险化学品行为，责令其限期整改，并予以行政罚款。

举报人及时发现并举报生产经营单位违法违规储存危险化学品，为及时消除事故隐患作出了贡献，山东省应急管理厅按规定予以奖励人民币3.45万元。

（资料来源：应急管理部公布5起安全生产举报典型案例．https://www.mem.gov.cn/xw/yjglbgzdt/202208/t20220831_421579.shtml）

请回答以下问题：

（1）全国安全生产规划由谁制定和组织实施？

（2）全国安全生产工作的综合监督管理工作由谁承担？

（参考答案见第38页）

二、生产经营单位的安全生产保障

生产经营单位是本单位安全生产保障的责任主体，是实施保障的关键所在。安全生产法中第二章“生产经营单位的安全生产保障”，对生产经营单位在生产经营活动中，防止和减少伤亡、职业危害的行为做了专门规范。

1. 生产经营单位应具备的安全生产条件

生产经营单位应当具备安全生产法和有关法律、行政法规和国家标准或者行业标准规定的安全生产条件；不具备安全生产条件的，不得从事生产经营活动。

生产经营单位要具备符合要求的安全生产条件，必须在制度和组织、建设项目、设备和设施、生产经营过程要有安全保障（如图 2－2 所示）。

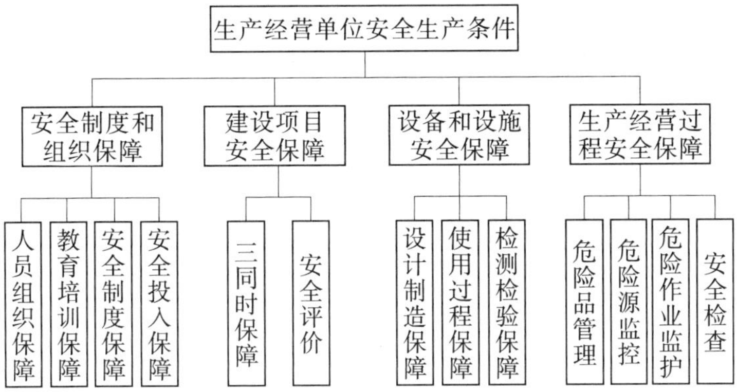

图 2－2　生产经营单位安全生产条件

2. 安全制度和组织保障

（1）生产经营单位的主要负责人是本单位安全生产第一责任人，对本单位安全生产工作全面负责。

生产经营单位的主要负责人当好本单位安全生产的第一责任人，这对任何生产经营单位的安全生产都是至关重要的，也是其为本企业每一名员工示范如何当好安全生产第一责任人的体现。其实这个问题也就是其如何全面履行好本单位安全生产职责的问题，每一个生产经营单位的主要负责人，应当从以下七个方面来履行好职责，从而对本单位安全生产全面负责。

① 建立、健全并落实本单位全员安全生产责任制，加强安全生产标准化建设。安全生产涉及生产经营单位的各个部门和每一个员工，只有各个部门和每一个人都承担起相应的安全职责，做好相应的安全工作，企业的安全生产才会有保障。生产经营单位的主要负责人应将安全生产的这种责任体系以制度的形式明确下来。生产经营单位在制定安全生产责任制时，应按照“管业务必须管安全、管生产经营必须管安全”、责权利相统一等原则，以“三个明确”，即明确各岗位的责任人员、责任范围和考核标准等内容，划分好各部门和每位员工的安全生产责任。建立相应的机制，加强对安全生产责任制落实情况的监督考核，保证安全生产责任制的落实。加强本单位安全生产标准化建设，以提高安全生产工作的水平和效率。

请填写下列三空：

生产经营单位的安全生产责任制对本单位的所有岗位应当做到“三个明确”：________、________、________。

（参考答案见第38页）

② 组织制定并实施本单位安全生产规章制度和操作规程。生产经营单位应根据国家法律法规、标准，结合单位的实际情况，制定适合本单位的安全生产规章制定和操作规程，并及时组织实施，在实施中进行完善。

③ 组织制定并实施本单位安全生产教育和培训计划。对新员工进行符合要求的岗前安全教育和培训，以及对老员工进行安全生产再教育和培训，是生产经营单位安全生产的基础，是本单位安全生产教育和培训年度计划的核心内容。

④ 保证本单位安全生产投入的有效实施。生产经营单位主要负责人要为本单位的安全生产提供人力、物力及财力资源。许多生产安全事故的发生原因，正是由于一些企业舍不得在安全生产方面进行投入，致使安全生产条件不具备，或危险隐患长期得不到整改而导致的。《安全生产法》规定单位主要负责人或者个人经营投资者应保证本单位安全生产投入的有效实施，并承担因安全投入不足而导致的法律责任。

⑤组织建立并落实安全风险分级管控和隐患排查治理双重预防工作机制，督促、检查本单位的安全生产工作，及时消除生产安全事故隐患。本单位安全风险分级管控和隐患排查治理双重预防机制的建立与落实，是主要负责人的重要工作，是其落实全面负责的重要抓手。主要负责人应定期组织辨识本单位的安全风险，对辨识出的安全风险进行分类梳理，对不同类别的安全风险，采用适宜的风险评估方法确定安全风险等级。安全风险评估要突出遏制重特大事故，高度关注暴露人群，聚焦重大危险源、劳动密集型场所、高危作业工序和受影响的人群规模。重大、重特大安全风险应填写清单、汇总造册，并从组织、制度、技术、应急等方面对安全风险进行有效管控，要在醒目位置和重点区域分别设置安全风险公告栏，制作安全风险告知卡。主要负责人要为本单位安全生产全面负责，还应体现其对日常安全生产工作的督促和检查，及时消除各种安全事故隐患。在安全生产实际工作中要遵循“五同时”原则，即生产经营单位主要负责人在对生产经营工作进行计划、实施、检查、总结、评比时，必须同时计划、实施、检查、总结、评比安全生产工作。

⑥ 组织制定并实施本单位的生产安全事故应急救援预案。实践表明，事故发生后，如果应急救援措施及时、得当，就能迅速抑制和减少事故的损害。如果没有生产安全事故应急救援预案，没有进行一定的演练，事故一旦发生，员工就可能惊慌失措，造成更大的损害。因此生产经营单位负责人应根据本单位危险源的分布和性质，组织制定本单位的生产安全事故应急救援预案，并组织演练，确保应急救援预案始终处于有效、适宜状态。

⑦ 及时、如实报告生产安全事故。事故报告是我国安全生产的一项基本制度，要求事故发生单位要做好组织抢救工作，并及时、如实地向有关管理部门报告事故情况。并

要求主要负责人在本单位发生重大生产安全事故时，不得在事故调查处理期间擅离职守。

（2）安全生产管理机构的设置。

矿山、金属冶炼、建筑施工、道路运输单位和危险物品的生产、经营、储存单位，均属于生产过程危险较大的单位（以下简称“高危单位”）。

① 生产经营过程危险性较大的矿山、金属冶炼、建筑施工、道路运输单位和危险物品的生产、经营、储存单位，应当设置安全生产管理机构或者配备专职安全生产管理人员。

② 非高危单位，从业人员超过100人的，应当设置安全生产管理机构或者配备专职安全生产管理人员；从业人员在100人以下的，应当配备专职或者兼职的安全生产管理人员，或者委托具有国家规定的相关专业技术资格的工程技术人员提供安全生产管理服务。

（3）生产经营单位的安全生产管理机构以及安全生产管理人员应当恪尽职守，依法履行以下职责。

① 组织或者参与拟订本单位安全生产规章制度、操作规程和生产安全事故应急救援预案。

② 组织或者参与本单位安全生产教育和培训，如实记录安全生产教育和培训情况。

③ 组织开展危险源辨识和评估，督促落实本单位重大危险源的安全管理措施。

④ 组织或者参与本单位应急救援演练。

⑤ 检查本单位的安全生产状况，及时排查生产安全事故隐患，提出改进安全生产管理的建议。

⑥ 制止和纠正违章指挥、强令冒险作业、违反操作规程的行为。

⑦ 督促落实本单位安全生产整改措施。

生产经营单位可以设置专职安全生产分管负责人，协助本单位主要负责人履行安全生产管理职责。

（4）安全生产投入保障。

生产经营单位的决策机构、主要负责人或者个人经营的投资人，应依照《安全生产法》规定保证本单位安全生产所必需的资金投入。安全生产投入包括：符合要求的安全设备、设施的投入，用于配备劳动防护用品、进行安全生产培训的经费，为从业人员缴纳工伤保险费等。应按照规定提取和使用安全生产费用，专门用于改善安全生产条件。安全生产费用在成本中据实列支。

（5）安全教育培训制度保障。

① 安全教育培训的基本内容。安全教育培训的基本内容主要包括安全态度及行为准则、安全知识技术和安全技能三个方面。

② 安全生产相关管理人员资质培训。生产经营单位的主要负责人和安全生产管理人员，必须具备与本单位所从事的生产经营活动相应的安全生产知识和管理能力。

高危单位的主要负责人和安全生产管理人员，应当由有关主管部门对其安全生产知识和管理能力考核合格后方可任职。

③ 从业人员的安全生产教育培训。生产经营单位应当对从业人员进行安全生产教育和培训，保证从业人员具备必要的安全生产知识，熟悉本单位的安全生产规章制度和安全操作规程，掌握本岗位的安全操作技能。未经安全生产教育和培训合格的从业人员不得上

岗作业。我国对从业人员的安全教育实行入厂级安全教育、车间安全教育和岗位安全教育的“三级安全教育和培训制度”。生产经营单位使用被派遣劳动者的，应当将被派遣劳动者纳入本单位从业人员统一管理，对被派遣劳动者进行岗位安全操作规程和安全操作技能的教育和培训。劳务派遣单位应当对被派遣劳动者进行必要的安全生产教育和培训。

④安全生产教育和培训档案管理。生产经营单位应当建立安全生产教育和培训档案，如实记录安全生产教育和培训的时间、内容、参加人员以及考核结果等情况。

• 参考答案 •

（1）根据《安全生产法》第八条规定，由国务院制定全国安全生产规划，并组织实施。

（2）全国安全生产工作综合监督管理由中华人民共和国应急管理部承担。

生产经营单位的安全生产责任制对本单位的所有岗位应当做到“三个明确”：明确安全生产责任人员、明确安全生产责任范围、明确安全生产考核标准。

（6）特种作业人员的安全教育。

生产经营单位的特种作业人员必须按照国家有关规定经专门的安全作业培训，取得特种作业操作资格证书方可上岗作业。

3．建设项目的安全保障

（1）建设项目的“三同时保障”。

生产经营单位新建、改建、扩建工程项目（以下统称“建设项目”）的安全设施，必须与主体工程同时设计、同时施工、同时投入生产和使用。安全设施投资应当纳入建设项目概算。

建设项目的“三同时”，可以从根本上保障生产经营活动具备安全卫生保护的硬件条件。

（2）安全评价。

矿山建设项目和用于生产、储存危险物品的建设项目，应当分别按照国家有关规定进行安全条件论证和安全评价。

4．设备、设施的安全保障

（1）设备、设施设计、制造与安装的安全保障。

①生产经营单位的设备、设施的设计、制造、安装应当符合国家标准或者行业标准。

②生产经营的设备、设施应有配套的安全设备或安全警示装置。生产经营单位应当在有较大危险因素的生产经营场所和有关设施、设备上，设置明显的安全警示标志。例如，凡人员易触及的可动零部件，应尽可能隔离或封闭。

③与生产经营单位的设备、设施配套的安全控制装置、安全防护装置的性能，控制尘、毒产生，控制噪声和振动效果，防火与防爆性能要符合或高于国家标准或者行业标准。

（2）设备、设施使用、维护、检测、报废与淘汰的安全保障。

设备、设施使用、维护、检测、报废与淘汰应当符合国家标准或者行业标准。

①设备、设施使用、维护保养的安全要求。设备、设施的使用应建立使用保养责任制，制定安全操作规程，实行操作证制度以确保设备的安全正常运行。设备的维护保养应执行日常保养、一级保养和二级保养的“三级保养制”。

②设备安全检测的要求。安全检测是了解设备运行状况，预防事故的有效手段。应做到：准确把握设备的运行状态，保证设备在额定指标内运行，及时预报故障。

③设备的报废与淘汰。国家对严重危及生产安全的工艺、设备实行淘汰制度。具体目录由国务院应急管理部门会同国务院有关部门制定并公布。法律、行政法规对目录的制定另有规定的，适用其规定。省、自治区、直辖市人民政府可以根据本地区实际情况制定并公布具体目录，对国家目录规定以外的危及生产安全的工艺、设备予以淘汰。生产经营单位不得使用国家明令淘汰、禁止使用的危及生产安全的工艺、设备。

（3）安全设备的安全保障。

与生产经营单位的设备、设施配套的安全设备是整个生产系统的组成部分，不应将其视为附属部分，更不能将其视为额外增加的负担。安全设备的设计、制造、安装、使用、检测、维修、改造和报废，应当符合国家标准或者行业标准。生产经营单位不得关闭、破坏直接关系生产安全的监控、报警、防护、救生设备、设施，或者篡改、隐瞒、销毁其相关数据、信息。

（4）建立健全设备、设施安全档案，推动数字化安全建设。

生产经营单位建立健全本单位的设备、设施安全档案，推动数字化安全建设，夯实安全生产基础，安全档案包括：设备的原始记录，维护、保养、检测情况，设备故障分析，隐患整改信息等。

（5）特种设备实行安全使用证制度。

生产经营单位使用的危险物品的容器、运输工具，以及涉及人身安全、危险性较大的海洋石油开采特种设备和矿山井下特种设备，必须按照国家有关规定，由专业生产单位生产，并经具有专业资质的检测、检验机构检测、检验合格，取得安全使用证或者安全标志，方可投入使用。检测、检验机构对检测、检验结果负责。例如，运输易燃、易爆危险品的车辆属于特种设备，车辆的设计、生产、检测、使用、维修保养的单位必须取得相应许可证、资质证或安全使用证后才能从事相应的工作。

5. 生产经营过程安全保障

（1）安全检查。

生产经营单位的安全生产管理人员应当根据本单位的生产经营特点，对安全生产状况进行经常性检查。对检查中发现的安全问题，应当立即处理；不能处理的，应当及时报告本单位有关负责人。检查及处理情况应当记录在案。

生产经营单位的安全生产管理人员在检查中发现重大事故隐患，向本单位有关负责人报告，有关负责人不及时处理的，安全生产管理人员可以向主管的负有安全生产监督管理职责的部门报告，接到报告的部门应当依法及时处理。

① 安全检查是安全管理人员的职责。

② 对安全检查中发现的问题应及时处理。

③ 建立好安全检查档案。

（2）建立和落实安全风险分级管控与生产事故隐患排查治理制度。

生产经营单位应当建立安全风险分级管控制度，按照安全风险分级采取相应的管控措施。

生产经营单位应当建立健全并落实生产安全事故隐患排查治理制度，采取技术、管理措施，及时发现并消除事故隐患。事故隐患排查治理情况应当如实记录，并通过职工大会或者职工代表大会、信息公示栏等方式向从业人员通报。其中，重大事故隐患排查治理情况应当及时向负有安全生产监督管理职责的部门和职工大会或者职工代表大会报告。

（3）对从业人员的教育与督促。

①生产经营单位应当教育和督促从业人员严格执行本单位的安全生产规章制度和安全操作规程，并向从业人员如实告知作业场所和工作岗位存在的危险因素、防范措施以及事故应急措施。

②生产经营单位应当关注从业人员的身体、心理状况和行为习惯，加强对从业人员的心理疏导、精神慰藉，严格落实岗位安全生产责任，防范从业人员行为异常导致事故发生。

③生产经营单位必须为从业人员提供符合国家标准或者行业标准的劳动防护用品，并监督、教育从业人员按照使用规则佩戴、使用。

（4）危险品的安全管理。

① 危险品的审批监管制度。生产、经营、运输、储存、使用危险物品或者处置废弃危险物品的，由有关主管部门依照有关法律、法规的规定和国家标准或者行业标准审批并实施监督管理。国家对爆炸性、易燃性、放射性、毒害性和腐蚀性五类危险物品实行审批监管制度。

② 生产经营单位应加强对危险物品的管理。生产经营单位生产、经营、运输、储存、使用危险物品或者处置废弃危险物品，必须执行有关法律、法规和国家标准或者行业标准，建立专门的安全管理制度，采取可靠的安全措施，接受有关主管部门依法实施的监督管理。生产经营单位应按有关危险物品的管理规定，从安全标志、选址、生产、储运、使用、处置等全面采取可靠的安全措施，预防事故的发生。

③ 禁止“三合一建筑”。“三合一建筑”指员工宿舍、生产车间和仓库都在同一座建筑物内。生产、经营、储存、使用危险物品的车间、商店、仓库不得与员工宿舍在同一座建筑物内，并应当与员工宿舍保持安全距离。

④ 保障疏散通道、安全出口畅通。生产经营场所和员工宿舍，应当设有符合紧急疏散要求、标志明显、保持畅通的出口。禁止占用、锁闭、堵塞生产经营场所或者员工宿舍的出口、疏散通道。

（5）危险源的控制管理。

① 重大危险源报告备案制度。生产经营单位应当按照国家有关规定，将本单位重大危险源及有关安全措施、应急措施报有关地方人民政府负责安全生产监督管理的部门

和有关部门备案。

② 危险源的控制管理。生产经营单位对重大危险源应当登记建档，进行定期检测、评估、监控，制定应急预案并告知从业人员和相关人员在紧急情况下应当采取的应急措施。

（6）危险作业的安全监护。

生产经营单位进行爆破、吊装、动火、临时用电以及国务院应急管理部门会同国务院有关部门规定的其他危险作业，应当安排专门人员进行现场安全管理，确保操作规程的遵守和安全措施的落实。

（7）生产经营单位对承包单位的安全生产管理要求。

① 生产经营单位不得将生产经营项目、场所、设备发包或者出租给不具备安全生产条件或者相应资质的单位或者个人。

②生产经营项目、场所发包或者出租给其他单位的，生产经营单位应当与承包单位、承租单位签订专门的安全生产管理协议，或者在承包合同、租赁合同中约定各自的安全生产管理职责。

③生产经营单位对承包单位、承租单位的安全生产工作统一协调、管理，定期进行安全检查，发现安全问题的，应当及时督促整改。

④矿山、金属冶炼建设项目和用于生产、储存、装卸危险物品的建设项目的施工单位应当加强对施工项目的安全管理，不得倒卖、出租、出借、挂靠或者以其他形式非法转让施工资质，不得将其承包的全部建设工程转包给第三人或者将其承包的全部建设工程支解以后以分包的名义分别转包给第三人，不得将工程分包给不具备相应资质条件的单位。

（8）交叉作业安全管理。

两个以上生产经营单位在同一作业区域内进行生产经营活动，可能危及对方生产安全的，应当签订安全生产管理协议，明确各自的安全生产管理职责和应当采取的安全措施，并指定专职安全生产管理人员进行安全检查与协调。

请回答下列问题：

（1）国家对哪五类危险物品实行审批监管制度？

（2）“从业人员接受安全生产教育和培训”在《安全生产法》中规定为从业人员的权利还是义务？

（参考答案见第 42 页）

三、从业人员的权利和义务

1. 从业人员在安全生产中的权利

《安全生产法》对劳动者在安全生产保护方面的合法权益进行了较为全面、合理的规定，充分体现了其立法的目的。劳动者在相应的条件下可依法行使下列权利。

① 工伤保险权。生产经营单位与从业人员订立的劳动合同，应当载明为从业人员办理工伤社会保险的事项，为从业人员缴纳保险费。从业人员在生产中发生工伤事故，

除依法享受工作保险待遇外，如依照民事法律尚有获得赔偿权利，有权向本单位提出赔偿要求。

② 危险因素的知情权。从业人员有权了解其作业场所和工作岗位存在的危险因素、防范措施及事故应急措施。

③ 安全工作建议权。从业人员有权对本单位的安全生产工作提出建议。

④ 安全问题的批评权、检举权、控告权。从业人员有权对本单位安全生产工作中存在的问题提出批评、检举、控告。生产经营单位不得因从业人员对本单位安全生产工作提出批评、检举、控告而降低其工资、福利等待遇或者解除与其订立的劳动合同。

⑤ 对违章指挥和强令冒险作业拒绝权。从业人员有权拒绝违章指挥和强令冒险作业。生产经营单位不得因从业人员拒绝违章指挥和强令冒险作业而降低其工资、福利等待遇或者解除与其订立的劳动合同。

⑥ 危急情况下停止作业权和撤离权。从业人员发现直接危及人身安全的紧急情况时，有权停止作业或者在采取可能的应急措施后撤离作业场所。生产经营单位不得因从业人员在前款紧急情况下停止作业或者采取紧急撤离措施而降低其工资、福利等待遇或者解除与其订立的劳动合同。

2. 从业人员在安全生产中的义务

从业人员作为安全生产的主体之一，自身对安全生产保护方面必须承担以下义务。

① 遵章守规、服从管理的义务。从业人员在作业过程中，应当严格遵守本单位的安全生产规章制度和操作规程，服从管理。

② 正确佩戴和使用劳动防护用品的义务。

③ 接受安全生产教育和培训的义务。从业人员应当接受安全生产教育和培训，掌握本职工作所需的安全生产知识，提高安全生产技能，增强事故预防和应急处理能力。

④ 报告的义务。从业人员发现事故隐患或者其他不安全因素，应当立即向现场安全生产管理人员或者本单位负责人报告。

• 参考答案 •

（1）国家对爆炸品、易燃品、放射品、毒害品和腐蚀品等五类危险物品实行审批监管制度。

（2）规定为从业人员的义务。

四、安全生产的监督管理

1. 安全生产综合监督管理体制

国务院应急管理的部门，对全国安全生产工作实施综合监督管理；县级以上地方各级人民政府应急管理的部门，对本行政区域内安全生产工作实施综合监督管理。

2. 安全生产监督管理的举报制度

（1）建立举报制度。

①负有安全生产监督管理职责的部门应当建立举报制度，公开举报电话、信箱或者电子邮件地址，受理有关安全生产的举报。

②受理的举报事项经调查核实后，应当形成书面材料。

③需要落实整改措施的，报经有关负责人签字并督促落实。

④对不属于本部门职责，需要由其他有关部门进行调查处理的，转交其他有关部门处理。

⑤涉及人员死亡的举报事项，应当由县级以上人民政府组织核查处理。

（2）举报制度的落实。

①任何单位或者个人对事故隐患或者安全生产违法行为，均有权向负有安全生产监督管理职责的部门报告或者举报。

②因安全生产违法行为造成重大事故隐患或者导致重大事故，致使国家利益或者社会公共利益受到侵害的，人民检察院可以根据民事诉讼法、行政诉讼法的相关规定提起公益诉讼。

③居民委员会、村民委员会发现其所在区域内的生产经营单位存在事故隐患或者安全生产违法行为时，应当向当地人民政府或者有关部门报告。

④县级以上各级人民政府及其有关部门对报告重大事故隐患或者举报安全生产违法行为的有功人员，给予奖励。具体奖励办法由国务院应急管理部门会同国务院财政部门制定。

3. 监察部门的职权

监察机关依照行政监察法的规定，对负有安全生产监督管理职责的部门及其工作人员履行安全生产监督管理职责实施监察。

4. 负有安全生产监督管理职责部门的职权

（1）检查和分类分级管理职权。

①县级以上地方各级人民政府应当根据本行政区域内的安全生产状况，组织有关部门按照职责分工，对本行政区域内容易发生重大生产安全事故的生产经营单位进行严格检查。

②应急管理部门应当按照分类分级监督管理的要求，制订安全生产年度监督检查计划，并按照年度监督检查计划进行监督检查，发现事故隐患，应当及时处理。

（2）监督检查职权。

应急管理部门和其他负有安全生产监督管理职责的部门依法对生产经营单位执行安全生产法律、法规和标准的情况进行监督检查。主要职权包括：

① 进入生产经营单位检查、调阅有关资料以及了解情况的职权。

② 对安全生产违法行为的处理权。可行使的处理权包括：当场纠正、限期改正和行政处罚三种。

③ 对事故隐患的处理权。可行使的处理权包括：责令立即排除、责令撤出人员、责令停产停业或者停用三种。检查时发现重大事故隐患，重大事故隐患排除前或者排除过程中无法保证安全的，应当责令从危险区域内撤出作业人员，责令暂时停产停业或者停止使用相关设施、设备；重大事故隐患排除后，经审查同意，方可恢复生产经营和

使用。

④ 对有关设施、设备、器材的处理权。对不符合保障安全生产的国家标准或者行业标准的设施、设备、器材以及违法生产、储存、使用、经营、运输的危险物品的处理权包括查封和扣押两种；对违法生产、储存、使用、经营危险物品的作业场所予以查封，处理决定应当在十五日内依法做出。

监督检查不得影响被检查单位的正常生产经营活动。

5. 对重大事故隐患的监督管理

①负有安全生产监督管理职责的部门依法对存在重大事故隐患的生产经营单位作出停产停业、停止施工、停止使用相关设施或者设备的决定，生产经营单位应当依法执行，及时消除事故隐患。生产经营单位拒不执行，有发生生产安全事故的现实危险的，在保证安全的前提下，经本部门主要负责人批准，负有安全生产监督管理职责的部门可以采取通知有关单位停止供电、停止供应民用爆炸物品等措施，强制生产经营单位履行决定。通知应当采用书面形式，有关单位应当予以配合。

②负有安全生产监督管理职责的部门依照前款规定采取停止供电措施，除有危及生产安全的紧急情形外，应当提前二十四小时通知生产经营单位。生产经营单位依法履行行政决定、采取相应措施消除事故隐患的，负有安全生产监督管理职责的部门应当及时解除前款规定的措施。

6. 安全生产的事项审批、验收的监督管理

①负有安全生产监督管理职责的部门对涉及安全生产的事项需要审查批准（包括批准、核准、许可、注册、认证、颁发证照等，下同）或者验收的，必须严格依照有关法律、法规和国家标准或者行业标准规定的安全生产条件和程序进行审查；不符合有关法律、法规和国家标准或者行业标准规定的安全生产条件的，不得批准或者验收通过。

②对未依法取得批准或者验收合格的单位擅自从事有关活动的，负责行政审批的部门发现或者接到举报后应当立即予以取缔，并依法予以处理。

③对已经依法取得批准的单位，负责行政审批的部门发现其不再具备安全生产条件的，应当撤销原批准。

④负有安全生产监督管理职责的部门对涉及安全生产的事项进行审查、验收，不得收取费用；不得要求接受审查、验收的单位购买其指定品牌或者指定生产、销售单位的安全设备、器材或者其他产品。

7. 安全生产监督管理职责

①安全生产监督检查人员应当忠于职守，坚持原则，秉公执法。安全生产监督检查人员执行监督检查任务时，必须出示有效的行政执法证件；对涉及被检查单位的技术秘密和业务秘密，应当为其保密。

②安全生产监督检查人员应当将检查的时间、地点、内容、发现的问题及其处理情况，作出书面记录，并由检查人员和被检查单位的负责人签字；被检查单位的负责人拒绝签字的，检查人员应当将情况记录在案，并向负有安全生产监督管理职责的部门报告。

③负有安全生产监督管理职责的部门在监督检查中，应当互相配合，实行联合检查；确需分别进行检查的，应当互通情况，发现存在的安全问题应当由其他有关部门进行处理的，应当及时移送其他有关部门并形成记录备查，接受移送的部门应当及时进行处理。

④负有安全生产监督管理职责的部门应当建立安全生产违法行为信息库，如实记录生产经营单位及其有关从业人员的安全生产违法行为信息；对违法行为情节严重的生产经营单位及其有关从业人员，应当及时向社会公告，并通报行业主管部门、投资主管部门、自然资源主管部门、生态环境主管部门、证券监督管理机构以及有关金融机构。有关部门和机构应当对存在失信行为的生产经营单位及其有关从业人员采取加大执法检查频次、暂停项目审批、上调有关保险费率、行业或者职业禁入等联合惩戒措施，并向社会公示。

⑤负有安全生产监督管理职责的部门应当加强对生产经营单位行政处罚信息的及时归集、共享、应用和公开，对生产经营单位作出处罚决定后七个工作日内在监督管理部门公示系统予以公开曝光，强化对违法失信生产经营单位及其有关从业人员的社会监督，提高全社会安全生产诚信水平。

8. 对安全评价、认证、检测、检验的监督管理

①承担安全评价、认证、检测、检验职责的机构应当具备国家规定的资质条件，并对其作出的安全评价、认证、检测、检验结果的合法性、真实性负责。资质条件由国务院应急管理部门会同国务院有关部门制定。

②承担安全评价、认证、检测、检验职责的机构应当建立并实施服务公开和报告公开制度，不得租借资质、挂靠、出具虚假报告。

9. 舆论对安全生产的监督

新闻、出版、广播、电影、电视等单位有进行安全生产公益宣传教育的义务，有对违反安全生产法律、法规的行为进行舆论监督的权利。

五、生产安全事故的应急救援与调查处理

当事故已发生时，为了减少事故损失，应采取有效措施控制事故的扩大，事故应急救援是控制事故扩大的有效方法。事故发生后，应按法定要求对事故进行调查和处理。

1. 应急救援

（1）应急救援体系。

①县级以上地方各级人民政府应当组织有关部门制定本行政区域内特大生产安全事故应急救援预案，建立应急救援体系。

②乡镇人民政府和街道办事处，以及开发区、工业园区、港区、风景区等应当制定相应的生产安全事故应急救援预案，协助人民政府有关部门或者按照授权依法履行生产安全事故应急救援工作职责。

③生产经营单位应当制定本单位生产安全事故应急救援预案，与所在地县级以上地方人民政府组织制定的生产安全事故应急救援预案相衔接，并定期组织演练。

④应急救援体系主要包括指挥系统、日常值班系统、信息系统、技术支持系统、应急救援组织和经费。

（2）应急能力建设。

①国家加强生产安全事故应急能力建设，在重点行业、领域建立应急救援基地和应急救援队伍，并由国家安全生产应急救援机构统一协调指挥。

②国家鼓励生产经营单位和其他社会力量建立应急救援队伍，配备相应的应急救援装备和物资，提高应急救援的专业化水平。

③国务院应急管理部门牵头建立全国统一的生产安全事故应急救援信息系统，国务院交通运输、住房和城乡建设、水利、民航等有关部门和县级以上地方人民政府建立健全相关行业、领域、地区的生产安全事故应急救援信息系统，实现互联互通、信息共享，通过推行网上安全信息采集、安全监管和监测预警，提升监管的精准化、智能化水平。

（3）政府在应急救援中的职责。

①负有安全生产监督管理职责的部门接到事故报告后，应当立即按照国家有关规定上报事故情况。负有安全生产监督管理职责的部门和有关地方人民政府对事故情况不得隐瞒不报、谎报或者拖延不报。

②有关地方人民政府和负有安全生产监督管理职责的部门的负责人接到重大生产安全事故报告后，应当按照生产安全事故应急救援预案的要求立即赶到事故现场，组织事故抢救。

（4）高危单位在应急救援中的职责。

①危险物品的生产、经营、储存单位以及矿山、金属冶炼、城市轨道交通运营、建筑施工单位应当建立应急救援组织；生产经营规模较小的，可以不建立应急救援组织，但应当指定兼职的应急救援人员。

②危险物品的生产、经营、储存、运输单位以及矿山、金属冶炼、城市轨道交通运营、建筑施工单位应当配备必要的应急救援器材、设备和物资，并进行经常性维护、保养，保证正常运转。

（5）生产经营单位负责人在应急救援中的职责。

单位负责人接到事故报告后，应当迅速采取有效措施，组织抢救，防止事故扩大，减少人员伤亡和财产损失，并按照国家有关规定立即如实报告当地负有安全生产监督管理职责的部门，不得隐瞒不报、谎报或者拖延不报，不得故意破坏事故现场、毁灭有关证据。

（6）应急救援中的其他职责。

①参与事故抢救的部门和单位应当服从统一指挥，加强协同联动，采取有效的应急救援措施，并根据事故救援的需要采取警戒、疏散等措施，防止事故扩大和次生灾害的发生，减少人员伤亡和财产损失。

②事故抢救过程中应当采取必要措施，避免或者减少对环境造成的危害。

③任何单位和个人都应当支持、配合事故抢救，并提供一切便利条件。

2. 事故调查处理

（1）事故调查处理的原则：科学严谨、依法依规、实事求是、注重实效。

（2）事故调查处理的要求：

① 及时、准确地查清事故原因。

② 查明事故性质和责任。

③评估应急处置工作。

④总结事故教训。

⑤提出整改措施。

⑥对事故责任单位和人员提出处理建议。

上述要求表明在事故调查处理要做到“六不放过”，即事故原因没有查清、事故性质和责任没有明确、应急处置没有评估、事故教训没有总结、整改措施没有落实、责任单位和人员没有受到处理不放过。

（3）整改措施的落实与监督检查。

①事故发生单位应当及时全面落实整改措施。

②负责事故调查处理的国务院有关部门和地方人民政府应当在批复事故调查报告后一年内，组织有关部门对事故整改和防范措施落实情况进行评估，并及时向社会公开评估结果。

③对不履行职责导致事故整改和防范措施没有落实的有关单位和人员，应当按照有关规定追究责任。

（4）对生产安全责任事故的责任追究。

生产经营单位发生生产安全事故，经调查确定为责任事故的，

①应当查明事故单位的责任，依法追究责任单位和人员的法律责任。

②应当查明对安全生产的有关事项负有审查批准和监督职责的行政部门的责任，对有失职、渎职行为的，依法追究法律责任。

（5）单位和个人在事故调查处理中的义务。在事故调查处理中，任何单位和个人不得阻挠和干涉对事故的依法调查处理。

3. 事故统计和公布

事故调查报告应当依法及时向社会公布。县级以上地方各级人民政府负责安全生产监督管理的部门，应当定期统计分析本行政区域内发生生产安全事故的情况，并定期向社会公布。

六、安全生产法律责任

生产安全事故的法律责任主体是事故的责任者。它既可以是法人，也可以是自然人。因此，成为生产安全事故法律法律责任主体的自然人可能包括：各级政府及部门负责人、国家公职人员、企事业单位或其他组织的员工等。

违法行为包括作为和不作为两种。如果违反安全生产有关法律法规的规定，从事法律禁止的行为，如违章指挥、违章作业等为违法行为；如果不履行法定的职责或义务，玩忽职守、发现事故隐患不报告等为不作为违法行为。这两种行为都要承担相应的法律责任。

《安全生产法》第一百一十五条规定，相关的行政处罚，由应急管理部门和其他负有安全生产监督管理职责的部门按照职责分工决定。应当给予民航、铁路、电力行业的生产经营单位及其主要负责人行政处罚的，也可以由主管的负有安全生产监督管理职责的部门进行处罚。予以关闭的行政处罚由负有安全生产监督管理职责的部门报请县级以上人民政府按照国务院规定的权限决定；给予拘留的行政处罚由公安机关依照治安管理

处罚法的规定决定。

现将《安全生产法》中的安全生产法律责任归纳为表2－1。

表2－1　安全生产法律责任

条款	违法主体	违法内容	法律责任及类型
第九十条	安全监管人员	违法批准或验收通过安全生产事项的；不取缔或不处理违法生产经营活动的；不履行监管职责，对不再具备安全生产条件不撤销原批准的或不查处其安全生产违法行为的；发现重大事故隐患，不依法及时处理的。 其他滥用职权、玩忽职守、徇私舞弊行为	降级或者撤职的处分；构成犯罪的，追究刑事责任
第九十一条	安全监管部门	要求被审查、验收的单位购买其指定的安全设备、器材或者其他产品的；在审查、验收中收取费用的	责令改正、退还收取的费用；情节严重的，对直接负责的主管人员和其他直接责任人员依法给予处分
第九十二条	中介机构及其责任人	承担安全评价、认证、检测、检验职责的机构出具失实报告	责令停业整顿，并处三万元以上十万元以下的罚款；给他人造成损害的，依法承担赔偿责任。 机构及其直接责任人员，吊销其相应资质和资格，五年内不得从事安全评价、认证、检测、检验等工作；情节严重的，实行终身行业和职业禁入
		承担安全评价、认证、检测、检验职责的机构租借资质、挂靠、出具虚假报告的	没收违法所得；违法所得在十万元以上的，并处违法所得二倍以上五倍以下的罚款，没有违法所得或者违法所得不足十万元的，单处或者并处十万元以上二十万元以下的罚款；对其直接负责的主管人员和其他直接责任人员处五万元以上十万元以下的罚款；给他人造成损害的，与生产经营单位承担连带赔偿责任；构成犯罪的，依法追究刑事责任。 机构及其直接责任人员，吊销其相应资质和资格，五年内不得从事安全评价、认证、检测、检验等工作；情节严重的，实行终身行业和职业禁入

续上表

条款	违法主体	违法内容	法律责任及类型
第九十三条	单位决策机构、主要负责人、个人经营的投资人	不保证安全生产所必需的资金投入，致使生产经营单位不具备安全生产条件的	责令限期改正，提供必需的资金；逾期未改正的，责令生产经营单位停产停业整顿
		不保证安全生产所必需的资金投入，导致发生生产安全事故的	对生产经营单位的主要负责人给予撤职处分，对个人经营的投资人处二万元以上二十万元以下的罚款；构成犯罪的，依法追究刑事责任
第九十四条	生产经营单位的主要负责人	未履行规定的安全生产管理职责的	责令限期改正，处二万元以上五万元以下的罚款；逾期未改正的，处五万元以上十万元以下的罚款，责令生产经营单位停产停业整顿
		未履行规定的安全生产管理职责的，导致发生生产安全事故的	给予撤职处分；构成犯罪的，依法追究刑事责任。 受刑事处罚或者撤职处分的，自刑罚执行完毕或者受处分之日起，五年内不得担任任何生产经营单位的主要负责人。 对重大、特别重大生产安全事故负有责任的，终身不得担任本行业生产经营单位的主要负责人
第九十五条	生产经营单位的主要负责人	未履行规定的安全生产管理职责，导致发生生产安全事故的	一般事故，处上一年年收入百分之四十的罚款。 较大事故，处上一年年收入百分之六十的罚款。 重大事故，处上一年年收入百分之八十的罚款。 特别重大事故，处上一年年收入百分之一百的罚款
第九十六条	生产经营单位的其他负责人和安全生产管理人员	未履行本法规定的安全生产管理职责的	责令限期改正，处一万元以上三万元以下的罚款
		导致发生生产安全事故的	暂停或者吊销其与安全生产有关的资格，并处上一年年收入百分之二十以上百分之五十以下的罚款；构成犯罪的，依法追究刑事责任

续上表

条款	违法主体	违法内容	法律责任及类型
第九十七条	生产经营单位	有下列行为之一的： （一）未按照规定设置安全生产管理机构或者配备安全生产管理人员、注册安全工程师的； （二）危险物品的生产、经营、储存、装卸单位以及矿山、金属冶炼、建筑施工、运输单位的主要负责人和安全生产管理人员未按照规定经考核合格的； （三）未按照规定对从业人员、被派遣劳动者、实习学生进行安全生产教育和培训，或者未按照规定如实告知有关的安全生产事项的； （四）未如实记录安全生产教育和培训情况的； （五）未将事故隐患排查治理情况如实记录或者未向从业人员通报的； （六）未按照规定制定生产安全事故应急救援预案或者未定期组织演练的； （七）特种作业人员未按照规定经专门的安全作业培训并取得相应资格，上岗作业的	责令限期改正，处十万元以下的罚款；逾期未改正的，责令停产停业整顿，并处十万元以上二十万元以下的罚款，对其直接负责的主管人员和其他直接责任人员处二万元以上五万元以下的罚款
第九十八条	生产经营单位	有下列行为之一的： （一）未按照规定对矿山、金属冶炼建设项目或者用于生产、储存、装卸危险物品的建设项目进行安全评价的； （二）矿山、金属冶炼建设项目或者用于生产、储存、装卸危险物品的建设项目没有安全设施设计或者安全设施设计未按照规定报经有关部门审查同意的； （三）矿山、金属冶炼建设项目或者用于生产、储存、装卸危险物品的建设项目的施工单位未按照批准的安全设施设计施工的； （四）矿山、金属冶炼建设项目或者用于生产、储存、装卸危险物品的建设项目竣工投入生产或者使用前，安全设施未经验收合格的	责令停止建设或者停产停业整顿，限期改正，并处十万元以上五十万元以下的罚款，对其直接负责的主管人员和其他直接责任人员处二万元以上五万元以下的罚款；逾期未改正的，处五十万元以上一百万元以下的罚款，对其直接负责的主管人员和其他直接责任人员处五万元以上十万元以下的罚款；构成犯罪的，依照刑法有关规定追究刑事责任

续上表

条款	违法主体	违法内容	法律责任及类型
第九十九条	生产经营单位	有下列行为之一的： （一）未在有较大危险因素的生产经营场所和有关设施、设备上设置明显的安全警示标志的； （二）安全设备的安装、使用、检测、改造和报废不符合国家标准或者行业标准的； （三）未对安全设备进行经常性维护、保养和定期检测的； （四）关闭、破坏直接关系生产安全的监控、报警、防护、救生设备、设施，或者篡改、隐瞒、销毁其相关数据、信息的； （五）未为从业人员提供符合国家标准或者行业标准的劳动防护用品的； （六）危险物品的容器、运输工具，以及涉及人身安全、危险性较大的海洋石油开采特种设备和矿山井下特种设备未经具有专业资质的机构检测、检验合格，取得安全使用证或者安全标志，投入使用的； （七）使用应当淘汰的危及生产安全的工艺、设备的； （八）餐饮等行业的生产经营单位使用燃气未安装可燃气体报警装置的	责令限期改正，处五万元以下的罚款；逾期未改正的，处五万元以上二十万元以下的罚款，对其直接负责的主管人员和其他直接责任人员处一万元以上二万元以下的罚款；情节严重的，责令停产停业整顿；构成犯罪的，依照刑法有关规定追究刑事责任
第一百条	生产经营单位	未经依法批准，擅自生产、经营、运输、储存、使用危险物品或者处置废弃危险物品的	依照有关危险物品安全管理的法律、行政法规的规定予以处罚；构成犯罪的，依照刑法有关规定追究刑事责任

续上表

条款	违法主体	违法内容	法律责任及类型
第一百零一条	生产经营单位	有下列行为之一的： （一）生产、经营、运输、储存、使用危险物品或者处置废弃危险物品，未建立专门安全管理制度、未采取可靠的安全措施的； （二）对重大危险源未登记建档，未进行定期检测、评估、监控，未制定应急预案，或者未告知应急措施的； （三）进行爆破、吊装、动火、临时用电以及国务院应急管理部门会同国务院有关部门规定的其他危险作业，未安排专门人员进行现场安全管理的； （四）未建立安全风险分级管控制度或者未按照安全风险分级采取相应管控措施的； （五）未建立事故隐患排查治理制度，或者重大事故隐患排查治理情况未按照规定报告的	责令限期改正，处十万元以下的罚款；逾期未改正的，责令停产停业整顿，并处十万元以上二十万元以下的罚款，对其直接负责的主管人员和其他直接责任人员处二万元以上五万元以下的罚款；构成犯罪的，依照刑法有关规定追究刑事责任
第一百零二条	生产经营单位	未采取措施消除事故隐患的	责令立即消除或者限期消除，处五万元以下的罚款
		对责令立即消除或者限期消除，拒不执行的	责令停产停业整顿，对其直接负责的主管人员和其他直接责任人员处五万元以上十万元以下的罚款；构成犯罪的，依照刑法有关规定追究刑事责任
第一百零三条	生产经营单位	将生产经营项目、场所、设备发包或者出租给不具备安全生产条件或者相应资质的单位或者个人的	责令限期改正，没收违法所得；违法所得十万元以上的，并处违法所得二倍以上五倍以下的罚款；没有违法所得或者违法所得不足十万元的，单处或者并处十万元以上二十万元以下的罚款；对其直接负责的主管人员和其他直接责任人员处一万元以上二万元以下的罚款；导致发生生产安全事故给他人造成损害的，与承包方、承租方承担连带赔偿责任

续上表

条款	违法主体	违法内容	法律责任及类型
第一百零三条	生产经营单位	未与承包单位、承租单位签订专门的安全生产管理协议或者未在承包合同、租赁合同中明确各自的安全生产管理职责，或者未对承包单位、承租单位的安全生产统一协调、管理的	责令限期改正，处五万元以下的罚款，对其直接负责的主管人员和其他直接责任人员处一万元以下的罚款；逾期未改正的，责令停产停业整顿
		矿山、金属冶炼建设项目和用于生产、储存、装卸危险物品的建设项目的施工单位未按照规定对施工项目进行安全管理的	责令限期改正，处十万元以下的罚款，对其直接负责的主管人员和其他直接责任人员处二万元以下的罚款；逾期未改正的，责令停产停业整顿
		矿山、金属冶炼建设项目和用于生产、储存、装卸危险物品的建设项目的施工单位倒卖、出租、出借、挂靠或者以其他形式非法转让施工资质的	责令停产停业整顿，吊销资质证书，没收违法所得；违法所得十万元以上的，并处违法所得二倍以上五倍以下的罚款，没有违法所得或者违法所得不足十万元的，单处或者并处十万元以上二十万元以下的罚款；对其直接负责的主管人员和其他直接责任人员处五万元以上十万元以下的罚款；构成犯罪的，依照刑法有关规定追究刑事责任
第一百零四条	两个以上生产经营单位	在同一作业区域内进行可能危及对方安全生产的生产经营活动，未签订安全生产管理协议或者未指定专职安全生产管理人员进行安全检查与协调的	责令限期改正，处五万元以下的罚款，对其直接负责的主管人员和其他直接责任人员处一万元以下的罚款；逾期未改正的，责令停产停业
第一百零五条	生产经营单位	有下列行为之一的： （一）生产、经营、储存、使用危险物品的车间、商店、仓库与员工宿舍在同一座建筑内，或者与员工宿舍的距离不符合安全要求的； （二）生产经营场所和员工宿舍未设有符合紧急疏散需要、标志明显、保持畅通的出口、疏散通道口，或者占用、锁闭、封堵生产经营场所或者员工宿舍出口、疏散通道的	责令限期改正，处五万元以下的罚款，对其直接负责的主管人员和其他直接责任人员处一万元以下的罚款；逾期未改正的，责令停产停业整顿；构成犯罪的，依照刑法有关规定追究刑事责任

续上表

条款	违法主体	违法内容	法律责任及类型
第一百零六条	生产经营单位	与从业人员订立协议，免除或者减轻其对从业人员因生产安全事故伤亡依法应承担的责任的	该协议无效；对生产经营单位的主要负责人、个人经营的投资人处二万元以上十万元以下的罚款
第一百零七条	生产经营单位	从业人员不落实岗位安全责任，不服从管理，违反安全生产规章制度或者操作规程的	由生产经营单位给予批评教育，依照有关规章制度给予处分；构成犯罪的，依照刑法有关规定追究刑事责任
第一百零八条	生产经营单位	拒绝、阻碍负有安全生产监督管理职责的部门依法实施监督检查的	责令改正；拒不改正的，处二万元以上二十万元以下的罚款；对其直接负责的主管人员和其他直接责任人员处一万元以上二万元以下的罚款；构成犯罪的，依照刑法有关规定追究刑事责任
第一百零九条	高危行业、领域的生产经营单位	未按照国家规定投保安全生产责任保险的	责令限期改正，处五万元以上十万元以下的罚款；逾期未改正的，处十万元以上二十万元以下的罚款
第一百一十条	主要负责人	在本单位发生生产安全事故时，不立即组织抢救或者在事故调查处理期间擅离职守或者逃匿的。 对生产安全事故隐瞒不报、谎报或者迟报的	给予降级、撤职的处分，并由应急管理部门处上一年年收入百分之六十至百分之一百的罚款；对逃匿的处十五日以下拘留；构成犯罪的，依照刑法有关规定追究刑事责任
第一百一十一条	政府及负有安全生产监督管理职责的部门	对生产安全事故隐瞒不报、谎报或者迟报的	对直接负责的主管人员和其他直接责任人员依法给予处分；构成犯罪的，依照刑法有关规定追究刑事责任
第一百一十二条	生产经营单位	违反《安全生产法》规定，被责令改正且受到罚款处罚，拒不改正的	负有安全生产监督管理职责的部门可以自作出责令改正之日的次日起，按照原处罚数额按日连续处罚

续上表

条款	违法主体	违法内容	法律责任及类型
第一百一十三条	生产经营单位	存在下列情形之一的： （一）存在重大事故隐患，一百八十日内三次或者一年内四次受到本法规定的行政处罚的； （二）经停产停业整顿，仍不具备法律、行政法规和国家标准或者行业标准规定的安全生产条件的； （三）不具备法律、行政法规和国家标准或者行业标准规定的安全生产条件，导致发生重大、特别重大生产安全事故的； （四）拒不执行负有安全生产监督管理职责的部门作出的停产停业整顿决定的	负有安全生产监督管理职责的部门应当提请地方人民政府予以关闭，有关部门应当依法吊销其有关证照。生产经营单位主要负责人五年内不得担任任何生产经营单位的主要负责人；情节严重的，终身不得担任本行业生产经营单位的主要负责人
第一百一十四条	生产经营单位	对发生生产安全事故负有责任的	除要求依法承担相应的赔偿等责任外，由应急管理部门依照下列规定处以罚款： （一）发生一般事故的，处三十万元以上一百万元以下的罚款； （二）发生较大事故的，处一百万元以上二百万元以下的罚款； （三）发生重大事故的，处二百万元以上一千万元以下的罚款； （四）发生特别重大事故的，处一千万元以上二千万元以下的罚款。 发生生产安全事故，情节特别严重、影响特别恶劣的，应急管理部门可以按照前款罚款数额的二倍以上五倍以下罚款
第一百一十六条	生产经营单位	发生生产安全事故造成人员伤亡、他人财产损失的	应当依法承担赔偿责任；拒不承担或者其负责人逃匿的，由人民法院依法强制执行
		生产安全事故的责任人未依法承担赔偿责任，经人民法院依法采取执行措施后，仍不能对受害人给予足额赔偿的	应当继续履行赔偿义务；受害人发现责任人有其他财产的，可以随时请求人民法院执行

⊙ 实战2.3

分析表2-1安全生产法律责任“违法内容”，“不做”《安全生产法》不允许的事宜，一方面可以免于承担相应的法律责任，更重要的一方面是发挥了法律的系统功效。请谈谈自己对此的看法。

⊙ 自测题2.3

《安全生产法》自测题

一、单选题

1. 下面属于安全生产法调整范围的是（　　）

A. 香港某船厂的生产活动

B. 江苏某个体独资纺织厂的生产活动

C. 北京某正在使用中的住宅楼垮塌

D. 广州举行有关亚运会方面的集会的安全问题

2. “安全第一、预防为主、综合治理”是我国（　　）的方针。

A. 职业安全健康管理　　B. 劳动保护工作

C. 安全生产工作　　D. 安全生产管理

3. 对于100人以下的生产经营单位，下列中正确的是（　　）。

A. 从事矿山开采的单位，应当设置安全生产管理机构

B. 从事建筑施工的单位，应当设置安全生产管理机构

C. 从事危险品存储的单位，应当设置安全生产管理机构或配备专职安全生产管理人员

D. 从事危险性较小的生产经营单位不能设置安全管理机构

4. 下列（　　）做法不符合安全生产法的要求。

A. 甲企业从事机械加工，员工332人，配备了专职安全生管理人员

B. 乙企业从事建筑施工，员工290人，设置了安全生产管理机构

C. 丙企业是一个甲醇转运站，员工50人，委托具有国家规定的相关专业技术资格的工程技术人员提供安全生产管理服务

D. 丁企业从事物业管理，员工22人，设置了安全生产管理机构

5. 下述（　　）的主要负责人和安全生产管理人员不需要由主管部门对其安全生产知识和管理能力考核合格后方可任职。

A. 50人的危险品的储存企业　　B. 100人的建筑施工单位

C. 200人非煤矿山　　D. 300人的家电公司

6. 生产经营单位（　　）做法不符合安全生产法的要求。

A. 将生产场所出租给了具备安全生产相应资质的王五

B. 与承包其场所的某单位签订了专门的安全生产管理协议

C. 与承包其场所的某单位在签订的承包合同中约定了各自的安全生产管理职责

D. 委托总承包单位对三个分包单位的安全生产统一协管理，并签订了安全委托书

7. 根据安全生产法第三章的规定下述（　　）不是从业人员的权利。

A. 因生产安全事故受到损伤后享受工伤保险待遇

B. 接受安全生产教育和培训

C. 拒绝违章指挥和强令冒险作业

D. 发现直接危及人身安全的紧急情况时，停止作业

8. 下述（　　）不符合安全生产法的规定。

A. 任何单位或个人对安全生产违法行为，均有权向安全生产监督管理部门举报

B. 村民委员会发现其所在区域内的生产经营单位存在安全生产违法行为时，应立即制止

C. 安全生产监督管理部门应公开举报电话、信箱或电子邮件地址，受理有关安全生产举报

D. 安全生产监督管理部门受理举报事项经调查核实后，应当以电话、传真或口头形式向有关负责人汇报

9. 依照行政监督法规定，监察机关对（　　）实施监察。

A. 安全生产监督管理部门及其工作人员履行安全生产监督管理职责

B. 生产经营单位的安全生产行为

C. 中介机构进行安全卫生检测、检验、评价活动

D. 生产经营单位主要负责人履行安全生产职责

10. 安全生产监督管理部门依法对生产经营单位执行有关安全生产的法律、法规和国家标准或者行业标准的情况进行监督检查的职权不包括（　　）

A. 进入生产经营单位检查以及了解有关情况

B. 对安全生产违法行为进行行政处罚

C. 对生产经营单位主要负责人的违法行为进行行政处分

D. 对事故隐患、有关设施、设备、器材进行处理

11. （　　）对本行政区域内安全生产工作实施综合监督管理。

A. 县级以上地方各级人民政府

B. 县级以上地方各级人民政府负责安全生产监督管理部门

C. 县级以上地方各级人民政府劳动行政部门

D. 县级以上地方各级人民政府卫生部门

12. 某从事安全检测工作的中介组织机构，为某生产经营单位作业环境检测结果出具虚假证明。下述处罚不正确的是（　　）。

A. 没收违法所得并罚款　　B. 对机构负责人给予处分

C. 构成犯罪的，依法追究其刑事责任　　D. 撤销该机构从事安全检测的资格

二、多选题

1. 生产经营单位应当具备（　　）规定的安全生产条件。

A. 安全生产法和有关法律　　B. 国家标准　　C. 行业标准　　D. 行政法规

2. 下述（　　）是生产经营单位主要负责人对一单位安全生产应负的职责。

A. 及时、如实报告本单位生产安全事故

B. 对新改扩建项目进行劳动安全卫生预评价

C. 保证本单位安全生产投入的有效实施

D. 组织制定本单位安全生产规章制度和操作规程

3. 下述（　　）是从业人员的义务。

A. 对本单位安全生产中存在的问题提出批评

B. 正确佩戴和使用劳动防护用品

C. 了解作业场所和工作岗位存在的危险因素、防范措施及事故应急措施

D. 发现事故隐患，立即向现场安全生产管理人员或本单位负责人报告

4. 某化工厂发生重大爆炸事故，死亡 15 人并摧毁上亿元设备。接到事故报告后，厂领导应组织采取下列（　　）行动。

A. 将临近易燃物移走，防止事故扩大，并保护现场

B. 组织事故调查，并处理责任人

C. 及时、如实向当地安全生产监督管理部门报告事故情况

D. 对轻伤者实施急救，将重伤者送进医院

5. 某市安全生产监督管理部门和市政府接到事故报告后，应立即采取（　　）行动。

A. 派员赶赴现场，监督应急救援计划的执行

B. 按照国家有关规定如实上报事故情况

C. 召开新闻发布会，向媒体通报事故情况和原因

D. 为事故调查做有关准备工作

6. 事故调查处理的主要目的是（　　）

A. 查清事故原因　　　　　　　B. 提出纠正措施，防止同种事故重演

C. 举一反三，防止类似事故发生　　D. 处理事故责任人

7. 生产、经营、储存、使用危险物品的车间、商店、仓库不得与员工宿舍在同一座建筑物内，并应当与员工宿舍保持安全距离；生产经营场所和员工宿舍应当设有符合紧急疏散要求、标志明显、保持畅通的出口；禁止封闭、堵塞生产经营场所或者员工宿舍的出口。如果违反上述规定，则（　　）。

A. 罚款　　　　　　　　　　　B. 责令限期整改

C. 对生产经营单位主要负责人给予行政处分

D. 如逾期未改，责令停产停业整顿，直到符合安全要求后，才能重新开始生产经营活动

8. 如果危险物品的生产、经营、储存单位以及矿山、建筑施工单位的主要负责人和安全生产管理人员，未经有关主管部门对其安全生产知识和管理能力考核合格即任职，则依法按（　　）进行处罚。

A. 责令限期改正

B. 如逾期未改正的，责令停产停业整顿

C. 如逾期未改，责令停产停业，吊销执照

D. 可并处罚款

9. 生产经营单位的决策机构、主要负责人或者个人经营的投资人未能保证安全生产所必需的资金投入，使生产经营单位不具备安全生产条件，则依法按（　　）进行处罚。

A. 责令限期改正，提供必需的资金

B. 如逾期未改正的，责令停产停业整顿

C. 有违法行为，导致发生生产安全事故，构成犯罪的，依照刑法有关规定追究刑事责任；尚不够刑事处罚的，对生产经营单位的主要负责人给予撤职处分，对个人经营的投资人处罚款

D. 以上都不正确

10. 矿山建设项目或者用于生产、储存危险品的建设项目未能做到安全生产法关于“三同时”的有关规定，则依法按（　　）进行处罚。

A. 责令限期改正

B. 造成严重后果，构成犯罪的，依照刑法有关规定追究刑事责任

C. 如逾期未改正的，可并处罚款

D. 如逾期未改正的，责令停止建设或者停产停业整顿

11. 某企业与从业人员订立的协议中规定“如果因员工个人原因造成工伤事故，本厂不承担任何责任”。该企业承担的违反安全生产法的法律责任是（　　）。

A. 协议无效

B. 对生产经营单位的主要负责人、个人经营的投资人，处以罚款

C. 责令停业整顿

D. 以上都正确

12. 生产经营单位不具备安全生产法和有关法律、行政法规和国家标准或者行业标准规定的安全生产条件，仍从事生产经营活动，生产经营单位因违法而承担的法律责任是（　　）。

A. 责令限期整改

B. 逾期未改正的，责令停止建设或者停产停业整顿

C. 经停产停业整顿仍不具备，予以关闭，并同时由有关部门依法吊销其有关证照

D. 并处罚款

任务四　了解职业病防治、女职工与未成年工特殊保护

一、职业病概述

1. 职业病的概念与范围

职业病是指企业、事业单位和个体经济组织（以下统称为“用人单位”）的劳动者在职业活动中，因接触粉尘、放射性物质和其他有毒、有害物质等因素而引起的疾病。

2017 年调整修改后的《职业病分类和目录》共规定了：一、职业性肺病及其他呼

吸系统疾病；二、职业性放射性疾病；三、职业性化学中毒；四、物理因素所致职业病；五、职业性传染病；六、职业性皮肤病；七、职业性眼病；八、职业性耳鼻喉口腔疾病；九、职业性肿瘤；十、其他职业病，共十大类，132种法定职业病。

立法规定职业病范围，有利于防治职业病，使受害员工早日恢复健康；能使患有规定职业病的患者，按有关规定获得一定的经济补偿；规定企业及相关部门防治职业病的法律责任。

2. 职业病防治的方针与原则

《中华人民共和国职业病防治法》规定职业病防治工作坚持“预防为主、防治结合”的方针，实行“分类管理、综合治理”原则。

“预防为主、防治结合”的方针，是根据职业病可以预防，但是很难治愈这个特点提出来的。所以，职业病防治工作必须从致病源头抓起，实行前期预防。“预防为主”，

> 试分析以下情况产生的原因：
> 在我国有许多从业人员患上职业病后，自己仍然不知道已患职业病。
> （参考答案见第61页）

是做好职业病防治工作的基础和前提，就是要做到“防微杜渐”“防患于未然”，把职业病防治工作由传统的发生问题后进行处理的工作模式转变为预防管理的模式，把工作重点放在预防上，不要等产生了职业病再去被动地处理后事，而要把职业病危害消灭在萌芽状态。这就要求政府相关部门、用人单位和劳动者共同努力，严格执行《职业病防治法》所规定的有关预防职业病的措施，防止职业病的发生。

“分类管理、综合治理”的原则。由于导致职业病危害的因素很多，职业病的危害程度也不完全相同，所以，在职业病防治管理工作中需要按照不同危害类别和职业病进行分类管理。“综合治理”就是要将职业病防治作为一项系统工程来抓，包括：卫生行政部门作为国家主管部门进行统一的监督管理，并按照《职业病防治法》的要求，尽快制定职业病防治规划，纳入国民经济计划，摸清职业病危害底数，明确中长期目标，制定有效的预防和控制措施；劳动和社会保障部门、国家安全生产监督部门在各自的职责范围内分工监督管理；工会组织从保护劳动者合法权益方面进行监督检查等。各部门要加强沟通、协调配合，形成统一的强有力的监督链，做到全方位的综合治理，才有可能实现最佳治理结果。

3. 职业病特点

我国职业病有五大特点：①接触职业病危害人数多，患病数量大；②职业病危害分布行业广，中小企业危害严重；③职业病危害流动性大、危害转移严重；④职业病具有隐匿性、迟发性特点，危害往往被忽视；⑤职业病危害造成的经济损失巨大，影响长远。

4. 职业病的诊断和处理原则

职业病诊断是一项政策性和科学性很强的工作，需要具有职业病诊断权的机构诊断。诊断必须准确、及时，应根据以下几个方面综合分析进行诊断。

（1）职业史。职业史是了解职业病是否有可能发生的重要依据之一，职业史的内

容包括：①详细描述该职工自参加工作起全部职业的工种和工龄；②工作时接触有害因素情况；③症状出现的时间；④同工种其他工人患病情况；⑤非职业性接触和其他生活情况。

（2）病史。接触有害职业因素后出现的症状及发生、发展状况，分析这些症状与职业接触的关系。

（3）现场劳动卫生调查。了解生产环境中存在哪些职业性有害因素及其种类和特点，了解历年来环境监测的资料。

（4）体格检查。通过就业前和定期体检，尽早发现病损及时处理，防止继续接触有害因素。

（5）临床表现与实验室检查。根据症状和体征分析判断符合哪种职业病，要注意症状出现时间与接触的关系。除一般检查外，要根据有害因素作用特点进行特殊检查，如接触四氯化碳的工人应检查肝功能，接触苯的工人应检查血常规等。

（6）及时将掌握的职业病发病情况按《职业病报告办法》向有关部门报告，以便采取必要的防治措施。

• 参考答案 •

患上职业病后不自知的原因主要有三个：一是从业人员自己对职业病防治的知识及规定未学习掌握；二是用人单位未依法履行职业病防治的主体责任；三是监管部门未履行好职业病防治的监管职责。

二、职业病有害因素及其控制

生产工艺过程、劳动过程和生产环境中存在和产生的可能危害人体健康和劳动者能力的因素称为职业病有害因素。

1. 职业病有害因素的来源和分类

职业病有害因素按其来源可分为下列三类。

（1）生产工艺过程中的有害因素。

① 化学因素。包括生产性毒物和生产性粉尘。

生产性毒物包括：a. 金属及类金属有铅、汞、锰、磷、砷、硫等；b. 有机溶剂有苯、二硫化碳、四氯化碳等；c. 刺激性气体和窒息性气体，前者常见有氯、氨、氮氧化物、光气、氟化氢、二氧化硫等，后者常见有一氧化碳、氰化氢、硫化氢等；d. 农药，如有机磷农药、有机氨农药、拟除虫菊酯类农药；e. 苯的氨基和硝基化合物有三硝基甲苯及苯胺等；f. 高分子化合物生产过程中的毒物有氯乙烯、氯丁二烯、丙烯腈等。

生产性粉尘包括矽尘、石棉尘、水泥尘、煤尘，各种有机尘等。

② 物理因素。物理因素主要包括以下 5 种：a. 异常气象条件，如高温、低温、高湿等；b. 异常气压，如高气压、低气压等；c. 噪声、振动；d. 非电离辐射，如紫外

线、红外线、可见光、激光等；e. 电离辐射，如X射线、γ射线等。

③ 生物因素。生物因素主要包括以下3种：a. 细菌，如炭疽杆菌、布氏杆菌等；b. 病毒，如森林脑炎病毒等；c. 霉菌，如甘蔗上的霉菌等。

（2）劳动过程中的有害因素。

① 劳动组织不合理、劳动作息时间不合理等。目前超时劳动已成为我国安全卫生方面的重要隐患，超时劳动既是对劳动者的一种剥夺，也对劳动者的健康和生命安全构成直接威胁。

② 精神（心理）过度紧张。

③ 劳动强度过大或生产定额不当。

④ 个体器官或系统过度紧张。

⑤ 长时间处于某种不良体位或使用不合理的工具等。

（3）生产环境中的有害因素。

① 自然环境中的有害因素，如夏季的太阳辐射、冬季的低温等。

② 厂房建筑布局不合理，如将有害工作与无害工作安排在一个车间，产尘、毒的车间无排尘、毒设施等。

③ 由不合理生产过程所致环境污染，如设备的设计与布局不符合工效学原则，工作场所的采光不符合卫生学要求等。

2. 职业病有害因素的致病模式

必须个体、职业病有害因素、作用条件这三个因素具备才可能造成职业病损害。

作用条件包括：①接触机会，如在生产工艺过程中，经常接触职业病有害因素；②接触方式，职业病有害因素经呼吸道、皮肤或其他途径进入人体，或由于意外造成病损；③接触时间，每天或每周接触等；④接触的强度。后两个条件是决定机体接受危害剂量大小的主要因素。

在同一生产环境从事同一作业的员工，职业病有害因素导致职业病的机会和程度主要取决于这四个方面：①环境因素，即生产工艺过程、劳动过程以及生产环境是否符合卫生要求；②职业卫生服务，如劳动者就业前体检和就业后定期体检，以及建立健全健康档案，都有助于及时发现职业性危害；③个体感受性，如遗传、年龄、性别等可引起个体对职业病有害因素的感受不同；④行为生活方式，如吸烟、酗酒、缺乏锻炼、不合理的饮食及不注意个人防护等，会增加职业病损害的概率。后两种称为个体危险因素。

3. 职业病有害因素的控制

（1）生产环境的控制措施。

生产环境的控制措施主要有：①生产工艺过程要符合卫生要求，如正确选址、合理安排生产车间等；②消除和控制产生职业病有害因素的操作环节；③隔离、密闭及合理通风；④加强设备维修，做到洁净生产；⑤安全贮运。

（2）个人防护措施。

个人防护措施主要有：①严格遵守劳动纪律和安全操作规程；②正确选用个人防护用品；③限制接触时间；④主动采纳良好的生活行为方式。

（3）职业卫生法规和监督管理。

目前，我国已经建立起由《安全生产法》《职业病防治法》《劳动法》《工伤保险条例》等一系列法律法规构成的较为完善的安全生产保护法律体系，为保障员工在安全、卫生条件下生产劳动依法监管奠定了坚实的法律基础。在安全生产保护法律体系中明确规定了安全生产保护各相关主体的权利和义务；明确规定政府是安全生产保护的监管主体，用人单位是安全生产保护的实施主体。

4. **用人单位应当采取的职业病防治管理措施**

《职业病防治法》要求用人单位采取以下管理措施防治职业病：

① 设置或者指定职业卫生管理机构或者组织，配备专职或者兼职的职业卫生专业人员，负责本单位的职业病防治工作。

② 制定职业病防治计划和实施方案。

③ 建立、健全职业卫生管理制度和操作规程。

④ 建立、健全职业卫生档案和劳动者健康监护档案。

⑤ 建立、健全工作场所职业病危害因素监测及评价制度。

⑥ 建立、健全职业病危害事故应急救援预案。

阅读“二、职业病有害因素及其控制”后，如果用“四字措施”来控制职业病有害因素，你会用哪四个字来表示相应的控制措施？

（参考答案见第 65 页）

三、女职工与未成年工特殊保护

1. **女职工特殊保护的概念和特征**

女职工特殊保护是指根据女职工身体结构、生理特点和哺育子女的需要，对其在劳动过程中的安全健康所采取的有别于男子的保护，包括禁止或限制女职工从事某些作业、女职工“四期”保护等。

女职工特殊保护是劳动保护的重要组成部分，除了具有劳动保护的共同特征外，还有自己独有的下列特征。

（1）具有女性特殊需要的特征。根据妇女劳动卫生学，女性身体结构及生理机能与男性有所不同，女性的体力、耐力一般比男性差，特别是女性有月经、妊娠、哺乳、绝经等生理现象，需要特殊保护。因此，女职工劳动保护具有女性特殊需要的特性。

（2）具有保护女职工和下一代的特性。女职工负有哺育下一代的特殊任务，对女职工实行特殊劳动保护不仅是保护女职工的人身安全和身体健康，而且关系到下一代的身体健康和民族优秀体质的延续。因此，对女职工劳动保护具有保护女职工和下一代的双重任务的特性。

（3）具有有别于男性的特殊保护的特性。对女职工在劳动过程中的安全和健康，在给予男女职工都可享有的一般性保护的同时，还要给予女职工单独享有的特殊保护。

2. **女职工特殊保护的主要内容**

根据 2012 年 4 月 28 日颁布实施的《女职工劳动保护规定》及相关的法律规定，女职工特殊保护的内容主要包括以下几个方面。

(1) 女职工禁忌劳动范围。

在《女职工劳动保护规定》附录的《女职工禁忌从事的劳动范围》中，明确规定禁忌女职工从事下列作业：

① 矿山井下作业。

②《体力劳动强度分级》国家标准中四级体力劳动强度的作业（即8小时工作日平均耗能值为2 700大卡/人，劳动时间率为77%，净劳动时间为370分钟）。

③ 每小时负重6次以上、每次负重超过20千克的作业，或间断负重、每次负重超过25千克的作业。

用人单位应当遵守女职工禁忌从事的劳动范围的规定，将本单位属于女职工禁忌从事的劳动范围的岗位书面告知女职工。

(2) 女职工“四期保护”。

① 经期保护。月经是妇女的生理现象，经期使女性生理防御机能暂时减弱，根据有关劳动保护法规的规定，应采取下列保护措施：

a) 宣传普及月经期卫生知识，建立女职工月经卡。

b) 女职工每班在100人以上的单位应建妇女卫生室和相关设备。

c) 禁忌从事《体力劳动强度分级》国家标准中三级体力劳动强度的劳动（即8小时工作日平均耗能值为1 746大卡/人，劳动时间率为73%，净劳动时间为350分钟。

d) 禁忌从事高处、高温、冷水、野外作业。

② 孕期保护。妊娠虽为妇女的生理过程，但由于骨盆韧带变软，脊柱、腰、腹、背部负担加重，易疲劳，甚至发生肌肉痉挛和骨骼疾患。为保障孕妇健康和胎儿正常发育，有关劳动保护法规规定，应采取下列保护措施：实行定期产前检查（在劳动和工作时间内检查，应算作劳动和工作时间）；妊娠女职工不应加班加点，对怀孕7个月以上的女职工，用人单位不得延长劳动时间或者安排夜班劳动，并应当在劳动时间内安排一定的休息时间；妊娠后禁忌从事下列作业：

a) 作业场所空气中铅及其化合物、汞及其化合物、苯、镉、铍、砷、氰化物、氮氧化物、一氧化碳、二硫化碳、氯、己内酰胺、氯丁二烯、氯乙烯、环氧乙烷、苯胺、甲醛等有毒物质浓度超过国家职业卫生标准的作业。

b) 从事抗癌药物、己烯雌酚生产，接触麻醉剂气体等的作业。

c) 非密封源放射性物质的操作，核事故与放射事故的应急处置。

d) 高处作业分级标准中规定的高处作业。

e) 冷水作业分级标准中规定的冷水作业。

f) 低温作业分级标准中规定的低温作业。

g) 高温作业分级标准中规定的第三级、第四级的作业。

h) 噪声作业分级标准中规定的第三级、第四级的作业。

i) 体力劳动强度分级标准中规定的第三级、第四级体力劳动强度的作业。

j) 在密闭空间、高压室作业或者潜水作业，伴有强烈振动的作业，或者需要频繁弯腰、攀高、下蹲的作业。用人单位不得在女职工产假期间降低其工资、予以辞退、与其解除劳动或者聘用合同。

• 参考答案 •

“四字措施”控制职业病有害因素，一是“知”，从业人员应知道与本职业相关的职业病有害因素及其防治措施；二是“不”，尽量不接触职业病有害因素；三是“少”，尽量少接触职业病有害因素；四是“检”，定期进行职业健康检查，以便早发现，早治疗。

③ 生育期保护。生育期保护关系到女职工的身体恢复和婴儿生长、发育。女职工生育享受98天产假，其中产前可以休假15天；难产的增加产假15天；生育多胞胎的，每多生育1个婴儿，增加产假15天。女职工怀孕未满4个月流产的，享受15天产假；怀孕满4个月流产的，享受42天产假。用人单位不得在女职工产假期间降低其工资、予以辞退、与其解除劳动或者聘用合同。

④ 哺乳期保护。我国有关劳动保护法规规定，哺乳期为12个月，单位有条件的也可适当延长哺乳期。对哺乳未满1周岁婴儿的女职工，用人单位应当在每天的劳动时间内为哺乳期女职工安排1小时哺乳时间；女职工生育多胞胎的，每多哺乳1个婴儿每天增加1小时哺乳时间；不得延长劳动时间或者安排夜班劳动。哺乳期禁忌从事孕期禁忌从事的劳动范围第a）项、第c）项、第j）项以及作业场所空气中锰、氟、溴、甲醇、有机磷化合物、有机氯化合物等有毒物质浓度超过国家职业卫生标准的作业。用人单位不得在女职工孕期、产期、哺乳期内降低其工资、予以辞退、与其解除劳动或者聘用合同。

女职工特殊保护的自我认知，如果选择两项知识进行应用，你会选择哪两项？

（参考答案见第66页）

四、未成年工特殊保护

1．未成年工特殊劳动保护概念

未成年工特殊劳动保护是指根据未成年工生长发育的特点及其接受义务教育的需要，对其在劳动法律关系中所应享有特殊权益的保护。包括限制就业年龄、限制工作时间、禁止从事某些作业、定期进行健康检查等特殊保护。未成年工是指年满16周岁未满18周岁的劳动者。未成年工是具有劳动权利能力和劳动行为能力的劳动者，能够充当劳动法律关系的主体。未成年工充当劳动法律关系主体，享有与成年工不同的特殊权益，受法律特别保护。对未成年工实行特殊保护，必须遵循适应未成年工身心发展的原则，遵循保护是目的，教育是手段的原则。未成年工正处在长身体、长知识时期，渴望学习、追求知识、积极向上是未成年工的最大特点。通过教育，提高未成年工自我保护意识，有利于保障其在劳动过程中的安全和健康。

2. 未成年工特殊保护的内容

（1）限制就业年龄。未成年工的身体发育不成熟，限制其就业年龄有利于正常发育。我国《劳动法》第15条规定："禁止用人单位招用未满十六周岁的未成年人。文艺、体育和特种工艺单位招用未满十六周岁的未成年人，必须遵守国家有关规定，并保障其接受义务教育的权利。"

（2）限制工作时间。未成年工实行缩短工作日时间的制度。每个工作日的工作时间为6小时。禁止安排未成年工加班加点和从事夜班工作。

（3）禁止安排有害健康的工作。用人单位不得安排未成年工从事矿山井下、有毒有害、国家规定的第四级体力劳动强度的劳动和其他禁忌从事的劳动。具体来说，禁忌未成年工从事以下范围的劳动：粉尘、高处、冷水、低温、矿山井下、野外、潜水、森林、重体力劳动、接触有毒有害、放射性物质等作业。

（4）定期进行健康检查。用人单位应按下列要求对未成年工定期进行健康检查：①安排工作岗位之前；②工作满一年；③年满18周岁，距前一次的检查时间已超过半年。用人单位应根据未成年工的健康检查结果安排其从事适合的劳动，对不能胜任原劳动岗位的，应根据医务部门的证明，予以减轻劳动量或安排其他劳动。

（5）国家对未成年工的使用和特殊保护实行登记制度。要求用人单位招收使用未成年工，除符合一般用工要求外，还须向所在地的县级以上劳动行政部门办理登记。劳动行政部门根据"未成年工健康检查表""未成年工登记表"核发"未成年工登记证"，未成年工须持"未成年工登记证"上岗。

• 参考答案 •

一是学会应用女职工禁忌劳动范围，二是学会应用女职工经期、孕期、生育期、哺乳期禁忌劳动范围和假期规定。

⊙ 实战2.4

职业病有害因素按其来源分为哪几类？冬季的低温、甘蔗上的霉菌、氯丁二烯、X射线分别属于哪一类职业病有害因素？

⊙ 自测题2.4

我国法定职业病共有多少类，多少种？法定职业病实际患病率排第一位的是哪一种？

项目三　事故发生的机制分析

【学习目标】

1. 培养严谨、求实的作风。
2. 了解事故发生的机制。
3. 熟悉事故致因理论。
4. 能用事故致因理论分析物流事故。

任务一　认识事故发生的机制

美国航空航天管理局从 1981 年开始实行机组资源管理。实行机组资源管理的原因，是航空航天管理局对飞机失事事件调查之后发现，一些灾难性的飞机失事事件，是因为航空技术发展到一定程度之后，机上的各类机械仪器已经非常复杂，复杂到不是一个人能完全掌握。机长的认知负担已经大到不能再对所有问题给出解决方案，不再能通过控制和命令的方式来管理。但是，传统的机组管理，仍然要求机长在飞机上控制一切、规划一切。

航空航天管理局的机组资源管理，想达到的目的，就是要提升机组成员的集体动力，让其他机组成员也参与到决策中。“机组资源管理措施会训练下级以更坚决的语气说话，而机长则要以更温和的语气说话，从而将垂直管理控制的关系变成灵活、多向的沟通型关系。”

在开始时，几乎所有飞行员对此都非常抗拒。他们认为，“机组资源管理就是礼仪学校和心灵鸡汤”。但是，结果表明，“礼仪学校和心灵鸡汤奏效了”。十年之后，1991 年，经过调查发现，91% 的机组人员认为机组资源管理很有用。而且，航空安全系数也在不断攀升。麻省理工学院统计学教授兼航空安全专家阿诺德·巴尼特的研究发现，1960 年到 1969 年乘客乘飞机时的死亡概率是百万分之一；到了 2000 年到 2007 年，概率下降到两百万分之一。用他的话说：“一个美国儿童如果准备上飞机，他成为美国总统的概率都比在飞机上出事的概率要大。”

（资料来源：斯坦利·麦克格里斯特等. 赋能：打造应对不确定性的敏捷团队[M]. 北京：中信出版社，2017.）

事故发生的机制研究是指对事故发生的过程、原因和规律的研究。

事故是一种可能给人类带来不幸后果的意外事件。在古代，人们对自然界缺乏认识，往往把事故和灾害的发生看作是人类无法违抗的“天意”或“命中注定”，而祈求神灵保佑。天意论是对事故发生的过程、原因和规律的不可知论，这一观点目前已被人们所摒弃。

随着社会的发展、科学技术的进步，特别是工业革命以后工业生产事故频繁发生，人们在与各种事故斗争的实践中不断总结经验，探索事故发生的规律，相继提出了各种不同的事故发生的机制理论，用于解释事故为什么会发生、怎样发生，以及如何采取措施进行处理等问题。事故发生的机制理论是一定生产力发展水平的产物，在生产力发展的不同阶段，生产过程中出现的安全问题有所不同，特别是随着生产方式的变化以及人在生产过程中所处地位的变化，人们的安全观念发生变化，对事故发生的过程、原因和规律也相应有不同的认识，形成了不同的理论。如图 3－1 所示，随着生产技术水平的不断提高，人们对事故的认识不断深化，事故发生的机制研究也在不断地深入和提升。

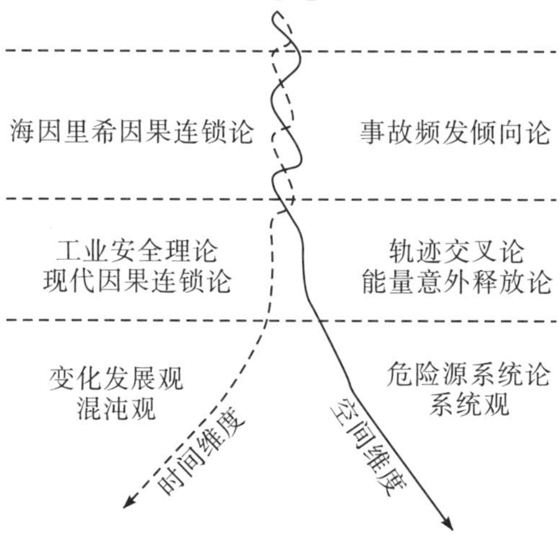

图 3－1　事故发生的机制研究进程

一、工业化初期事故发生的机制研究

20 世纪初，蒸汽动力、电力与机器等技术因素显示出巨大的威力，人类由此逐渐步入工业化时代。在这一过程中，工人所使用的机械在设计时很少甚至根本不考虑操作的安全性，几乎没有什么安全防护装置；工人没有受过培训，操作很不熟练，加上长达 11～13 小时以上的工作日时间，伤亡事故频繁发生，后果很严重。

1919 年英国的格林伍德（M. Greenwood）和伍兹（H. H. Woods）对许多工厂里的伤亡事故数据中的事故发生次数按不同的统计分布进行了统计检验。

在此研究基础上，1939 年法默（Farmer）等人提出了事故频发倾向论。事故频发倾向理论是指个别容易发生事故的稳定的个人的内在倾向。按事故频发倾向理论，事故频发倾向者的存在是工业事故发生的主要原因，如果企业中减少了事故频发倾向者，就可以减少工业事故。正是基于这样的理论认识，在当时的安全措施中，人员选择就成了预防事故的重要措施，在招录员工时，往往要对求职者进行严格的生理、心理测试，从众多的求职人员中选择身体、智力、性格特征及动作特征等方面优秀的人。

一些雇主片面理解和应用该理论，强调人的性格特点在事故中的作用，掩盖工业设备中的各种缺陷，把事故责任全部推给雇员，对所谓的事故频发倾向者解雇了事。

对这种现象你觉得如何处理才能避免？

（参考答案见第 70 页）

海因里希的“工业安全理论”是当时的代表性理论。1931 年美国的海因里希（W. H. Heinrich）在《工业事故预防》（*Industrial Accident Prevention*）一书中，提出了根据当时工业安全实践总结出来的工业安全理论。海因里希认为，人的不安全行为、物的不安全状态是事故的直接原因，企业事故预防工作的中心就是消除人的不安全行为和物的不安全状态。该理论包括以下主要内容：

（1）工业生产过程中人员伤亡往往是处于一系列因果连锁之末端事故的结果，而事故常常起因于人的不安全行为或（和）机械、物质（统称物）的不安全状态。

（2）人的不安全行为是大多数工业事故产生的原因。

（3）由于不安全行为而受到伤害的人，几乎重复了 300 次以上没有造成伤害的同样事故。换言之，人员在受到伤害之前，已经数百次面临来自物的方面的危险。

（4）在工业事故中，人员受到伤害的严重程度具有随机性质，大多数情况下，人员在事故发生时可以免遭伤害。

（5）人员产生不安全行为的主要原因有：①不正确的态度；②缺乏知识或操作不熟练；③身体状况不佳；④物的不安全状态及作业的不良环境。这些原因是制定预防不安全行为的措施的依据。

（6）防止工业事故的四种有效的方法是：①工程技术方面的改进；②对人员的说服教育；③人员调整；④惩戒。

（7）防止事故的方法与企业生产管理、成本管理及质量管理的方法类似。

（8）企业领导者有进行安全工作的能力，并且能把握进行安全工作的时机，因而应该承担预防事故工作的责任。

（9）专业安全人员及车间干部、班组长是预防事故的关键，他们工作得好坏对能否做好预防事故工作有重要影响。

（10）除了人道主义之外，下面两种强有力的经济因素也是促进企业安全工作的动力：①安全的企业生产效率高，不安全的企业生产效率低；②事故后用于赔偿及医疗费用的直接经济损失，只不过占事故总经济损失的 1/5。

海因里希的“工业安全理论”阐述了工业事故发生的人与物的问题、事故发生频率与伤害严重度之间的关系、不安全行为的原因、安全工作与企业其他生产管理机能之间的关系、进行安全工作的基本责任，以及安全与生产之间关系等工业安全中最重要、最基本的问题。该理论曾被称作“工业安全公理”（axiom of industrial safety），得到世界上许多安全工作者的赞同，作为他们从事安全工作的理论基础。

需要指出的是，根据海因里希的研究，大多数工业伤害事故是由工人的不安全行为引起的，即使一些工业伤害事故是由于物的不安全状态引起的，而物的不安全状态的产

• 参考答案 •

可考虑从三个方面来努力来避免这种情况的发生：
①提高这些雇主对生产事故责任的认识。
②明确雇主在安全生产中的责任，监督其切实履行安全生产法定职责。
③对不履行安全生产责任的雇主要及时进行查处。

生也是由于工人的缺点、错误造成的。海因里希的“因果连锁论”也和海默的“事故频发倾向论”一样，将工业事故致因基本归结于工人个人原因造成的，都是基于统计数据给出的结论。一些雇主滥用其中的结论，作为自己在安全生产中不尽责或不履责的理论依据，这绝非这些学者的本意。这些学者的理论中，除了强调工业事主要是由于人的不安全行为的原因造成外，也强调了利用管理、技术等各种措施来预防工业事故的发生。

韦勒（Waller）对司机的调查、伯纳基（Berncki）对铁路调车员的调查，都证实调离或解雇发生事故多的工人，伤亡事故发生率不一定减少。
你会解释这种现象吗？
（参考答案见第 71 页）

二、第二次世界大战后的安全理论

第二次世界大战后，科学技术飞跃进步。各种新技术、新工艺、新能源、新材料和新产品给工业生产和人们的生活面貌带来巨大变化的同时，也给人类带来了更多的危险。随着战后工业迅速发展带来的广泛就业，使得企业不能像战前那样进行“拔尖”的人员选择，除了极少数身心有问题的人之外，广大群众都有机会进入工业部门。由于工人运动蓬勃发展，企业主不能随意开除工人，工人队伍素质发生了重大变化。

在此背景下，人们对所谓的事故频发倾向的概念提出了新的见解。一些研究者认为大多数工业事故是由事故频发倾向者引起的观念是错误的，有些人较另一些人容易发生事故，是与他们从事的作业有较高的危险性有关。不能把事故的责任简单地说成是工人的不注意，应该注重机械的、物质的危险性质在事故发生机制中的重要地位。于是，在事故预防工作中比较强调实现生产条件、机械设备的安全，轨迹交叉论、能量意外释放论以及管理失误论是这一时期较典型的事故发生的机制理论。

“轨迹交叉论”认为，人的因素和物的因素在事故发生的机制中占有同样重要的地位。按照该理论，可以通过避免人与物两种运动轨迹交叉，即避免人的不安全行为和物的不安全状态同时、同地出现，来预防事故的发生。

“能量意外释放论”的出现是人们对伤亡事故发生的物理实质认识方面的一大飞跃。1961 年和 1966 年，吉布森（Gibson）和哈登（Haddon）提出了一种新概念：事故是一种不正常的或不希望的能量释放，各种形式的能量构成伤害的直接原因。于是，应该通过控制能量，或控制作为能量达及人体媒介的能量载体来预防伤害事故。根据能量意外释放论，可以利用各种屏蔽来防止意外的能量释放造成的伤害。

管理失误论与早期海默的事故频发倾向论、海因里希的因果连锁论等不同，战后人们逐渐认识了管理因素作为背后的原因在事故发生机制中的重要作用。他们认为，人的不安全行为或物的不安全状态是工业事故的直接原因。但是它们只不过是其背后的深层原因——管理上的缺陷的反映，只有找出深层的、背后的原因，改进企业管理，才能有效地防止事故。

1957 年，科尔（Kear）做出了社会—环境两因素模型，这是把个人和工作环境两因素作为导致事故倾向的“目标—灵活性—机警”理论，即一个人自己设置的一个可达到的合理目标，并具有选择、判断、决定等灵活性，而工作中的机警会避免事故。科尔的基本观点是：一个有益的工作环境能增进安全。科尔认为工人来自社会和环境的压力会分散注意力而导致事故，这些压力包括工作变更、换了领班、婚姻、死亡、生育、分离、疾病、噪声、照明不良、高温和过冷，以及时间紧迫、上司催促等。

事故判定技术最初被用于确定军用飞机飞行事故原因的研究。研究人员用这种技术调查飞行员在飞行操作中的心理学和人机工程方面的问题，然后针对这些问题采取改进措施以防止发生操作失误。

人机工程学是研究如何使机械设备、工作环境适应人的生理、心理特征，使人员操作简便、准确、失误少、工作效率高的学问。

• 参考答案 •

参考解释：

如果企业不具备安全生产所需要的条件，只想通过解雇发生事故多的员工来消除事故，通常不能达到减少事故发生的目的。因为，如果生产系统带病运行，例如，一部货车的制动系统有故障，雇主为控制成本，不愿意花钱修理排除，无论哪类员工来操控这辆货车运输货物，发生事故的概率都非常大；另外，发生事故多的员工是相对的，发生事故多的员工被解雇后，发生事故次多的员工就会冒出来，成为导致生产事故发生的主因。

三、系统安全

人们在开发研制、使用和维护这些复杂系统的过程中，逐渐萌发了系统安全的基本思想。作为现代事故预防理论和方法体系的系统安全产生于美国研制民兵式洲际导弹的过程中。

系统安全是人们为预防复杂系统事故而开发、研究出来的安全理论和方法体系。所谓系统安全，是在系统寿命期间内应用系统安全工程和管理方法，辨识系统中的危险源，并采取控制措施使其危险性最小，从而使系统在规定的时间和成本范围内完成规定的功能时达到最佳的安全程度。

系统安全在许多方面发展了事故发生机制的理论：

系统安全认为，系统中存在的危险源是事故发生的原因。所谓危险源是可能导致事故、造成人员伤害、财物损坏或环境污染的潜在的不安全因素。系统中不可避免地会存在或出现某些种类的危险源，不可能彻底消除系统中所有的危险源。

系统安全认为，不同的危险源可能有不同的危险性。危险性是指某种危险源导致事故，造成人员伤害、财物损坏或环境污染的可能性。由于不能彻底地消除所有的危险源，也就不存在绝对的安全。所谓的安全，只不过是没有超过允许限度的危险。因此，系统安全的目标不是危险为零，而是将系统危险源的危险性降低或控制在可接受的范围，从而保证系统处于安全状态。

系统安全认为，可能意外释放的能量是事故发生的根本原因，而对能量控制的失效是事故发生的直接原因。这涉及能量控制措施的可靠性问题。在系统安全研究中，不可靠被认为是不安全的原因。可靠性工程是系统安全工程的基础之一。

系统安全注重整个系统寿命期间的事故预防，尤其强调在新系统的开发、设计阶段采取措施消除、控制危险源。对于正在运行的系统，如工业生产系统、管理方面的疏忽和失误是事故的主要原因。

⊙ 实战 3.1

你认为系统安全的目标是将系统内的危险消除为零吗?

⊙ 自测题 3.1

科尔（Kear）在其社会—环境两因素模型提出，一个有益的工作环境能增进安全。请问“婚姻”会如何影响安全?

任务二　了解海因里希的因果连锁理论

在工业系统安全理论基础上，海因里希首次提出因果连锁论，用以阐述导致伤亡事故各种因素间及各因素与伤害间的关系。因果连锁论认为伤亡事故的发生不是一个孤立的事件，尽管伤害可能在某一瞬间突然发生，却是一系列相互作用的原因事件相继发生的结果。

在事故因果连锁论中，以事故为中心，事故的结果是伤害（伤亡事故的场合），事故的原因包括三个层次：直接原因、间接原因、基本原因。由于对事故各层次的原因认知不同，形成了不同的事故发生机制理论。因此，人们也经常用事故因果连锁的形成来表达某种事故发生的机制理论。

一、伤害事故连锁构成

海因里希把工业伤害事故的发生、发展过程描述为具有一定因果关系的事件的连锁，即：

（1）人员伤亡的发生是事故的结果。

（2）事故发生的原因是人的不安全行为或物的不安全状态。

（3）人的不安全行为或物的不安全状态是由于人的缺点造成的。

（4）人的缺点是由于不良环境诱发或者是由先天的遗传因素造成的。

二、事故连锁过程影响因素

海因里希将事故因果连锁过程概括为以下五个因素。

（1）遗传及社会环境（A1）。遗传及社会环境是造成人的性格上缺点的原因。遗传可能形成鲁莽、固执等不良性格；社会环境可能妨碍教育、助长性格的先天缺点发展。

（2）人的过失（A2）。人的过失是使人产生不安全行为或造成机械、物质不安全状态的原因，它包括鲁莽、固执、过激、神经质、轻率等性格上的先天过失，以及缺乏安全生产知识和技术等后天过失。

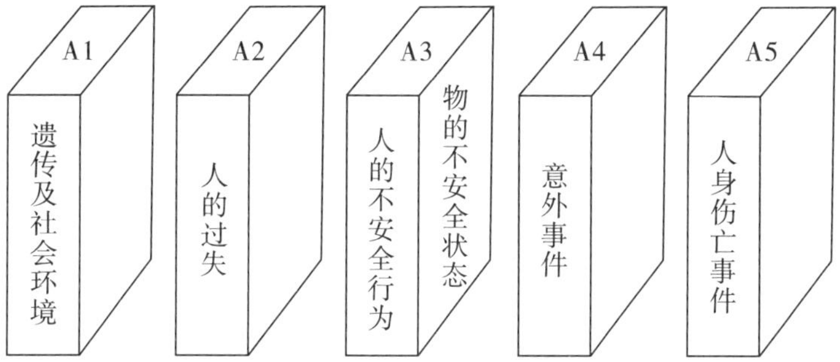

图 3－2　海因里希事故因果连锁关系示意图

（3）人的不安全行为或物的不安全状态（A3）。所谓人的不安全行为或物的不安全状态是指那些曾经引起事故，可能再次引起事故的人的行为或机械、物质的状态，它们是造成事故的直接原因。例如，在起重机的吊荷下停留、不发信号就启动机器、工作时间打闹或拆除安全防护装置等，都属于人的不安全行为；没有防护的传动齿轮、裸露的带电体、照明不良等，都属于物的不安全状态。

（4）意外事件（A4）。事故是由于物体、物质、人或环境的作用或反作用，使人员受到伤害或可能受到伤害的、出乎意料的、失去控制的事件。

（5）人身伤亡事件（A5）。由事故直接产生的人身伤害。

海因里希用多米诺骨牌来形象地描述这种事故的因果连锁关系，如图 3－2 所示。按因果顺序，导致伤亡事故的五因素：遗传及社会环境欠缺（A1），促成人为的过失（A2），人的过失又造成了人的不安全行为或物的不安全状态（A3），人的不安全行为或物的不安全状态促成了意外事件（包括未遂事故）（A4）和由此产生的人身伤亡事件（A5）。如果 A1 至 A5 的五因素发生连锁反应，就会构成事故：如果移去中间的一块骨牌，则连锁被破坏，事故过程被中止。

海因里希认为，企业安全工作的中心是防止人的不安全行为或消除物质的不安全状态，中断事故连锁的进程而避免事故的发生。伤害之所以产生是由于前面因素的作用，在意外事件及伤害发生前，一切工作应以减少环境内物质的危害及人为的不安全动作为原则。防止事故的着眼点应集中于顺序的中心，即设法消除事件 A3，使系列中断，则伤害便不会发生。

安全管理工作的中心是防止人的不安全行为，消除物质的危害。人为的失误常常是事故发生的直接原因，它是问题的中心。

实际应用海因里希的多米诺骨牌理论时，要注意不能将事故致因链绝对化。因为，实际中各骨牌之间的连锁反应不是绝对的，而是随机的。前面的倒下了，后面的不一定必然倒下，即仅有某些不安全行为、不安全状态才会引发事故。

⊙ **实战 3.2**

请试着从一个新的视角来解读“海因里希事故因果连锁过程模型”。

⊙ **自测题 3.2**

在“海因里希事故因果连锁过程模型”中海因里希认为什么是企业安全工作的中心？

任务三　了解能量意外释放论

一、能量意外释放理论概述

1. 能量意外释放理论的提出

近代工业的发展起源于将燃料的化学能转变为热能，并以水为介质转变为蒸汽，将蒸汽的热能再转变为机械能输送到生产现场，这就是蒸汽机动力系统的能量转换过程。电气时代是将水的势能或蒸汽的动能转换为电能，在生产现场再将电能转变为机械能进行产品的制造加工或资源开采。核电站是用核能即原子能转变为电能。总之，能量是具有做功功能的物理量，是由物质和场构成系统的最基本的物理量。输送到生产现场的能量，根据生产的目的和手段不同，可以相互转变为各种能量形式，如势能、动能、热能、化学能、电能、原子能、辐射能、声能、生物能等。

1961 年，吉布森提出了解释事故发生物理本质的能量意外释放论。他认为，事故是一种不正常或不希望的能量释放，各种形式的能量是构成伤害的直接原因。因此，应该通过控制能量或控制作为能量达及人体的能量载体来预防伤害事故。

1966 年，在吉布森的研究基础上，美国运输部安全局局长哈登完善了能量意外释放理论，提出“人受伤害的原因只能是某种能量的转移”，并提出了能量逆流于人体造成伤害的分类方法，将伤害分为两类：

第一类伤害是由于施加了局部或全身性损伤阈值的能量引起的。人体对每一种能量都有一个损伤阀值。例如，在工业生产中，一般确认 36 V 电压为安全电压，即在正常情况下，当人体与电源接触时，如果电压不超过 36 V，人体就不会被伤害或伤害极其轻微。

第二类伤害是由影响了局部或全身性能量交换引起的，主要指中毒窒息和冻伤。

哈登认为，在一定条件下，某种形式的能量能否产生伤害造成人员伤亡事故，取决于能量大小、接触能量时间长短和频率以及能量的集中程度。根据能量意外释放理论，可以利用各种屏蔽来防止意外的能量转移，从而防止事故的发生。

2. 事故发生的机制和表现

（1）能量致因。

能量在人类的生产、生活中是不可缺少的，人类利用各种形式的能量做功以实现预定的目的。生产、生活中利用能量的例子随处可见，如机械设备在能量的驱动下运转把原料加工成产品，热能把水煮沸，等等。人类在利用能量实现目的的过程中，必须采取措施控制能量，使能量按照人们的意图产生、转换和做功。从能量在系统中流动的角度，应该控制能量按照人们规定的能量流通渠道流动。如果由于某种原因失去了对能量的控制，超越了人们设置的约束或限制，就会发生能量违背人的意愿的意外释放或逸出，使进行中的活动中止而发生事故。如果失去控制而意外释放的能量作用于人体，并且能量的作用超过人体的承受能力，则将造成人员伤害；如果意外释放的能量作用于设备、建筑物、物体等，并且能量的作用超过它们的抵抗能力，则将造成设备、建筑物和物体的损坏。

（2）能量转移造成事故的表现。

生产、生活活动中经常遇到各种形式的能量，如机械能、电能、热能、化学能、电离及非电离辐射、声能、生物能等，它们的意外释放都可能造成伤害或损坏。其中前几种形式的能量引起的伤害最为常见。

① 机械能。意外释放的机械能是导致事故时人员伤害或财物损坏的主要能量类型。

机械能包括势能和动能。位于高处的人体、物体、岩体或结构的一部分相对于低处的基准面有较高的势能。当人体具有的势能意外释放时，会发生坠落或跌落事故；当物体具有的势能意外释放时，物体自高处落下可能发生物体打击事故；岩体或结构的一部分具有的势能意外释放时，易发生冒顶、片帮、坍塌等事故。运动着的物体都具有动能，如各种运动中的车辆、设备或机械的运动部件、被抛掷的物料等。它们具有的动能意外释放并作用于人体，则可能发生车辆伤害、机械伤害、物体打击等事故。

② 电能。现代化工业生产中广泛利用电能，如果电能意外释放就会造成各种电气事故。意外释放的电能可能使电气设备的金属外壳等导体带电而发生所谓的“漏电”现象。当人体与带电体接触时会发生触电事故而受到伤害，电火花会引燃易爆物质而发生火灾、爆炸事故，强烈的电弧可能灼伤人体，等等。

许多从业人员认为“电离辐射”离自己很远，没有必要了解。你对此有何建议？

（参考答案见第 77 页）

③ 热能。在人类的生产、生活中到处都在利用热能，利用热能的历史甚至可以追溯到远古时代。失去控制的热能可能灼烫人体、损坏财物、引起火灾。火灾是热能意外释放造成的最典型的事故。值得注意的是，电能、机械能或化学能与热能之间可以相互转化，所以，在利用机械能、电能、化学能等其他形式的能量时也可能产生热能的意外释放而造成伤害。

④ 化学能。有毒有害的化学物质使人员中毒，是化学能引起的典型伤害事故。在众多的化学物质中，相当多的物质具有的化学能会导致人员急性、慢性中毒，致病、致畸、致癌。火灾中化学能转变为热能，爆炸中化学能转变为机械能和热能。

⑤ 电离及非电离辐射。电离辐射是一切能引起物质电离的辐射总称。例如高速带电的 α 粒子、β 粒子、质子，不带电粒子有中子以及 X 射线、γ 射线等，它们会造成人体急性、慢性损伤。非电离辐射主要为紫外线、红外线和热辐射、无线电波和微波等辐射。工业生产中常见的电焊、熔炉等高温热源释放出的紫外线、红外线等有害辐射会伤害人的视觉器官。

另外，人体自身也是一个能量系统。人的新陈代谢过程是个吸收、转换、消耗能量，与外界进行能量交换的过程。人进行生产、生活活动时消耗能量，当人体与外界的能量交换受到干扰时，即人体不能进行正常的新陈代谢时，人员将受到伤害，甚至死亡。正如麦克法兰特（McFarland）在解释事故造成的人身伤害或财物损坏的机理时说："所有的伤害事故（或损坏事故）都是因为：①接触了超过机体组织或结构抵抗力的某种形式的过量能量；②有机体与周围环境的正常能量交换受到了干扰（如窒息、淹溺等）。"因此，各种形式的能量是构成伤害的直接原因。同时，也常常通过控制能源或控制达及人体媒介的能量载体来预防伤害事故。

表 3－1 为人体受到超过其承受能力的各种形式能量作用时受伤害的情况，表 3－2 为人体与外界的能量交换受到干扰而发生伤害的情况。

表 3－1　能量类型与伤害

能量类型	产生的伤害	事故类型
机械能	割伤、挤压、骨折、内伤等	物体打击、坠落、爆炸、冒顶等
热能	皮肤烧伤、烧焦	灼烫、火灾
电能	干扰神经、电伤	触电
化学能	烧伤、致癌、致畸形、遗传突变	中毒、窒息、火灾

表 3－2　干扰能量交换与伤害

影响能量交换类型	产生的伤害	事故类型
氧的利用	局部或全身生理伤害	中毒或窒息
其他	生理伤害、热昏迷、热衰竭	灼烫、中毒、窒息、火灾

研究表明，人体对各种形式能量的作用都有一定的抵抗能力或者说有一定的伤害阈值。例如，球形弹丸以 4.9 N 的冲击力打击人体时，只能轻微地擦伤皮肤；重物以 68.6 N 的冲击力打击人的头部时，会造成头骨骨折。事故发生时，在意外释放的能量作用下人体或物体能否受到伤害或损坏，以及伤害或损坏的严重程度，取决于作用于人体或物体的能量大小、能量的集中程度、人体或物体接触能量的部位、能量作用的时间和频率等。显然，作用于人体的能量越大、越集中，造成的伤害越严重；人的头部或心脏受到过量的能量作用时会有生命危险；能量作用的时间越长，造成的伤害越严重。

• 参考答案 •

对“电离辐射”这类陌生的职业病有害因素，建议多了解学习，自身的职业安全系数会显著增加。

能量意外释放论阐明了伤害事故发生的物理本质，指明了防止伤害事故就是防止能量意外释放，防止人体接触能量。根据这种理论，人们要经常注意生产过程中能量的流动、转换，以及不同形式能量的相互作用，防止发生能量的意外释放或逸出。

二、事故防范对策

从能量意外释放理论出发，预防伤害事故就是防止能量或危险物质的意外释放，防止人体与过量的能量或危险物质接触。

哈登认为，预防能量转移于人体的安全措施可用屏蔽防护系统。把约束限制能量，防止人体与能量接触的措施称为屏蔽，这是一种广义的屏蔽。同时，他指出，屏蔽设置得越早，效果越好。按能量大小可建立单一屏蔽或多重的冗余屏蔽。

1. 防止能量意外释放的屏蔽措施

在工业生产中经常采用的防止能量意外释放的屏蔽措施主要有以下几方面。

（1）用安全的能源代替不安全的能源。

有时被利用的能源危险性较高，这时可考虑用较安全的能源取代。例如，在容易发生触电的作业场所，用压缩空气动力代替电力，可以防止发生触电事故，还有用水力采煤代替火药爆破等。但是应该看到，绝对安全的事物是没有的，以压缩空气做动力虽然避免了触电事故，但压缩空气管路破裂、脱落的软管抽打等都带来了新的危害。例如：

2006 年4 月24 日凌晨4 点05 分左右，广州市地铁五号线淘金—区庄区间一号竖井左线以西10 m 处在实施破岩施工钻炮眼的过程中，现场使用的 YT－28 凿岩机与风管接头处连接螺杆的螺母意外断裂，导致风管脱落飞舞，高压风力掀起小粒径碎石，打中正在现场施工的4 名工人，致使1 死3 伤。YT－28 凿岩机的高压风力有0.6 MPa，这样的力量能把水推向60 m 的高度。据施工单位介绍，他们平时对设备都有定期安全检测，但检测风管接头处的螺母这样的施工工具正不正常，一般也只能是进行目测。

（资料来源：小小螺母致一死三伤 [N]. 广州日报，2006－04－26.）

该事故发生说明，目测方式检查风管接头处螺母的方式需要改进。

（2）限制能量。

限制能量的大小和速度，规定安全极限量，在生产工艺中尽量采用低能量的工艺或设备，这样即使发生了意外的能量释放，也不致发生严重伤害。例如，利用低电压设备防止电击，限制设备运转速度以防止机械伤害，限制露天爆破装药量以防止飞石伤人等。

（3）防止能量蓄积。

能量的大量蓄积会导致能量突然释放，因此要及时泄放多余能量，防止能量蓄积。例如，应用低高度位能、控制爆炸性气体浓度，通过接地，消除静电蓄积，利用避雷针放电保护重要设施等。

（4）延缓、开辟或控制能量释放。

缓慢地释放能量可以降低单位时间内释放的能量，减轻能量对人体的作用。例如，在卸货作业时，作业人员禁止站立于车门的正面徒手打开车门，而应站立在车门的侧面，利用开门绳等工具拉开车门，以避免货物掉落，造成人员伤亡；采用安全阀，控制高压气体逸出，用各种减振装置吸收冲击能量，建立水闸墙防止高势能地下水突然涌出，抽放煤体内瓦斯可以防止瓦斯蓄积爆炸等。

（5）设置屏蔽设施。

屏蔽设施是一些防止人员与能量接触的物理实体。屏蔽设施可以被设置在能源上，例如安装在机械转动部分外面的防护罩；也可以被设置在人员与能源之间，例如安全围栏等；人员佩戴的个体防护用品，可被看作是设置在人员身上的屏蔽设施。

（6）在人、物与能源之间设置屏障，在时间或空间上把能量与人隔离。

在生产过程中有两种或两种以上的能量相互作用引起事故的情况。例如，一台吊车移动的机械能作用于化工装置，使化工装置破裂而有毒物质泄漏，引起人员中毒。针对两种能量相互作用的情况，我们应该考虑设置两组屏蔽设施：一组设置于两种能量之间，防止能量间的相互作用；另一组设置于能量与人之间，防止能量达及人体，如防火门等。

各种警告措施等信息形式的屏蔽，可以阻止人员的不安全行为或避免发生行为失误，防止人员接触能量。

根据可能发生的意外释放的能量大小，可以设置单一屏蔽或多重屏蔽，并且应该尽早设置屏蔽，做到防患于未然。

（7）提高防护标准。

例如：采用双重绝缘的工具，防止高压电能触电事故；对瓦斯进行连续监测和遥控遥测；用耐高温、高寒的高强度材料制作个体防护用具等。

（8）改变工艺流程。

改不安全流程为安全流程；用无毒、少毒物料代替剧毒有害物料等。

（9）修复或急救。

治疗、矫正以减轻伤害程度或恢复原有功能；搞好紧急救护，进行自救教育；限制灾害范围，防止事态扩大等。

试将上述 9 种防止能量意外释放的屏蔽措施分别用 4 个字进行概括。
（参考答案见第 79 页）

2. 能量造成的伤害事故及其预防

按能量与被害者之间的关系，可以把伤害事故分为三种类型，相应地采取不同的预防伤害措施。

(1) 人员意外地进入能量规定的流通渠道而受到伤害及其预防。

能量在规定的流通渠道中流动，为防止人员意外地进入该渠道而受到伤害，应设置防护装置以阻止人员进入。警告、劝阻等信息形式的屏蔽，可以约束人的行为。

(2) 能量从规定的渠道逸脱造成的伤害及其预防。

能量意外地从规定的渠道里逸脱出来，在非规定的流通渠道使人员受伤害。按事故发生时间与伤害发生时间之间的关系，又可分为以下两种情况。

① 事故发生的瞬间人员即受到伤害，甚至受害者尚不知发生了什么就遭受了伤害，这种情况下的人员没有时间采取措施避免伤害。对于此类事故，必须全力以赴地控制能量避免伤害的发生。

② 事故发生后人员有时间躲避能量的作用，可以采取恰当的对策防止受到伤害。例如，发生火灾、有毒有害物质泄漏事故的场合，远离事故现场的人们可以恰当地采取隔离、撤退或避难等行动，避免遭受伤害。这种情况下人员行为正确与否往往决定着他们的生死存亡。

(3) 能量进入非规定的流通渠道且人员误入该渠道受到的伤害及预防。

能量意外地越过原有的屏蔽而进入非规定的流通渠道，同时被害者误入该渠道而受到伤害。这种情况实际上较少发生，预防措施可采取前面两种情况所采用的措施。

• 参考答案 •

安能替代，限制能量，防能蓄积，释放能量，设置屏蔽，设置屏障，提高标准，改变工艺，修复急救。

好学者应当对每一个措施进行举例解释。例如，安能替代，如果在潮湿的环境中，使用电能，发生触电的概率更高，可气力用代替电力。

⊙ 实战 3.3

一名仓库作业人员在堆垛作业时，欲扶住将要倒塌的货物时，不幸受伤。试用吉布森于 1961 年提出的能量意外释放论给出你的解释。

⊙ 自测题 3.3

将高压变电器等有高电压危险的设施设备用围墙的方式围住，防止人接触，这个安全措施可称为什么措施?

任务四　了解以人的失误为主因的事故模型

一、人的失误一般模型

研究认为，将由初始原因开始到最后结果为止的事故动态过程中所有因素联系在一起的体系或模型具有很大的实用价值。

1972 年，威格勒斯沃斯（Wigglesworth）曾经提出：有一个事故原因构成了所有类型伤害的基础，这个原因就是“人失误”。他把“失误”定义为：“错误地或不适当地响应一个刺激。”图 3－3 是他绘制的“人失误”的一般模型。

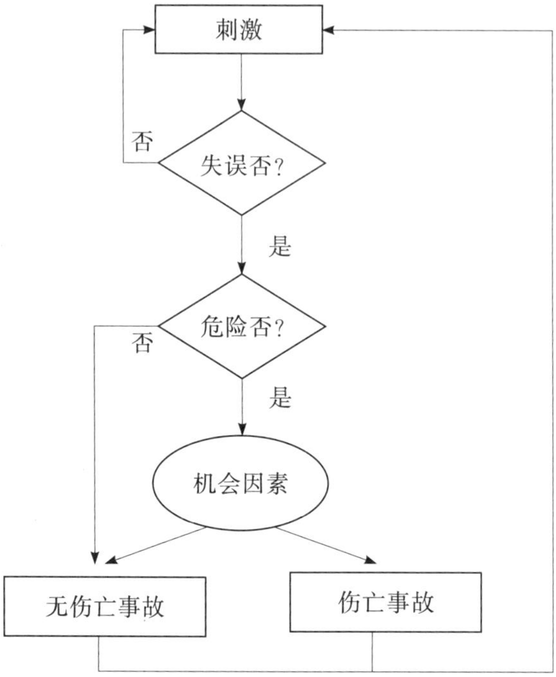

图 3－3　“人的失误”的一般模型

在行为人工作期间，各种“刺激”不断出现，若行为人响应正确或恰当，事故就不会发生。即如果没有危险，则不会发生有伴随着伤害出现的事故；反之，若行为人出现了失误，就有发生事故的可能。

然而，若客观上存在着不安全因素或危险，事故是否能造成伤害，这就取决于各种机会因素，即可能造成伤亡，也可能是没有伤亡的事故。

尽管这个模型突出了人的不安全行为来描述事故现象，但却不能解释人为什么会发生失误，它也不适用于不以人为失误为主的事故。

二、以人的失误为主因的事故模型

下面我们来探讨一个以人失误为主因的事故模型图。该模型是劳伦斯（Lawrence）于 1974 年通过对南非金矿中发生事故的研究得出来的。因此，它适用于矿山的安全生产。后来的研究发现，该模型也适用于复杂生产活动的安全生产。

初期警报能分类吗？人为设置的警报，例如，一些有毒的气体一旦泄漏，就会有警报响起。有些警报不是人为设置的，而是靠人的警觉，例如，发现一段电路有接头裸露，可能会有较大的可能性发生电路起火。

表 3－3 列出了事故、危险和伤害的理论上的 8 种组合类型。实际上只有 5 种是可能的，劳伦斯围绕这 5 种实际可能的组合建立模型，如图 3－4 所示。

表 3-3 事故、危险和伤害的理论上的 8 种组合

出现的类型	事故（accident）	危险（danger）	伤害（injury）
1	无	无	无
2	无	有	无
3	有	有	无
4	有	有	有
5	有	无	无
不可能	有	无	有
不可能	无	有	有
不可能	无	无	有

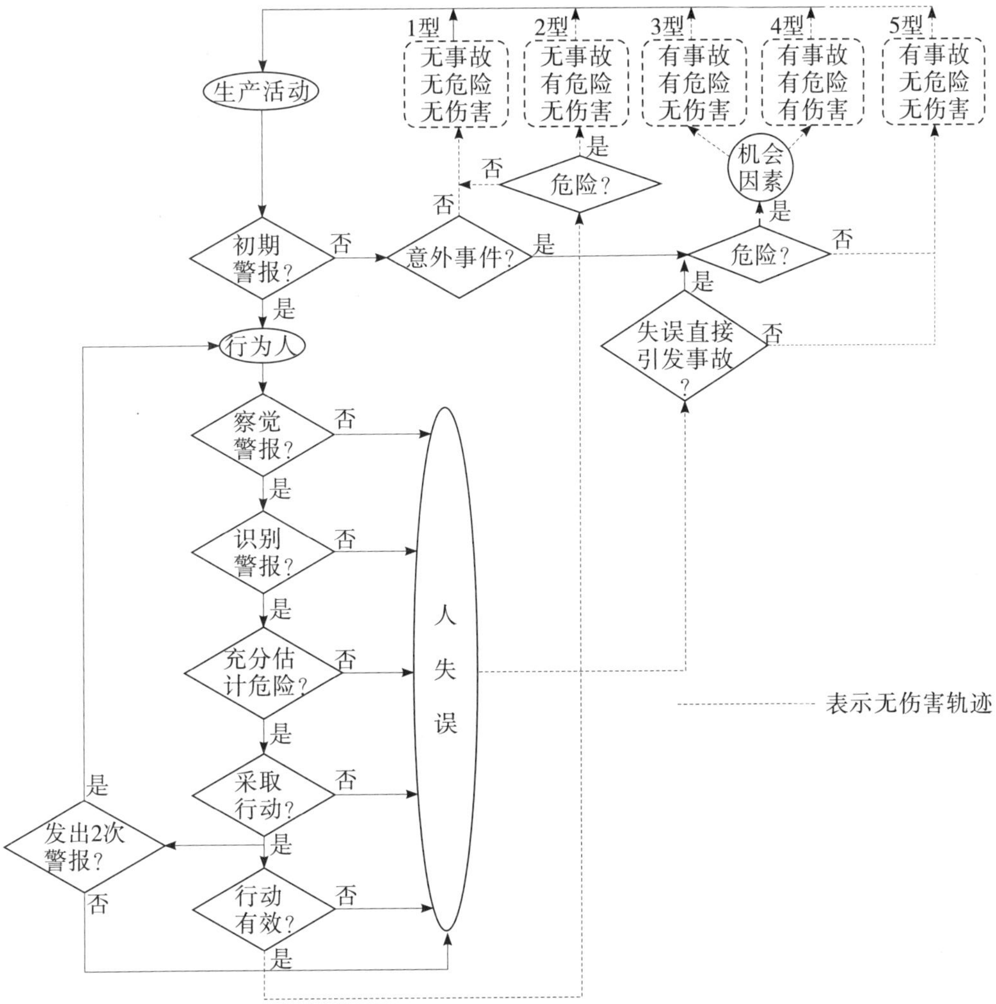

图 3-4 以人的失误为主因的事故模型

在生产活动中，如果发生事故，往往会有先兆，如坍塌前会出现裂纹、火灾前有烟气等，这些是预示可能发生事故的初期警报。发生事故的初期警报可以是能听到、看到或感觉到的信息，也包括各种安全生产的指令、政策、规程、标准等书面的信息。这些信息会警告工人在他所处的生产环境中有可能发生事故。例如：

1995 年 6 月 29 日韩国××百货公司大楼倒塌前，警卫在前一天晚上听到巨大爆裂声。当天上午 8 到 9 点之间，有员工发现楼板隆起，5 楼的春元餐厅的天花板下陷，建筑物开始摇晃，造成餐具部玻璃器皿晃动作响，但百货公司没人有警觉，还把震动怪到屋顶的空调。上午 9 点 40 分，5 楼的餐厅因地板出现裂缝而关闭，1 小时后，嘎嘎的巨响传遍 4 楼的珠宝部门，5 楼餐厅整片混凝土地板下陷 5 厘米。上午 11 点 30 分到 12 点之间，店员听见 4 楼和 5 楼传来连续轰隆声响。下午，4 楼的柱子和天花板之间已经裂开一个大缝，5 楼混凝土地板又继续下陷了 10 厘米。17 点 30 分，每个人都听到从 5 楼传来隆隆巨响，17 点 47 分，震耳的爆裂声响彻大楼，4 楼的柱子贯穿了天花板，负荷顿时转移到其余的柱子，但柱子太细，无力支撑多出的重量。17 点 52 分警铃大作，但此时大楼已经开始倒塌。30 秒内，地上的五层和地下的四层就像松饼般层层塌陷，××百货公司大楼化为飞扬尘土和一堆瓦砾。

（资料来源：五层大楼 30 秒内塌陷　破解汉城百货倒塌之谜. http://www.tech.sina.com.cn/d/2005 - 11 - 28/1419776964.shtml.）

（1）在正常条件下没有初期警报，没有意外事件，也就没有生产的中断，结果是“无事故、无危险、无伤害”，属于 1 型。

（2）在没有初期警报情况下，意外事件确已发生，这将根据危险出现的具体情况与有关伤害的机会因素，分别产生 3 型、4 型或 5 型的结果。当没有事先警告时，甚至连一般的安全标准或指示等原则性的警告都没有时，一旦根据危险的存在和机会因素的巧合发生了 4 型的伤亡事故，这也不能归咎于有关行为人的失误，而应当是管理上的领导失误，属于管理人员“不恰当地回答先前的警告”。分析这种责任事故时，应当追究深层次的、间接的，但却是主要的原因，即管理上的缺陷。

（3）如果发现了事故征兆，即有了初期警报，则行为人对警告的“回答”情况，也就是说怎么处置和对待这一警报，将决定着是否可能发生事故。为避免事故发生，行为人必须接受警报、识别警报，充分而正确地估计危险，并“回答”警报，直接采取有效措施，还要及时、恰当地向其他相关人员发出警报（2 次警报）。充分估计危险在这条应答链中，任何阶段的故障（应答为 No）都会构成人的失误（见图 3 - 3 中的竖直长椭圆），其结果是，或因失误而直接引起事故和自身伤害（3 型、4 型、5 型），或把事故转嫁给其他行为人。

（4）关于对危害的估计。模型中“行为人”下方第三个菱形符号表明，如果其对危害估计正确，则会采取直接行为或发出 2 次警报；如果其对危害估计不足，虽然这也是一种失误，但其还是采取了有效措施，则仍然能避免事故；如果其对危害估计不足而置之不理（习惯上称为麻痹大意），则会因这一失误直接引起事故，此时，若行为人是管理人员，“低估危险”可能会产生更为严重的后果。还以“6·29”韩国××百货倒塌事故为例。

> 当天14点，××集团会长李×召集各主管，商讨裂缝和莫名声响的对策，他们请来专家鉴定损害并评估风险。15点，结构工程师李××来到大楼检查，他为四、五层天花板的裂缝拍照，也拍了餐厅厨房地板的大块隆起。此时四楼楼顶的裂缝已经横跨整栋建筑，部分区域还有崩塌。李××在16点向××百货高层报告，虽然证据显示有危险，他却表示建筑物还安全，裂缝可以暂时填补，打烊后再将上面楼层的结构进行修补。事后，作为评估人员的李××坦承低报了风险，因为他怕××集团会长李×担心。
>
> （资料来源：五层大楼30秒内塌陷　破解汉城百货倒塌之谜. http://www.tech.sina.com.cn/d/2005－11－28/1419776964.shtml）

劳伦斯以人的失误为主因的事故模型主要是说明：在生产活动中，以人的失误为主要原因而产生的事故并造成伤害，是经过一系列过程的，只要对这一系列过程中的每一个部分都进行正确的应答，就能避免事故伤害的发生。

⊙ 实战3.4

在“以人失误的为主因的事故模型”中以“刺激”作为事故的起始因素，在“以人的失误为主因的事故模型”中则以“初期警报”作为事故的起始因素。对此你能说说自己的看法吗?

⊙ 自测题3.4

根据以人的失误为主因的事故模型，判定行为人失误有哪几种类型?

任务五　了解轨迹交叉论

轨迹交叉论的基本思想是：伤害事故是许多相互联系的事件连续变化的结果。这些事件概括起来不外乎人和物（包括环境）两大变化系列。当人的不安全行为和物的不安全状态在各自的变化轨迹中，在一定时间、空间发生了接触（交叉），能量作用于人体且超出人体能够承受的范围时，伤害事故就会发生。而人的不安全行为和物的不安全状态之所以产生和变化，又是受多种因素作用的结果。

轨迹交叉论的事故模型如图3－5所示。图中的起因物与致害物可能是不同的物体，也可能是同一个物体；同样，肇事者和受害者可能是不同的人，也可能是同一个人。

轨迹交叉理论反映了绝大多数事故的情况。在实际生产过程中，只有少量的事故仅仅由人的不安全行为或物的不安全状态引起，绝大多数的事故是与人的不安全行为和物的不安全状态同时相关的。例如，日本劳动省通过对50万起工伤事故的调查发现，只有约4%的事故与人的不安全行为无关，而只有约9%的事故与物的不安全状态无关。

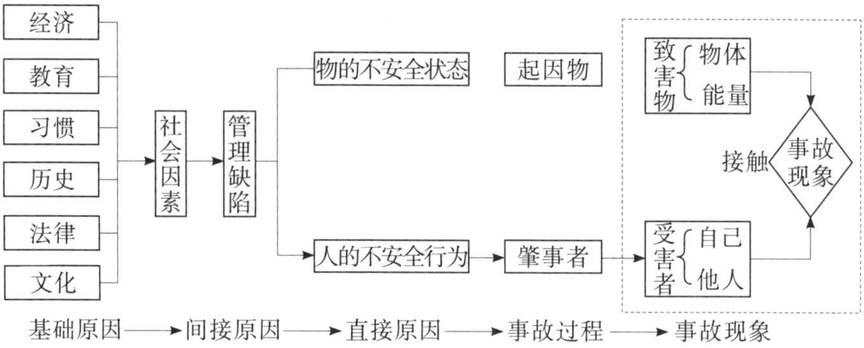

图3-5　轨迹交叉事故模型

在多数情况下，由于企业管理不善，工人缺乏教育和训练或者机械设备缺乏维护、检修以及安全装置不完备，导致人的不安全行为或物的不安全状态。在人和物两大系列运动中，二者往往是相互关联、互为因果、相互转化的。有时人的不安全行为促进了物的不安全状态的发展，或导致新的不安全状态的出现；而物的不安全状态可以诱发人的不安全行为。因此，事故的发生可能并不是如图3-5所示的那样简单地按照人、物两条轨迹独立地运行，而是呈现较为复杂的因果关系。例如，人接近转动机器部位进行作业，有被机器夹住的危险，这属于不安全行动；在堆垛作业中，如果货物码放的位置不对，这时货物处于不安全状态，有倾倒的可能，甚至有造成作业人员伤亡的可能性。

人的不安全行为和物的不安全状态是造成事故的直接原因，如果对它们进行更进一步的考虑，则可以挖掘出二者背后深层次的原因。这些深层次原因见表3-4。

表3-4　事故发生的原因

基础原因（社会原因）	间接原因（管理缺陷）	直接原因
遗传、经济、文化、教育、习惯、历史、法律	心理和生理状态、知识技能情况、工作态度、规章制度、人际关系、领导水平	人的不安全行为
设计缺陷、制造缺陷、缺乏标准	维护保养不当、保管不良、故障、使用错误	物的不安全状态

构成伤亡事故的人与物两大原因中，人的不安全行为占主导地位，因为机器是由人设计和操纵的，物质也是由人支配的。

人的不安全行为是基于生理、心理、动作几个方面产生的，心理的动作又取决于遗传、社会环境等。

（a）生理遗传、社会环境与企业管理上的缺陷。

（b）后天的心理缺陷。这是由（a）培育的结果，在“五感”（视、听、嗅、味、触）能量分配上有所差异，从而促成了人的过失。

（c）因（a）→（b）而形成的有意图的行动。人有行动的自由性，生产劳动易受环境条件所造成的心理上的影响，因而易于发生错误动作。人同机器相比，因易于自由行动，故其可靠性差。

物的不安全状态，是因为机器或物质从设计开始直到使用的整个过程中，都可能产生不安全状态。

人的不安全行为随时间进程的运动轨迹，按（a）→（b）→（c）的方向进行；物的不安全状态随时间进程的运动轨迹，按（A）→（B）→（C）的方向进行。

（A）设计上的缺陷：设计中产生的事故隐患有材料的性质和使用条件不符，使用条件设想错误，强度计算上的错误以及结构上的缺陷。这是设计者缺乏工程上的知识和经验所致。

（B）制造上的缺陷：包括使用材料的缺陷及加工方法、工艺和技能上的缺陷。

（C）维修、保养和使用上的缺陷：机器系统随着使用时间的延续，产生磨损、耗伤、腐蚀等故障，致使发生事故的可能性增高。使用时超过机器的额定负荷，操作技术不熟练以及缺乏安全作业的技巧等都能导致不安全状态，增加了机器伤人的可能性。

以上两个轨迹相交的时间与地点（时空），就是发生伤亡事故的“时空”。若排除了机器或处理危险物质过程中的隐患，或消除了人为疏忽，则两者的运动轨迹不相交，危险就不会出现，即可达到安全生产。

加强安全教育和技术训练，进行科学的安全管理，从生理、心理和操作上控制不安全行动的产生，就等于“砍断”了导致伤亡事故发生的人这方面的致因。虽然阻止人的失误诸因素成为构成事故链是可能的，但由于人往往具有非理性的一面，不安全行为完全消除不太可能。因此，在安全生产中，我们可以更多地从消除物的不安全状态方面来达到安全目标。安全装置，特别是错误—安全系统的作用就是控制或消除物的不安全状态。即使人发生不安全的行为，构成（a）→（c）系列，如无安全生产经验，缺乏安全知识，或违章误操作，也因备有安全闭锁装置，可完全避免伤亡事故的发生。但是这只适用于有机器设备的人—机系统中，对有物质危害的人—物系统，只好退一步对员工采取积极的个体防护，这称为第二位的安全保护系统。

轨迹交叉理论作为一种事故致因理论，强调人的因素和物的因素在事故致因中占有同样重要的地位。按照该理论，可以通过避免人与物两种因素运动轨迹交叉来预防事故的发生。

⊙ 实战 3.5

在运输作业中，遇到急弯的路段时，你认为谁应当负起避免人与物两种因素运动轨迹交叉的主体责任，预防撞车、翻车等事故的发生？并列举一些常见会增加急弯出事的驾驶行为。

⊙ 自测题 3.5

根据轨迹交叉事故模型，导致事故发生的原因有几种？

任务六　了解系统理论

一、系统理论的提出

系统理论将人、机器和环境作为一个系统，研究人、机器、环境之间的相互关系、相互作用，从中发现事故发生的过程、原因和规律，提示预防事故发生的途径。

系统理论在注意事故的表面现象时，注重对事故深层次原因的分析。例如，对人的失误，它更注重分析人为什么会失误？它对事故发生的原因进行深入细致的分析，为事故调查和预防提供指南。系统理论有多种模型，形式上虽然有区别，但本质上是一样的。下面仅对其中一些模型进行阐述。

1. 瑟利（Surry）模型

瑟利把事故的发生过程分为危险出现和危险释放两个阶段，这两个阶段各自包括一组类似人的信息处理过程，即知觉、认识和行为响应过程。在危险出现阶段，如果人的信息处理的每个环节都正确，危险就能被消除或得到控制；反之，只要任何一个环节出现问题，就会使操作者直接面临危险。在危险释放阶段，如果人的信息处理过程的各个环节都是正确的，则虽然面临着已经显现出来的危险，但仍然可以避免危险释放出来，不会带来伤害或损害；反之，只要任何一个环节出错，危险就会转化成伤害或损害。

由图 3－6 的瑟利事故模型可以看出，两个阶段具有相类似的信息处理过程，每个过程均可被分解为 6 个方面的问题。危险出现阶段 6 个方面问题的含义分别如下。

第 1 个问题：对危险的出现有警告吗？问的是工作环境中是否存在安全运行状态和危险状态之间可被感觉到的差异。如果危险没有带来可被感知的差异，则会使人直接面临该危险。在生产实际中，危险即使存在，也并不一定直接显现出来。这一问题启示我们，要让不明显的危险状态充分显示出来，这往往要采用一定的技术手段和方法来实现。

第 2 个问题：感觉到了警告吗？这个问题有两个方面的含义：一是人的感觉能力如何，如果人的感觉能力差，或者注意力在别处，那么即使有足够明显的警告信号，也可能未被察觉；二是环境对警告信号的“干扰”如何，如果干扰严重，则可能妨碍对危险信息的察觉和接受。这一问题启示我们，感觉能力存在个体差异，提高感觉能力要依靠经验和训练，另外训练也可以提高操作者抗干扰的能力；在干扰严重的场合，要采用能避开干扰的警告方式（如在噪声大的场所使用光信号或与噪声频率差别较大的声信号）或加大警告信号的强度。

第 3 个问题：认识到了警告吗？这个问题问的是操作者在感觉到警告之后，是否理解了警告所包含的意义，即操作者将警告信息与自己头脑中已有的知识进行对比，从而识别出危险的存在。

第 4 个问题：知道如何避免危险吗？问的是操作者是否具备避免危险行为响应的知识和技能。为了使这种知识和技能变得完善和系统，从而更有利于采取正确的行动，操作者应该接受相应的训练。

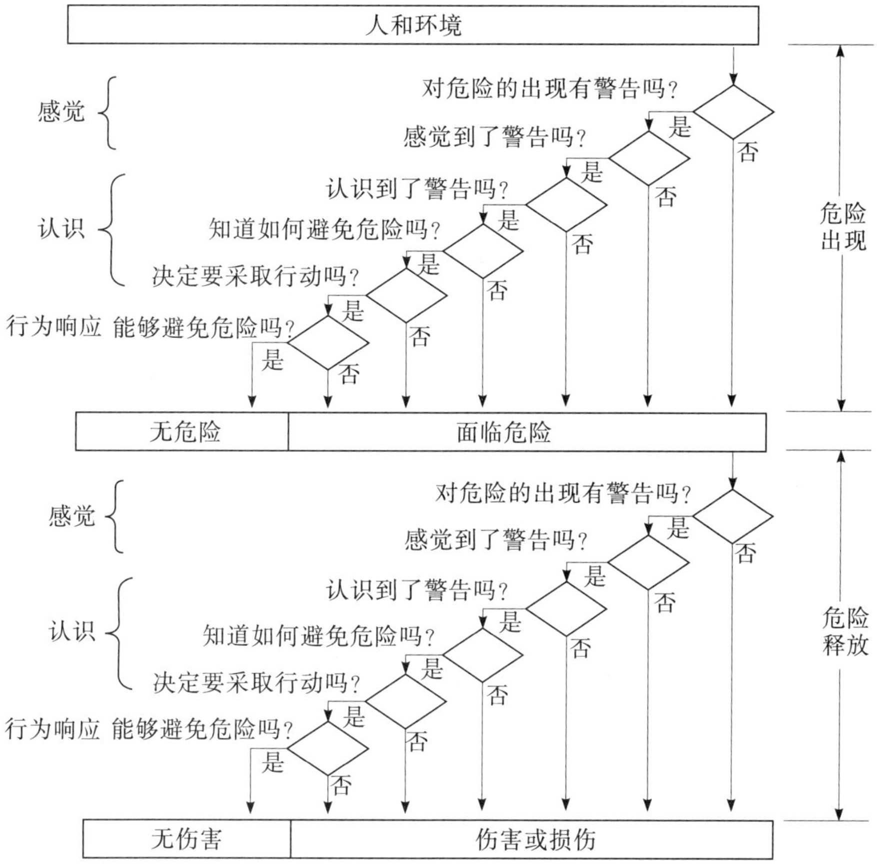

图 3－6 瑟利事故模型

第 5 个问题：决定要采取行动吗？表面上看，这个问题毋庸置疑，既然有危险，当然要采取行动。但在实际情况下，人们的行动是受各种动机中的主导动机驱使的，采取行动回避风险的“避险”动机往往与“趋利”动机（如省时、省力、多挣钱、享乐等）交织在一起。当趋利动机成为主导动机时，尽管认识到危险的存在，并且也知道如何避免危险，但操作者仍然会心存侥幸而不采取避险行动。

第 6 个问题：能够避免危险吗？问的是操作者在做出采取行动的决定后，是否能迅速、敏捷、正确地做出行动上的反应。由于人的行动以及危险出现具有随机性，这将导致即使行为响应正确，有时也不能避免危险。例如人的反应时间平均为 900 毫秒，当危险在更短的时间内出现时，人可能无法避免危险了。

上述 6 个问题中，第 1、第 2 两个问题都与人对信息的感觉有关，第 3 至第 5 个问题与人的认识有关，最后一个问题与人的行为响应有关。这 6 个方面问题涵盖了人的信息处理全过程并且反映了在此过程中有很多发生失误进而导致事故的机会。

瑟利模型适用于描述危险局面出现得较慢，如不及时改正则有可能发生事故的情况，对于描述发展迅速的事故也有一定的参考价值。

2. **安德森模型**

瑟利模型虽然清楚地处理了操作者的问题，但未涉及机械及其周围环境的运行过程。1978 年安德森等曾在分析 60 件工伤事故中应用了瑟利模型及其提出的问题，发现了这些缺陷。为此，安德森等在瑟利模型中增加了一组问题，即构成危险的来源及其可察觉性，以及运行系统内的波动（变异性）。控制此波动使之与操作者的波动相一致。这样可使瑟利模型更为有用，如图 3 –7 所示。

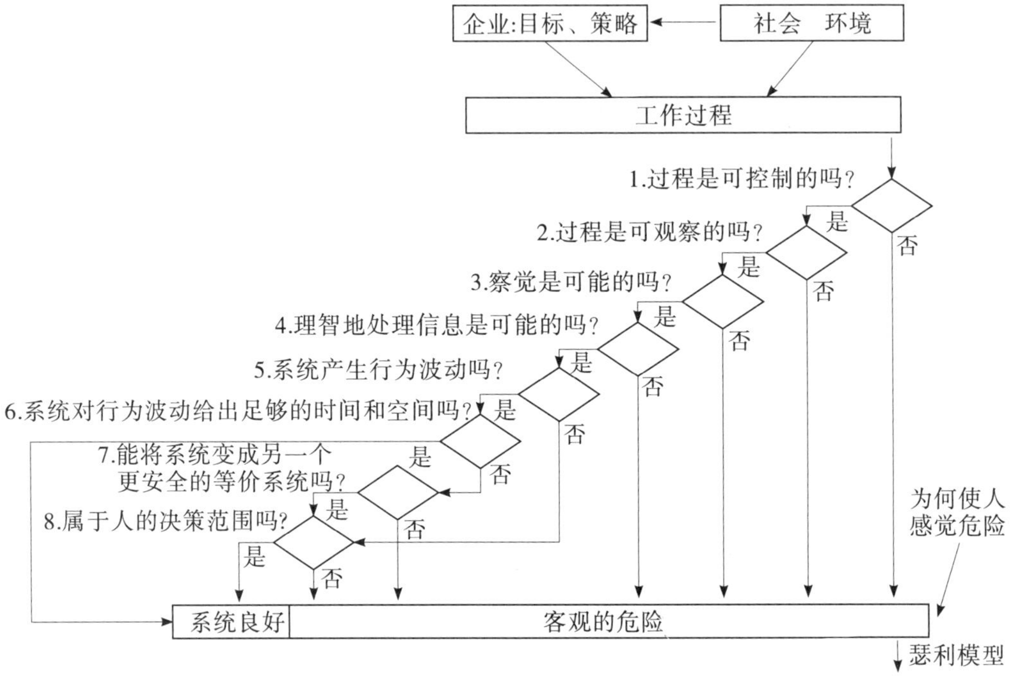

图 3 –7　安德森模型

企业存在于社会中，其经营目标和策略等都要受到市场、法律、政策等的制约。

安德森等对工作过程提出的问题：

第 1 个问题：过程是可控制的吗？不可控制的过程，如闪电，其带来的危险是无法避免的。安德森模型所讨论的是可以控制的工作过程。

第 2 个问题：过程是可观察的吗？即依靠人的感官或借助于仪表设备能否观察了解工作过程？

第 3 个问题：察觉是可能的吗？即工作环境中诸如噪声、照明不良、漏电等妨碍工作过程的因素能否被观察了解到？

第 4 个问题：理智地处理信息是可能的吗？该问题包括两个方面：一是操作者是否知道系统是怎样工作的，如果系统工作不正常，他能否感觉和认识到这种情况？另一方面系统运行给操作者带来的疲劳、压力以及注意力减弱是否会妨碍其对系统工作状况的准确观察和了解？

第 5 个问题：系统产生行为波动吗？即操作者的行为响应是否稳定？若不稳定，有多大?

第6和第7个问题：系统对行为波动给出了足够的时间和空间吗？即运行系统是否有足够的时间和空间适应操作者行为的不稳定性。如果是，则可以认为系统是安全的（跨过图3-7中的问题7、问题8，直接实现系统良好），否则进入第7个问题，即能否对系统进行修改，以适应操作者行为在预期范围内的不稳定性。

第8个问题：属于人的决策范围吗？即修改系统是否可以由操作人员和管理人员做出决定？尽管系统可以被改为安全的，但如果操作人员和管理人员无权改动，如涉及法律，那么修改系统也是不可能的。

对该模型每一个问题的回答，如果是肯定的，则能保证系统安全可靠；若对问题1至问题4、问题7至问题8做出了否定回答，则会导致系统产生危险，从而转入瑟利模型。对问题5的回答如果是否定的，则跨过问题6、问题7而直接回答问题8。

生产事故发生的关键在于两方面：一是操作者的洞察力和机动性；二是机械、工具、材料等在运行中的变异性，使这两者均保持正常才不会发生事故。

⊙ 实战 3.6

根据瑟利事故模型，事故发生分为哪两个阶段？你认为要防止一起生产事故发生，需要在两个阶段系统处理好哪几个问题？

⊙ 自测题 3.6

瑟利事故模型对“4·28”事故中调度作业进行分析。

2008年4月28日4时41分，北京开往青岛的T195次旅客列车运行至山东境内胶济铁路周村至王村间脱线，第9至第17节车厢在铁路弯道处脱轨，冲向上行线路基外侧。此时，正常运行的烟台至徐州的5034次旅客列车刹车不及，最终以每小时70公里的速度与脱轨车辆发生撞击，机车（内燃机车编号DF11-0400）的第1至第5节车厢脱轨。胶济铁路列车相撞事故造成72人死亡，416人受伤。

济南铁路局于2008年4月23日印发了《关于实行胶济线施工调整列车运行图的通知》，其中含对该路段限速80公里的内容。这一重要文件距离实施时间28日零时仅有4天在济南铁路局官网上发布，对外局及相关单位以普通信件的方式传递，而且把北京机务段作为了抄送单位。

这一文件发布后，在没有确认有关单位是否收到该文件的情况下，2008年4月26日济南铁路局又发布了一个调度命令，取消了多处限速命令，其中包括事故发生段。

济南铁路局列车调度员在接到有关列车司机反映现场临时限速与运行监控器数据不符时，2008年4月28日4时02分济南铁路局补发了该段限速每小时80公里的调度命令，但该命令没有发给T195次机车乘务员（漏发了调度命令），而王村站值班员对最新临时限速命令未与T195次司机进行确认，也未认真执行车机联控。与此同时，T195次机车乘务员没有认真瞭望，4时41分最终酿成“4·28”事故发生。

（资料来源：“4·28”胶济铁路特别重大交通事故［EB/OL］. https://baike.baidu.com/item/4·28胶济铁路特别重大交通事故/5209613? fr=aladdin.）

项目四　物流安全作业行为分析与改善

【学习目标】

1. 培养求是慎行的作风。
2. 熟悉不安全行为的生理和心理因素。
3. 能根据识别的物流作业不安全行为提出控制或消除的措施。

任务一　了解不安全行为的生理因素

人的不安全行为是导致物流作业事故发生的主要直接原因。在人—机—路（环境）组成的物流作业中，随着科学技术的进步，路和机的安全可靠度得到不断提高，甚至可以接近100%，然而唯独人的安全可靠度很难提高。引起交通事故的原因很多，但从国内外大量统计数据得知，道路交通事故中70%以上是由驾驶员因素引起的。2002年，国内外因交通事故死亡109 381人，其中有85 916人死亡事故因驾驶员因素导致，占死亡总数的79%。根据对已发生事故的驾驶员进行研究，发生事故主要与他们的心理、生理素质（尤其是心理素质）存在缺陷有关。人的不安全行为产生的原因既与人的生理和心理相关，又与其所处的时间、环境等因素相关。因此，分析和改善物流作业安全管理行业行为，有必要了解人的生理、心理及行为等相关科学的知识。

有人认为驾驶错觉就是驾驶员由于心理因素在驾车行驶中发生的对事物的感知失误。对此，请谈谈你的看法

（参考答案见第91页）

一、不安全行为的生理因素

1. 视觉

人通过视觉接受的信息占80%以上，其余大部分是靠听觉来获得的。

（1）视觉现象。

人对光会因光的强弱产生以下几种常见的视觉现象。

① 光适应。人眼对光亮度变化的顺应性称为适应，有明适应和暗适应之分。暗适应是指人从光亮处进入黑暗处，开始一切看不见，需要经过一定的时间才能逐渐看清被视物的轮廓，这个过程需要20～30 min。明适应是指人从黑暗处进入光亮处，能看清被视物的轮廓，这个过程大约仅需1 min。

② 眩光。当人的视野中有极强的亮度对比时，由光源直射或反射出的刺目的、可引

起视觉功能下降的强烈光线，称为眩光。眩光造成的有害影响：使暗适应破坏，产生视觉后像；降低视网膜上的照度；减弱观察目标物与背景的对比度；观察物体时产生模糊感觉等。因此，夜间运输时，在照明不好的地方尽量使用远光灯，对面有来车时要及时把远光灯切换成近光灯，以免对面的驾驶员目眩。夜间在照明条件好的市区或路段行车，应使用近光灯，以安全的速度行驶，同时借助路灯把您的视野尽量拓宽到前照灯光以外的区域。

③ 视错觉。人在观察物体时，由于视网膜受到光线的刺激，光线不仅使神经系统产生反应，而且会在横向产生扩大范围的影响，使得视觉印象与物体的实际大小、形状存在差异，这种现象称为视错觉。视错觉是普遍存在的现象，其主要类型有形状错觉、色彩错觉及物体运动错觉等。据统计，在交通事故中由于驾驶员视错觉而引起的占35%左右。例如，一个秋天的傍晚，一辆外地货车在天津一转弯处撞到了一块涂天蓝色背景的广告牌上。据司机自己的解释说是把墙上蓝色背景的牌子误认为是一片天空。

（2）视觉损伤及视觉疲劳。

① 视觉损伤。在生产过程中，除切削颗粒、火花、飞沫、热气流、烟雾、化学物质等有形物质会造成对眼的伤害之外，强光或有害光也会造成对眼睛的伤害。研究表明：眼睛能承受的可见光的最大亮度值约为106 cd/m^2（坎德拉每平方米）。如大于此值，人眼视网膜就会受到损伤；紫外线照射4～5小时后眼睛便会充血，10～12小时后会使眼睛剧痛而不能睁眼；直视高亮度光源（如激光、日光），会引起黄斑烧伤，有可能引起无法恢复的视力减退；低照度的光环境会引起各种眼的折光缺陷或提早形成老花；眩光或照度剧烈而频繁变化的光可引起视觉机能的降低。

② 视觉疲劳。长期从事近距离工作和精细作业的工作者，由于长时间看近物或细小物体，睫状肌必须持续地收缩，这将引起视觉疲劳，甚至引起睫状肌萎缩，使其调节能力降低。长期在劣质光照环境下工作，会引起眼睛局部疲劳和全身性疲劳。全身性疲劳表现为疲倦、食欲下降、肩上肌肉僵硬发麻等自律神经失调症状；眼睛局部疲劳表现为眼病、头痛、视力下降等症状。此外，睫状肌的疲劳还可能引起近视。

（3）视觉的运动规律。

① 眼睛的水平运动比垂直运动快，即先看到水平方向的东西，后看到垂直方向的东西。所以，一般机器的外形常设计成横向的长方形。

② 视线运动的顺序习惯于从左到右、从上到下，顺时针进行。

③ 对物体尺寸的估计，水平方向比垂直方向准确、迅速，且不易疲劳。

④ 当眼睛偏离视野中心时，在偏离距离相同的情况下，观察的顺序是左上、右上、左下、右下。

• 参考答案 •

有人认为驾驶错觉就是驾驶员由于心理因素在驾车行驶中发生的对事物的感知失误。这个观点需要适当修正一下，除了心理因素会使驾驶员产生驾驶错觉外，生理和环境等客观因素也会使驾驶员产生驾驶错觉。当然也可能是两种或更多因素综合作用的结果。

⑤ 在视线突然转移的过程中，约有3%的视觉能看清目标，其余97%的视觉可能是不真实的。所以，在工作时不应有突然转移视线的要求。

⑥ 对于运动的目标，只有当其角速度大于1～2 rad/s时，且双眼的焦点同时集中在同一个目标上，才能鉴别出其运动状态。

⑦ 人眼看一个目标，要得到视觉印象，最短的注视时间为0.07～0.30 s，与照明的亮度有关。人眼视觉的暂停时间平均需要0.17 s。

不注意瞭望，突然横穿限速80 km/h的马路为什么危险，请你根据所学知识对以下场景进行判断。

若20 m外正有一辆时速80 km/h的车辆向横穿马路的人飞驰而来。

（参考答案见第93页）

2. **听觉**

听觉的功能在于可以分辨声音的高低和强弱，还可以判断环境中声源的方向和远近。

（1）听觉特性。

① 听觉绝对阈值。听觉的绝对阈值是人的听觉系统感受到最弱声音和痛觉声音的强度。在阈值以外的声音，人耳感受性降低，以致不能产生听觉。频率20 Hz、声压2×10^{-5} Pa、声强10～12 W/m^2为听阈，低于这些值的声音不能产生听觉。痛觉声音的频率为20 000 Hz、声压20 Pa、声强100 W/m^2。

② 听觉的辨别阈值。人耳对频率的感觉最灵敏，常常能感觉出频率的微小变化，而对强度的感觉次之，不如对频率的感觉灵敏。不过两者都在低频、低强度时辨别阈限较高。另外，在频率500 Hz以上的声频及声强的辨别阈限大体上趋于一个常数。

③ 辨别声音的方向和距离。在正常情况下，人两耳的听力是一致的，因此，根据声音到达两耳的强度和时间先后之差可以判断声源方向。每差1 cm，时间就差0.029 ms，这个时间差足以判断声源的方位。另外，由于头部的屏蔽作用，同样可以判断声源方位。以上两种方法，只有声源恰好在听者的正左或正右侧时才准确；其他情况下，人会转动头部。

（2）听觉的掩蔽。

一个声音被其他声音干扰而使听觉发生困难，只有提高该声音的强度才能产生听觉的现象称为声音的掩蔽。被掩蔽声音的听阈提高的现象，称为掩蔽效应。

噪声对声音的掩蔽与噪声的声压及频率有关。当噪声的声压级超过信号20～25 dB时，语言将完全被掩蔽；噪声对频率与其相近的信号的掩蔽效应最大；低频对高频的掩蔽效应较大，反之则较小；噪声越强，受掩蔽的频率范围越大。

当噪声频率正好在语言频率范围内（800～2 500 Hz）时，噪声对语言的影响最大。

3. **人的反应时间**

（1）反应时间。

反应时间包括感觉反应时间（从信息开始刺激到感觉器官有感觉所用的时间）到

开始动作所用时间（信息加工、决策、发令开始执行）之和。一般条件下，反应时间为0.1～0.5 s，对于复杂的选择性反应时间达1～3 s，要进行复杂判断和认识的反应时间平均达3～5 s。

为了保证作业安全，一方面在机器设计时应使设计的操纵速度低于人的反应速度，另一方面应通过训练不断提高操作者的反应速度。

（2）减少反应时间的途径。

一般来说，机器设备的情况、信息的强弱和信息状况等外界条件是影响反应时间的重要因素；而机器的外观造型和操纵结构是否适宜于人的操作要求以及操作者的生物力学特性等，则是直接影响动作时间的重要因素。

① 合理选择感知类型（感觉通道）。在各类感觉反应时间中，听觉的知觉反应时间最短，为0.1～0.2 s，其次是触觉和视觉。

② 适合人的生理和心理要求，按人机工程学原则设计机器。

③ 熟练的操作技术。

• 参考答案 •

飞驰而来的车辆若未采取刹车等任何措施，只需约0.91 s的时间就开到横穿马路之人的位置，根据一般条件下，人的反应时间0.1～0.5 s，简单地设定该车辆司机按照平均反应时间0.25 s，采取了刹车措施，给双方留下的时间也仅有0.66 s左右，发生车撞人，或车辆因急刹车而翻车的事故概率非常大。

⊙ 实战4.1

夜间物流运输时，驾驶人员如何在不同的环境下正确使用车灯以保证运输安全？

⊙ 自测题4.1

造成人有不安全行为的生理因素主要有哪几种？

任务二　认识不安全行为的心理特征

人的心理现象包括两个过程，如图4－1所示。

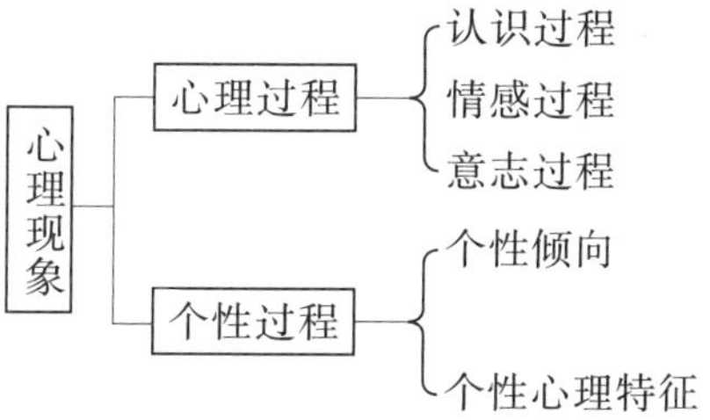

图4－1　人的心理现象涉及的两个过程

心理现象的个性过程包括个性倾向和个性心理特征。

心理倾向是人进行活动的基本动力，决定人对现实的态度。

个性心理特征是个体稳定的、经常表现出来的能力、性格、气质等心理特征的总和。个性心理特征在先天素质的基础上，在一定的社会条件下，通过个体具体的社会实践活动，在教育和环境的影响下形成和发展。

一、能力

能力指一个人对完成一定任务的方法的掌握和应用程度。掌握的方法多，且能找出最好的方法来完成任务，则能力强。影响能力的因素很多，主要有感觉、知觉和观察力，注意力，记忆力，思维想象力，操作能力等。

1. **感觉、知觉和观察力**

感觉是大脑对直接作用于感觉器官的客观事物个别属性的反映，而知觉是大脑对客观事物的整体反映，是感觉的升华。观察是有目的、有计划、比较持久地认识某种对象的知觉过程，是一个知觉、思维、言语等综合作用的智力活动，是知觉的高级形式。

有许多驾驶员，尤其是具有一定经验的驾驶员，都非常自信地认为在行驶中不需要看车速表，单凭自己的感觉便能准确地判断出汽车的速度。然而通过实验表明，这种判断的误差相当大，在高速运行时则更为明显。英国道路研究所曾在一段 65 km 的直线高速公路上做过如下试验：先让驾驶员以 100 km/h 的速度在下面三种情形下行驶，然后要求驾驶员凭主观感觉把车速降低至 60 km/h。第一次让驾驶员行驶 5 min，第二次行驶 30 km，第三次行驶 60 km。试验结果见表 4－1。

表 4－1　车速判断试验结果

试验条件	驾驶员主观估计车速为 60 km/h 的实际车速/（km/h）	误差/%
100 km/h 车速保持 5 min 后减速	66.7	11
100 km/h 车速连续行驶 30 km 后减速	75.7	26
100 km/h 车速连续行驶 60 km 后减速	80.1	34

从表 4－1 中的数据可以看出，每次试验驾驶员对实际车速的判断都偏低，而且减速前等速行驶的距离越长，车速判断的误差越大。为什么会出现这种情况呢？这是因为在长直线高速公路上等速行驶一段时间后，由于适应性的影响使驾驶员的速度感减弱，虽然实际车速很高，但主观上觉得车速并不高，从而造成速度判断错觉。这种错觉会给行车安全带来极大隐患。这种速度判断错觉对于汽车在弯道行驶是不利的。例如，车辆在进入弯道以前，驾驶员以为车速已经降低很多了，但实际上车速并不低，进入弯道后，汽车容易出现侧滑及转向困难等现象；车辆在高速公路出口处准备驶出高速公路时，如果实际车速估计过低而未充分减速，在出口匝道上就有转弯不及而碰撞护栏的危险。

请问你会如何利用表 4－1 的信息安全地驾驶车辆？
（参考答案见第 96 页）

2. **注意力**

注意力是指心理活动对一定事物的指向或集中的能力，分为无意注意、有意注意、有意后注意。

① 注意的品质。注意的广度、注意的稳定性、注意的分配和注意的转移等形成的注意的质量，对个人安全和生产安全均有重大影响。

② 注意的广度。一是指在同时间内能清楚地知觉到对象的范围大小，二是把握在时间上连续出现刺激物的数量多少。

③ 注意的稳定性。指注意长时间保持在某种事物或活动上的特性。物流运输过程中，车辆驾驶人员必须长时间保持注意，但人在连续作业中能保持高度集中注意的时间是有限的，心理学家的基本结论是：任何人的注意不能以同样的强度维持在 30 min 以上，超过 30 min，作业效率将明显下降，错误率上升，此为“30 分钟效应”。

④ 注意的分配。指在同时进行两种或两种以上的活动时，把注意指向不同的对象的特征。我们经常说“一心不能两用”，但在实际中，注意的分配不仅需要，而且可能。例如，物流作业司机开车时，不仅要注意前面的路面，还要不时用眼睛的余光扫视后视镜或周围的景物，同时耳朵还得听着机器转动是否正常等。能否合理分配注意是有条件的，即在同时进行几种活动时，对每一种活动都是熟悉的，且其中一种活动在某种程度上已达到自动化水平时，才能做到注意的分配。一个初学开货车的司机，在这方面的难度就大于熟练司机。

⑤ 注意的转移。是指根据新的任务而主动地把注意由一个对象转移到另一个对象的现象。注意转移的快慢、难易主要取决于以下因素：一是前后两种活动的性质，如果由易到难，则转移指标下降；二是目的性，如果工作要求转移，则注意转换相对较快和容易；三是人的态度，如果对后继工作不感兴趣，则转移就困难；四是训练，经过训练的，在注意转移时可以做到当行则行、当止则止。

3. **记忆力**

记忆是大脑对经历过的事物的反应，是过去感知过的事物在大脑中留下的痕迹。记忆是从认识开始的，并将感知的内容保持。根据保持的程度，记忆力分为瞬时记忆、短时记忆和长时记忆（或称永久记忆）。记忆的特征有持久性、敏捷性、精确性、准确性等。在物流作业安全管理上，记忆力好坏也会成为事故发生的因素。

为了保证物流作业安全管理，相关人员需要学习安全知识、熟悉安全操作规程、掌握机器设备的性能、分析作业过程的危险因素、预想控制危险的方案，所有这些都需要记忆。

4. **思维想象力**

思维想象是通过分析、综合、概括、抽象、比较、具体化和系统化等一系列过程，实现对感性材料的加工并转化为理性知识和解决问题的能力。思维的基本形式是概括、判断和推理。

5. **操作能力**

操作是人通过运动器官执行大脑的指令对机器进行操纵控制的过程。操作能力水平的高低，直接影响人身和设备的安全。

二、性格

1. 性格的类型

性格是人们在对待客观事物的态度和社会行为方式中区别于他人所表现出来的那些比较稳定的心理特征的总和。道德品质和意志品质是构成性格的基础。性格的类型可归纳为冷静型、活泼型、急躁型、轻浮型和迟钝型5种。

2. 性格特质

与不安全驾驶行为相关的性格特质主要包括感觉寻求、易怒特质、冲动性。

• 参考答案 •

根据表4-1的信息，行车遇到弯道、匝道等需要减速时，应及时察看车上的速度仪表确定速度，并减速至安全速度运行，而不是凭自己的经验，主观地判断车速运行，以免增加发生事故的可能性。

感觉寻求是指个体对各种新鲜、复杂的唤醒感觉和经验有一种寻求的需要。这种特质的一个关键点是对寻求新鲜刺激和探索环境的乐观倾向。感觉寻求是不安全驾驶行为的一个直接影响因素，同时感觉寻求也受到其他因素的中介或调节作用来影响不安全驾驶行为。感觉寻求者并不将超速、追尾等驾驶行为视为是危险的，反而认为这是高超驾驶技能的体现。

挫折—攻击理论指出：当人们在追求目标的过程中受到挫折时，他们的挫折感很容易产生攻击行为。而根据状态—特质理论，在受到挑衅或感到受挫的情境下，只有那些有易怒特质的司机才容易产生愤怒的状态，继而表现出攻击性的驾驶行为。

冲动性表达了个体对自身思维和行为的控制程度。冲动性被认为是冒险行为的直接预测因素，在驾驶行为研究中发现它对一般违章、攻击性违章都有直接影响。

研究者将上述不同的性格特质整合到一起预测驾驶者的不安全驾驶行为时，发现多种性格特质的加入提高了对不安全行为的预测，而感觉寻求和易怒特质在多个研究中都显示出了较强的预测作用。

安全教育的任务包括，使物流作业的作业者养成一丝不苟、踏实细致、认真负责的工作作风，不断强化劳动者的原则性、纪律性、自觉性、谦虚、克己、自律等良好品格，不断克服粗枝大叶、得过且过、懈怠、消极、狂妄、利己、自满、任性、优柔寡断等这些易于肇事的不良品格。

三、气质

气质主要表现为人的心理活动的动力学方面的特点，包括心理活动的稳定性、强度以及心理活动的指向性（外向型或内向型）等。人的气质不以活动的内容、目的或动机为转移。人的气质分为下列四种：

① 多血质型。活泼好动，反应敏捷，喜欢与人交往，注意力容易转移，兴趣易变。

② 胆汁质型。直率热情，精力旺盛，情感强烈，易于冲动。大多是热情而性急的人。

③ 黏液质型。安静、稳重，情绪不外露，反应缓慢，注意稳定且难以转移。

④ 抑郁症型。观察细微，动作滞缓。多半是情感深厚而沉默的人。

合理选择不同气质的人担任不同的工作，如要求迅速做出反应的工作交给多血质型的人，要求有条不紊、沉着冷静的工作交给黏液质型的人。

四、需要与动机

动机是由需要产生的，合理的需要能推动人以一定的方式、在一定的领域去进行积极的活动，达到预定的目标。随着经济社会的发展和教育的程度提高，人类对安全的需要变得越来越强烈，这就为安全生产，保证物流作业安全管理奠定了更好的基础。

五、情绪与情感

情绪是由肌体生理需要是否得到满足而产生的分配体验，而情感是人的社会性需要是否得到满足而产生的体验是人类特有的。情绪带有冲动性和明显的外部表现，而情感很少有冲动性，其外部表现也能被控制。情绪带有情境性，由一定的情境引起，并随情境的变化而改变，而情感既具有情境性又具有稳定性和长期性。

以下情绪会对物流作业安全管理造成影响。

（1）急躁情绪。急躁情绪的表现特征是干活利索但毛躁，求成心切、不谨慎，工作不仔细，手与心不一致，甚至会有章不循。

（2）烦躁情绪。烦躁情绪的特征表现为沉闷、不愉快、精神不集中，严重时自身的生理器官往往不能很好地协调，与外界条件也无法协调一致。

六、意志

意志是人自觉地确定目标，并调节自己的行为克服困难，以实现预定目标的心理过程，它是意识能动作用的再现。坚强的意志品质主要是指意志的坚定性、果断性、自制性，有恒心、有毅力。

⊙ 实战 4.2

请说说注意力的稳定性的“30 分钟效应”，并说说如何在物流作业中进行应用，以保障安全作业？

⊙ 自测题 4.2

当物流作业任务多、时间紧时，作业人员往往容易急躁，有人认为这是一种情感表现，请对此说说你的认识。

任务三　认识行为科学与人的不安全行为

行为科学认为，人的行为是由动机和需要支配的。动机是引起个体行为、维持该行为，并将此行为导向某一目标的念头，是产生行为的直接原因。激发人的动机的心理过程叫作激励。需要是指个体缺乏某种东西的状态，为了弥补这种缺乏就产生欲望和动力，引起并推动个体活动。需要（需求、期望、欲望）是激励的基础，是为个体感觉到并认可的激励力量。

行为科学中关于人的行为的理论很多，与安全管理联系最密切的有以下几种理论。

一、需求层次理论

1943 年美国心理学家亚伯拉罕·马斯洛提出需求层次理论，认为人具有内在动机（需求）来指导或推动自己走向自我完善和个人优越的境地。人类的需求是分层次的，由低到高，分别是：生理的需求、安全的需求、社交的需求、尊重的需求、自我实现的需求（见图 4－2）。较高层次的需求，只有在较低层次的需求得到满足后才能占优势；每个人的动机结构是不相同的，各层次的需求对行为的影响也不一致；各层次的需求相互依赖和重叠，并且是变化和发展的。

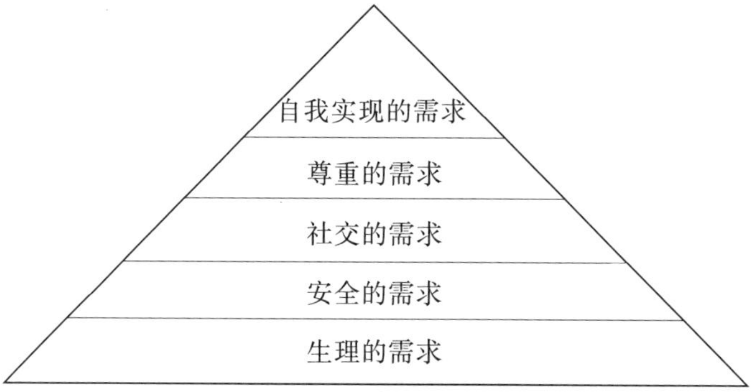

图 4－2　马斯洛需求层次理论

安全的需求要求劳动安全、职业安全、生活稳定、希望免于灾难、希望未来有保障等，是人类最需要得到满足的一种需求。在物流作业安全管理中，管理者应根据具体情况，满足物流作业者的合理需求，以激发作业者的安全动机，引导作业者自觉采取安全作业行为。

二、双因素理论

美国心理学家赫茨伯格发现，职工不满意的情绪往往是由工作环境引起的，而满意的情绪通常由工作本身产生。于是他提出了“激励因素—保健因素理论”，简称“双因素理论”。

所谓激励因素是指使人得到满足感和起激励作用的因素，即满意因素，包括成就、赞赏、工作本身的挑战性、富有责任心和上进心等。所谓保健因素，是指如果缺少它就会产生消极情绪的因素，包括企业的政策与管理、监督、工资、工作环境和同事关系等。改善保健因素、消除不满情绪能使职工维持原有的工作状态，保持积极性，但不起激励作用，不能使职工感到很满意。

三、期望理论

美国心理学家弗洛姆认为，人类行为的激发力量可用下式表示：

$$激发力量 = 效价 \times 期望值$$

式中：激发力量表示人们被激励的程度；效价指达到目标对满足个人需要的价值如何；期望值指根据个人经验估计的目标实现的概率。

弗洛姆提出了人的期望模型（见图4－3），用以表示人们的努力与获得的最终报酬之间的因果关系。

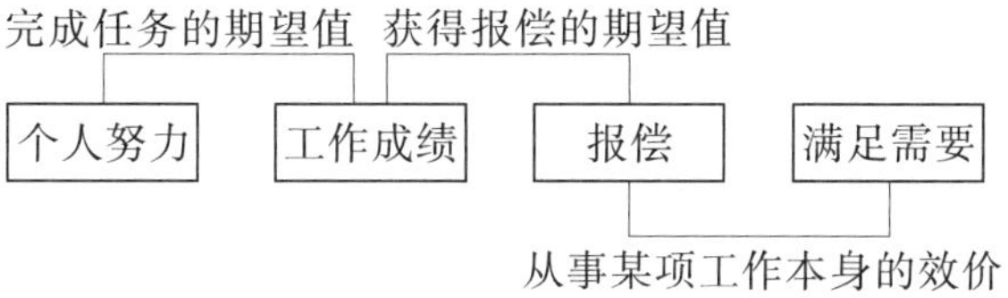

图4－3　人的期望模型

该模型把激励过程分为三个部分，即要使激发力量最大，必须处理好以下三个关系：完成任务的期望值，即个人努力与工作成绩之间的关系；获得报偿的期望值，即工作成绩与报偿之间的关系；从事某项工作本身的效价，即报偿与满足需要之间的关系。

工作成绩称为一级结果，即组织目标；报偿称为二级结果，即个人目的。对一级结果激发的动力，要看是否确信会导致二级结果，即事先能否看出工作成绩与报偿之间的因果关系，这一关系被称作媒具。总之，人们之所以趋向于做出很大努力去达到目标，那是因为他们能够完成任务，并事先知道报偿的内容和得到报偿的可能性很大。

四、动机—报偿—满足模型

劳勒和波特在期望理论的基础上，提出了更完善的劳勒—波特激励模型（见图4－4）。他们认为，努力取决于报偿的价值、报偿的概率和个人认为所需要的能力。好的经验会影响个人价值体系和在今后付出类似努力的倾向性。

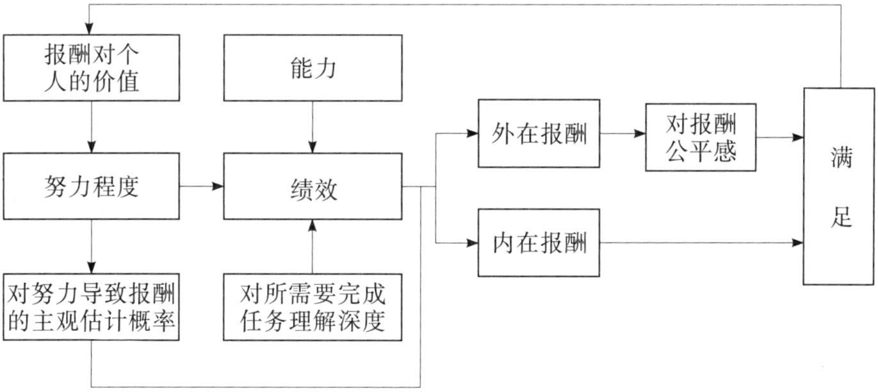

图4－4　劳勒—波特激励模型

⊙ 实战 4.3

根据劳勒—波特激励模型，物流作业人员安全生产的努力取决于哪三个方面?

⊙ 自测题 4.3

根据赫茨伯格的双因素理论，安全生产监督属于保健因素，还是激励因素？这种因素有何作用?

任务四　了解改善人的不安全行为的途径

一、建立与维持对安全作业的兴趣

安全管理人员可以利用劳动者的个性心理建立和维持其对安全作业的兴趣。

（1）自卫感。自卫感即每一个人都会害怕自己被伤害。这是个性心理特征中最强烈且普遍的一种特征。一个对伤害有认识或害怕被伤害的员工，遵守安全操作规程的自觉性会很高。但需要注意的是人的自卫感会随着危险或威胁的逐渐解除而降低，即人的自卫感与其意识到的危险程度正相关，所以在作业过程中，越是平静的作业场所或过程，越要加强监管，提醒作业人员保持如履薄冰的心态，以遵守规则作为防范事故发生的基本手段。

（2）人道感。人道感即希望替他人服务。人道主义是人类广泛具有的本质，管理者重视急救、强调拯救生命和避免灾害扩大，能使人们在人道感的主导下就作业过程中的安全问题采取行动和合作。

（3）荣誉感。荣誉感即希望与人合作，关心集体荣誉。激发物流作业人员的荣誉感，能让员工为保持本部门的安全业绩而遵守安全规程，不产生不安全行为。

（4）责任感。责任感即能认清自己所尽的义务的心理特征。有责任感的人，在物流作业中能负起安全管理所负的责任，也可指派其当安全员，或负责安全指导之类的工作。

（5）自尊心。自尊心即希望得到自我满足与受到赞赏。自尊心来自于对自己工作价值的认识与报偿，对于集体或个人的安全业绩，称赞或表扬，或用图表、统计数字来展示，或颁发奖状、奖金来激励。对自尊心强的人，赋予其物流作业安全管理管理职责时，往往会有特别积极的效果。

（6）从众性。从众性即害怕被人认为与众不同。有从众心理的人一般均愿意遵守安全规程，并容易形成安全习惯。从众性对物流作业安全管理具有正反两方面的作用：一方面可以利用制定安全标准和规程并严格执行，来推进和强化安全作业；另一方面，一旦制定的安全标准和规程未被严格执行，则可能形成众人习惯性违章，大幅增加事故发生的可能性。

（7）竞争性。竞争性即希望与人竞争。这类人在有人与其竞争，或实现一个具有挑战性的目标时，更能激发其工作干劲。例如安全行车十万公里或一百万公里、几百日或几年无事故等安全目标，对喜好竞争的人往往具有更好的效果。

（8）希望出头露面。这类人喜好从事一些面对众人的工作和事务，可指派其从事安全监督岗，在安全互检中指定其作为组长或评定人员。

（9）希望得到物质奖励和精神奖励。绝大部分的人希望得到精神上、经济上或其他形式的鼓励。当集体或个人在安全工作方面有突出表现时，可给予表扬、物质奖励、晋职等，以强化其安全行为。

上述9种建立与维持对物流安全作业的兴趣的劳动者个性心理特征模式，其实质是激发作业人员安全作业的动机。而动机又分内在动机和外在动机，试将上述9种动机按内在动机、外在动机、混合动机做一分类。

（参考答案见第102页）

二、作业标准化和执行岗位安全操作规程

根据对人的不安全行为产生原因的调查，下列三种原因占有相当比例：①不知道正确的操作方法；②已知正确的操作方法，但为了快点干完而省略了一些必要的步骤；③按自己的习惯操作。为了克服这些问题，认真推行作业标准化是一条有效的途径。

作业标准化与安全操作规程不同，安全操作规程只规定了作业人员应该做什么和不该做什么；而作业标准化则具体规定了应该怎样做和怎样做得更好。

三、安全教育与训练

安全教育训练是防止和改变不安全行为的重要途径，可增强人的安全素养，提高安全意识和技能。

安全教育可以通过三个部分进行：①安全知识教育；②安全技能教育；③安全态度教育。

安全技能训练应按照标准化作业要求进行。

技能是人为了完成具有一定意义的任务，经过训练而获得的完善化、自动化的行为方式。技能达到一定的熟练程度，具有了高度的自动化和精密的准确性，便称为技巧。

例如，打火警电话，通常要掌握四个要点进行报警。请你列出四个报警要点。

（参考答案见第103页）

技能的形成可分为三个阶段：①掌握局部动作的阶段；②初步掌握完整动作的阶段；③动作的协调和完善阶段。

训练计划注意事项：

（1）可分解动作，循序渐进。

（2）在开始阶段动作可以慢一些，而对操作的准确性要严格要求，使之打下一个良好的基础。随着练习的进展，要适当增加动作速度，逐步提高效率。

（3）要正确安排练习时间。开始阶段，每次时间不宜太长，间隔可以短一些。随着技能的掌握，可以延长间隔时间，每次练习的时间可以延长一些。

（4）练习方式要多样化。

• 参考答案 •

内在动机有：自卫感和责任感。外在动机有：荣誉感、从众性、竞争性、希望出头露面、希望得到物质奖励和精神奖励。混合动机有：人道感、自尊心。内在动机往往比外在动机更能持续地推进事物的进程。就自尊心而言，如果自尊心是内在的，而不是外在的，其持续驱动作业人员安全作业的作用甚至是永久的。

四、安全监督和检查

制度化的安全管理，监督和检查是防止物流作业人员发生不安全行为的重要途径。通过相关部门、安全技术管理人员定期或不定期的安全检查，以及作业人员自身和相互之间的检查和监督，使作业人员在生产的全过程中不断提高执行岗位安全操作规程及相关法律法规、标准的自觉性，确保物流作业人员自觉地选择安全作业行为。

安全监督和检查主要是从思想、管理、制度、现场、隐患、事故处理等方面进行。

安全监督和检查一定要深入现场，深入生产作业一线。检查时，一方面要检查企业的劳动条件、生产设备，以及相应的安全卫生设施是否符合安全要求；另一方面要检查作业过程中出现的不安全行为，如违章作业和违章指挥等。对发现的不安全行为要及时予以纠正，对不安全问题要及时监督整改。在检查隐患和不安全行为的同时，还应注意检查企业领导对安全生产认识是否正确，是否把员工的安全健康放在了第一位。

安全监督和检查也是对企业安全管理上的大检查：检查企业领导是否把安全生产工作摆上议事日程；“五同时”的要求是否得到落实（“五同时”指企业在计划、布置、检查、总结、评比生产的时候，必须同时计划、布置、检查、总结、评比安全生产）；企业各职能部门在各自业务范围内是否对安全生产负责；员工是否参与安全生产的管理活动，改善劳动条件的安全技术措施计划是否按年度编制和执行；安全技术措施费用是否按规定提取和使用；“三同时”的要求是否得到落实（“三同时”指新、改、扩、技改、革新项目在编制方案、设计、施工、验收时都必须有保证安全生产和消除有害因素的设施，这些设施与主体工程同时设计、同时施工、同时投产）；检查企业的安全教育制度，如新工人入厂的“三级教育”（即上述的安全教育的三个部分）制度，特种作业人员和调换工种工人的培训教育制度，以及各工种操作规程和岗位责任制等。

安全监督和检查还要查事故处理。检查企业对工伤事故是否及时报告、认真调查、严肃处理，发现未按“四不放过”的要求处理的事故，要重新处理，采取有效措施，防止类似事故重复发生（“四不放过”指事故原因没有查清不放过、事故责任者没有严肃处理不放过、广大职工没有受到教育不放过、防范措施没有落实不放过）。

• 参考答案 •

第一，如果有人被困火场，要突出被困的人数；第二，要讲清位置，不能简略；第三，要突出火灾形势，要往严重化估计；第四，要讲清燃烧的物质或建筑类型。如果不经过培训，一般在打火警电话时，很难按照这四个要点报火警，无法让消防队根据有效信息迅速调度消防设施和人员进行灭火救援，从而贻误灭火救援的最佳时机，造成损失扩大。

⊙ 实战 4.4

你认为从众性对物流安全作业有利还是有弊？

⊙ 自测题 4.4

改善人的不安全行为的途径有哪些？

项目五　物流作业中人的失误分析与预防

【学习目标】

1. 培养遵章守纪，规范作业的习惯。
2. 了解物流作业中人失误的类型和原因。
3. 掌握预防疲劳的方法。
4. 能防止常见的物流作业中的人失误。

任务一　了解物流作业中人的失误

某企业一台电力机车因中途断电而停止运行，司机恰好又在这时接到一个电话，随后司机忘记采取制动措施就离车。不久后线路恢复供电，这台无人驾驶的机车自动跑起来，幸亏另一位作业人员发现后，临危不惧，迅速追上机车，拉下刹车，才避免了事故的扩大。这是一起典型的人失误事件，虽然由于及时发现，并采取了有力的措施，才没有造成严重的后果，但这样的人失误，发生更严重后果的可能性非常大，是物流作业中必须得到有效控制的行为。

石红国等在分析了中国铁路1895—2015年发生的121起危险货物运输事故后指出，人的不安全行为造成事故的主要原因有：①托运人安全责任意识不强，为追求经济效益超装、匿报品名、使用不合格包装等；②押运人安全责任意识淡薄，擅离职守，不能及时发现事故隐患，或事故发生时不能及时处理；③装卸人员多为进城务工人员，且值班货运员几乎不对装卸人员进行作业安全指导，装卸人员缺乏危险货物装卸作业的安全知识，不懂得危险货物装卸搬运的安全作业标准；④编组作业时工作人员安全意识不强，违规超速，违规溜放作业。

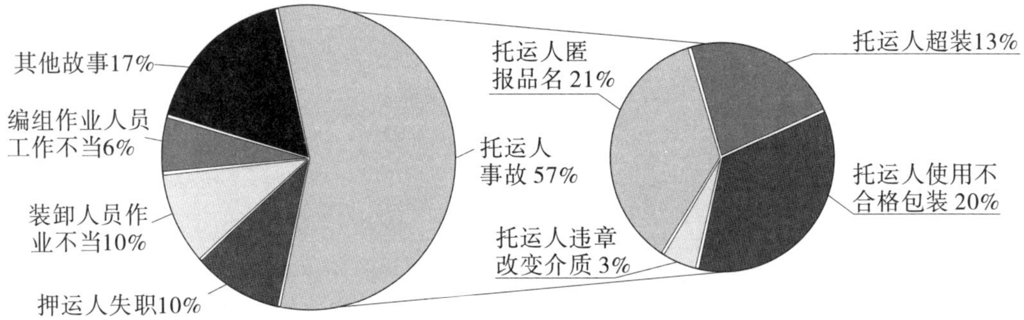

（a）121起责任事故分布　　（b）托运人事故分类

图5-1　中国铁路1895—2015年发生的121起危险货物运输事故责任分布图

有学者提出“货运员几乎不对装卸人员进行作业安全指导，装卸人员缺乏危险货物装卸作业的安全知识”。而许多企业对装卸作业的安全总结则是“作业前，由当班货运值班员和装卸值班员共同主持班前会，按照分工对本班安全预警进行提示，并布置当天重点工作；作业中，装卸人员在货运员指导下进行装卸车作业，加强作业安全与质量检查，严格执行交接验收制度，确保装车质量。”面对装卸作业，为何有两种截然不同的结论？你如何看待这一矛盾，又如何解决？

（参考答案见第 106 页）

一、人失误及分类

人失误是指人的行为的结果偏离了规定的目标，并产生了不良的影响。按人失误产生的原因可以把人失误分为三类。

（1）随机失误。由于人的行为、动作的随机性引起的人失误。如脚踩油门时由于用力的大小、精确度存在偏差，造成给油过多，车速瞬间超出预想的范围，叠加特殊情况，如前有急弯、路障等，导致车辆发生事故的概率变大。

（2）系统失误。造成系统失误的原因主要有两类：一是对工作任务的要求超出了人的能力范围；二是在正常作业条件下形成的下意识行动、习惯做法。

例如，在工作场所遇到油污的地面，是下意识地避开，还是习惯性地打扫清理干净，在消除或避免系统失误上有很大的差别。每一个人的能力都是有限的，每个组织的能力也是有限的，但很多情况下，组织对个人的工作任务要求超出其能力范围已成常态，如果对作业组织者的任务要求超出其能力范围，就很容易造成系统失误。在以往发生系统失误而造成事故的类别中，对完成时间提出更高的要求，例如，上级部门出于各种原因，要求缩短工期，在物流服务中提出更快送达，就容易造成系统失误。

（3）偶发失误。一些偶然的过失行为，往往是事先难以预料的意外行为，如作业人员偶尔违反操作规程、劳动纪律等。

现在的生产系统能力越来越强，也越来越复杂，要求越来越高，以前作业人员毫不在意、不起眼的小失误，在现在复杂的系统都可能造成系统性的崩溃，引发重大事故。如何防控细微的失误，消除可能导致事故，尤其是重大事故的隐患，是整个作业系统需要解决的重要问题。

二、信息处理与人失误

1. 人的信息处理过程

人的信息处理过程可以简单地表示为输入—处理—输出。输入是经过人的感官接受外界刺激或信息的过程。在处理时，大脑把输入的刺激或信息进行选择、记忆、比较和判断，进而做出决策。输出是通过人的运动器官和语言器官将决策付诸实践的过程。

在作业过程中，新员工往往因缺乏经验或训练而失误，经验需要实践和时间来积累，训练则通过培训来解决；老员工则往往由于信息处理过程中对信息的压缩处理而产生失误。

2. 信息处理过程中的人失误倾向

(1) 简单化。人具有图省力、把事物简单化的倾向。如在工作中把自认为与当前操作无关的步骤舍去，或拆掉安全防护装置等。

(2) 依赖性。人具有依赖性，喜欢依赖他人或他物。

(3) 选择性。对输入的信息进行快速扫描并选择，按轻重缓急排序处理。这使得人的注意力过于集中在某些特定的事物，而忽视其他方面。

(4) 经验与熟练。对一项操作熟练后，导致不经大脑处理而下意识地直接行动。这有利于熟练、高效地作业，但条件反射式的行为在一些特殊情况下是有害的。

(5) 简单推断。眼前事物与过去经验相符合时，人就容易认为事物将按照以往的经验发展下去，从而对其余的可能性不加考虑地排斥。

(6) 粗枝大叶，走马观花。输入的信息由于已熟悉、太多、太快等原因，观察者会不认真观察，或无法仔细观察，造成一些关键性的细节被忽略。

每个人或强或弱地具有这六种特性，但同时也会相应地具有与此相对的特性。例如，一个人如果具有认真负责的特性，就会抑制住“粗枝大叶，走马观花”“简单推断”等特性的呈现。因此要抑制或消除信息处理过程中的人失误倾向，应培养和树立与这六种失误倾向相对立的特性。

三、信息处理过程中的人失误表现及其产生原因

日本安全评价研究会根据人的信息处理过程，总结归纳了化工企业生产操作过程中人失误的表现形式及其产生原因，将人失误分为五大类，每一大类中分别包含若干种人失误的表现形式。这一研究成果对物流作业过程的人失误问题的分析处理具有很好的借鉴意义。

• 参考答案 •

(1) 关于装卸安全作业中的两种截然相反的结论在我国都成立，产生矛盾结论也就成为必然。重点需要讨论的是学者提出的结论如何得到重视。

(2) 对于学者提出的装卸安全作业中存在的问题，在一些企业甚至许多企业的确存在，这些企业对此可能有不同的处理方法。①已认识到装卸安全作业存在各种问题，并认真积极地进行整改；②虽然认识到装卸安全作业存在各种问题，但不认真积极地进行整改；③未发现装卸安全作业存在的各种问题；④对发现装卸安全作业存在的各种问题故意隐瞒，甚至进行虚假“美化”总结，欺下瞒上。③④两种情况往往需要强力的外部安全监管及时介入，才可能降低生产事故发生的概率。

(3) 如果企业对装卸安全作业的总结是事实，则该企业是安全生产知行合一之典范，值得奖励和推广学习。

他们调查了338起造成伤害的事故（见表5－1），发现在接收信息和判断决策部分，人失误所占比例最大，尤以“没确认”和“判断失误”发生最多。

表 5－1 失误的表现及其产生的原因

A. 没有正确提供和传达作业信息
（1）没有提供、表达信息 （2）信息的内容不明确或被误解 （3）位置或传达的方法不适当，不能一目了然 （4）环境条件不完善或受到环境的干扰（如黑暗和噪声等）
B. 识别、确认的失误
B1. 没有感觉输入 （1）正在听或看其他事物 （2）感觉器官被遮挡（如戴墨镜、塞耳塞等） （3）感觉器官性能下降 B2. 感觉错误 （1）对长度、形状、距离、高度、速度及文字的阅读等感觉错误 （2）错觉 （3）仪表读数及文字读错 B3. 辨认错误 （1）形状和颜色相似的物品并列 （2）记忆错误，记错了事物的性质或名称 B4. 漏识 （1）对提供的信息不懂（知识或经验不足） （2）时间紧迫，惊慌失措，没有注意到提供的信息 （3）正在注意和思考其他问题 （4）从事单调作业，因厌倦疲劳而心不在焉 B5. 没确认 （1）自以为是，未予确认 （2）认为同伴已经确认，而未加过问
C. 判断、决策失误
C1. 判断失误 （1）记忆错误而用错了分析问题的理论和方法 （2）过去虽知道但一时未想起来，继续以原来的习惯方式做事 （3）有过类似的经验，不以为意，轻率从事 （4）情况复杂，千头万绪，头脑混乱 （5）重复单调作业，因疲劳而头脑模糊 C2. 判断决策缺陷、忘记 （1）时间紧迫，状态严峻，无思考余地 （2）为他事缠绕，精力不集中 （3）刚从紧张气氛中解脱，希望获得轻松

续上表

（4）认为工作已结束，问题应当不复存在 C3．决策和动作失误 （1）以为同伴知道，自己既没做也不同对方联系 （2）出现习惯性动作、反射性动作 （3）未加思考，顺手就干 （4）控制不住感情冲动，胡乱操作 （5）拿不准主意，动手迟缓 （6）其他
D．操作、动作失误
D1．姿势错乱 （1）连续屈身后，不自觉地伸腰 （2）起立时，身摇目眩 D2．动作错误（无意义的动作） （1）紧张之余，导致意识僵化 （2）用力过猛、节奏过快，不合时宜 （3）由于疲劳，动作失调、鲁莽 D3．动作遗漏（程序错误） （1）时间紧迫、事态严峻，跳跃程序，超前行动 （2）连续从事单调作业，使程序混乱，遗漏操作 （3）操作意外中断，致使后续工作失常 （4）有心事，左顾右盼，操作程序错乱漏项 D4．选错了操作对象 （1）分神于意外事物，弄错对象 （2）形状、大小相同的开关并列，选择错误 D5．操作方向错误 （1）动作不协调 （2）心不在焉，反向操作
E．对操作后果确认失误（反馈失误）
E1．对操作后果未觉察 （1）操作后果无反馈 （2）对反馈信息没辨认出来 （3）把确认的反馈信息忘了 E2．对操作失误有觉察，但对发生在何处、因何缘故辨认不清

（资料来源：罗云，等．现代安全管理［M］．2版．北京：化学工业出版社，2016）

在一个系统中，导致事故的过程与保证安全的过程虽然是同一个过程，但发生的机制却是不对等的。每一个失误都可能单独导致事故发生，但要保证安全，却需要控制每一个失误的发生。消除小失误，避免大事故。

⊙ 实战 5.1

脚踩油门时，由于用力的大小、精确度存在偏差，造成给油过多，车速瞬间超出预想的范围，叠加特殊情况，如前有急弯、路障等，导致车辆发生事故的概率变大。这种失误属于何种类型的失误？能给几条控制这一失误的措施吗？

⊙ 自测题 5.1

试列出信息处理过程中的人失误的 5 种表现。

任务二　人的失误致因分析

一、概述

费雷尔认为，人失误是由于下列三个方面的原因：①过负荷；②与外界刺激要求不一致的反应；③由于不知道正确的方法或故意采取不恰当的行动。

皮特森在费雷尔理论的基础上提出，事故原因包括人失误和管理缺陷两方面的原因；而决策错误、人机学原因及过负荷是造成人失误的原因（见图 5 – 2）。

二、影响人失误的个人因素

1. **硬件方面**

（1）生理状态。生理状态是导致人失误的影响因素之一，如疲劳、睡眠不足、醉酒、饥饿等引起的低血糖等生理状态的变化，会影响大脑的意识水平。主要是会降低人的判断力和行为能力，造成判断失误和操作失误。生产环境中的温度、照明、噪声及振动等物理因素及倒班、人体生物节律等因素同样会影响人的生理状态。

（2）身体状态。身体各部分的尺寸，各方向用力的大小，视力、听力及灵敏性等。

（3）病理状态。疾病、心理或精神异常、慢性酒精中毒、脑外伤后遗症等因素，会影响大脑的意识水平。

（4）药理状态。服用某些药剂而产生的药理反应容易导致人失误。例如治疗胃肠道疼痛时，服用阿托品容易产生视物不清，服用氯喹会引起视网膜变性，服用氨基糖苷类抗生素会引起的耳聋等副作用。

2. **心理状态**

恐慌、焦虑会扰乱正常的信息处理过程；过于自信、头脑发热也会妨碍正常的信息处理；社会、家庭的变化导致的情绪不安定会分散注意力，甚至忘了必要的操作；生产作业环境、工作负荷及人际关系等因素也会影响人的心理状态。

3. **软件状态**

软件状态包括技能的熟练程度、按规则行动的能力及知识水平。经过职业教育和训练及长期工作实践，可提高软件水平。

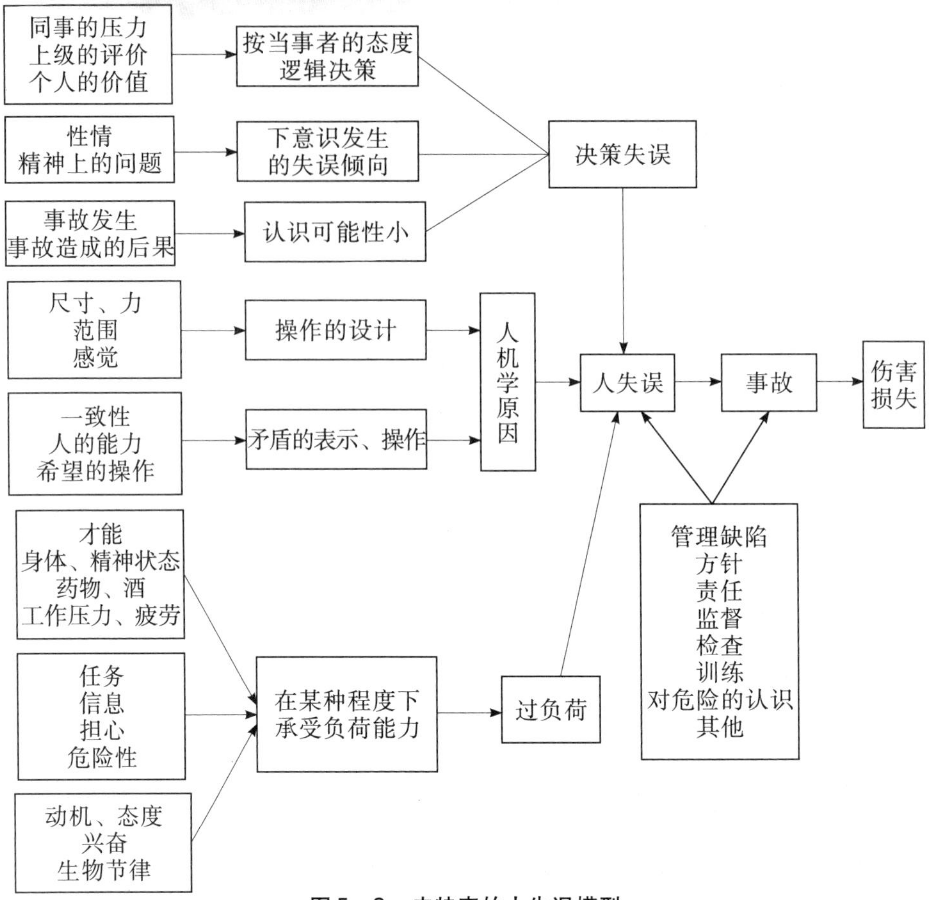

图5－2　皮特森的人失误模型

日本学者黑田把上述生理的（Physiological）、身体的（Physical）、病理的（Pathological）、药理的（Pharmacological）、心理的（Psychological）及社会心理的（Psychosocial）状态统称为影响人可靠性的6P。

三、影响人失误的外部因素

1. 工作环境

工作环境因素有：

（1）建筑学特征。建筑学特征指空间大小、距离、配置，物体的大小、数量等工作场所的几何特征。人有图省事的倾向，如操作人员习惯于从远处读取分散在不同地点的仪表而容易把数字读错。

（2）物理环境的质量。物理环境的质量指温度、湿度、粉尘、噪声、振动、肮脏及热辐射等影响人的健康的条件。恶劣的环境也会增加人的心理紧张度。在恶臭及高温等环境下，操作人员急于尽快结束工作而容易造成失误。

（3）劳动与休息。作息时间分配不当及休息不好可导致工作失误。例如，物流企业的驾驶员由于工作的特殊性，工作和休息可能没有固定时间，但也应尽量根据自己的生物节律来安排好工作和休息，这样不仅有利于身体健康，同时也有利于行车安全。

（4）装置、工具、消耗品等的质量及利用可能性。装置、工具、消耗品等的质量不合格或由于某种原因而影响使用会增大人失误的可能性。

（5）人员安排。人员安排不合适时，会增加职工的心理紧张度。例如安排有恐高症的员工进行高处作业，其紧张心理极易导致失误。

（6）组织机构。职权范围不明晰、责任不清都会对职工的心理产生不良影响，而且在行为上也会与安全要求产生差距，导致发生失误的可能性增大。例如：

2013 年 11 月 25 日下午，安全检查组来到中国石油西安西油库进行检查。这是西安最大的成品油储备库之一，承担着为西安市及周边区域提供成品油的重任。经过严格检查，检查组人员将手机、打火机等物品统一保管，在进行人体静电释放后才被允许进入库区。

检查人员来到清水泵房，一名头戴安全帽的管理员打开泵房大门，指着屋内被擦洗得干干净净的三个大水泵说："我们每天都试泵一次，以保证水泵工作正常。"

"这些水泵的流量分别是多少?"检查组里的消防人员问。

"这上面都写着呢!"泵房管理员走近一台水泵，在标签上看了一阵子，但仍没能给出准确答案。

"一旦出现事故，水泵要在多长时间内启动?"检查人员问。

"3 分钟!"泵房管理员用较低的声音说。

"是 30 秒！师傅!"检查人员说，"水泵是灭火抢险的关键，如果在 3 分钟内启动，后果可能会严重得多。请试启动一下。"

泵房管理员又是一番手忙脚乱，甚至连按哪个按钮都犹豫不决，后来还是在他人的提示下启动了水泵。

（资料来源：水泵启动要 30 秒还是 3 分钟　管理员搞不清楚 [N]. 华商报，2013 - 11 - 26）

像这样对自己应知的职责不知、应会的技能不会的作业人员，一旦发生火灾时，其操作失误必是大概率事件。这种情况在安全生产负有主体责任的企业中并非个例，这对安全生产十分不利，解决之道应以企业提高认知入手，再施以强力监管。

（7）人际关系。人际关系不好，会增加物流作业人员的心理负担与紧张程度，可能会导致作业人员操作失误率增大。物流作业人员与安全管理人员的工作交往过程中的行为是受安全规章制度所制约的行为，决定了他们之间的关系是被管理者与管理者的关系。采取适当的人际交往方式，处理和协调好人际关系，可以避免管理者与被管理者的心理冲突，使安全管理者的思想行为渗透到被管理者的思想中，在安全管理上达成共识，让被管理者自觉遵守各种安全规章制度，从而更利于安全管理各项制度的执行和现场的安全管理。

（8）报酬、利益。报酬和利益是员工非常关心的因素，由于个人利益得不到保障，容易导致人的心情不好而引起心理紧张。例如，某物流企业运输管理部门制定一项关于油料与生产任务完成率月考核指标，指标一宣布，便引起了一些驾驶员的不满。他们认为，指标没有全面考虑运输现场的实际情况，如线路堵车情况，车辆的车型、新旧等，都会对油耗有很大的影响，按照该指标考核，他们的收入会受到影响。运输管理部门根据他们的意见，重新制定考核指标，根据车辆车型、新旧，线路等各种情况采取上下浮动性指标，使油料消耗与生产任务完成率考核和现场实际生产条件相吻合。这样一来，驾驶员的不满情绪得到消除，促进了企业安全生产的正常开展。

2. 工作指令

工作指令包括书面规程、口头命令、警告等形式。正确的工作指令有利于正确地进行信息处理。

3. 工作任务及装置特性

（1）知觉的要求：视觉指示比其他种类的指示（如听觉等）的指示更常用，但是人的视力也有局限性。

（2）动作的要求：人的手足动作的速度、精度及力量是有限的。

（3）记忆的要求：短期记忆的可靠性不如长期记忆。

（4）计算的要求：人进行计算的可靠性较低。

（5）有无反馈：反馈可调动主动性和积极性。

（6）班组结构：有时一人干某项工作需由他人监督，人与人之间良好的协作关系有助于降低失误率。

（7）人机接口：人机接口是否符合安全人机学原理，对失误率的高低具有较大的影响。

四、决策失误

决策失误理论认为，事故的发生是由于人对外界刺激反应失误引起的。

在项目三的任务四中，我们曾学习过威格勒斯沃斯对人失误的相关研究。下面再简单地回顾一下项目三的任务六中的决策失误理论——瑟利事故模型（见图3－6），进一步说明人失误在事故中的地位。

在瑟利模型中，假定危险的出现是由于人的行为失误造成的，在危险出现时，由于人的失误造成了伤害或损坏。这样，把伤亡事故过程划分为危险出现和造成伤害两个阶段。这两个阶段都涉及人的信息处理过程，即知觉、认识及反应三个环节，其中每个环节中的失误都会使情况恶化。

该模型适用于描述危险局面出现得比较缓慢而不及时改正则有可能发生事故的情况下，作业人员、安全员、管理者的决策与事故间的关系。

附录3“天津港‘8·12’瑞海公司危险品仓库特别重大火灾爆炸事故调查”对该模型的学习具有极大的参考意义。

⊙ 实战5.2

费雷尔认为，人失误是由于下列三个方面的原因：①过负荷；②与外界刺激要求不一致的反应；③由于不知道正确的方法或故意采取不恰当的行动。若将这三个原因看成三个结果，这三个结果又可能分别是由什么原因造成的？

⊙ 自测题5.2

根据皮特森的人失误模型，可能造成人失误的是哪四种因素？

任务三　心理紧张与人的失误

一、信息处理能力与心理紧张

“不注意”是大脑正常活动的一种状态，注意力集中程度取决于大脑的意识水平（警觉度），意识水平降低而引起信息处理能力的降低是发生人失误的内在原因。根据人脑电波的变化情况，可以把大脑的意识水平划分为无意识、迟钝、被动、能动和大脑出现空白五个等级：

（1）无意识：在熟睡或癫痫发作等情况下，大脑完全停止工作，不能进行任何信息处理，此时大脑处于无意识状态。

（2）迟钝：过度疲劳或者从事单调的作业以及困倦或醉酒时，大脑对外界信息的反应非常迟钝，信息处理能力极低。

（3）被动：从事熟悉的、重复性的工作时，大脑被动地活动。

（4）能动：从事复杂的、不太熟悉的工作时，大脑清晰而高效地工作，积极地发现问题和思考问题，主动地进行信息处理。但是，这种状态仅能维持较短的时间，然后进入被动状态。

（5）大脑出现空白：恐慌、工作任务过重以及精神过度紧张或恐惧时，会出现大脑“空白”现象，信息处理过程中断。

人的大脑意识水平与心理紧张度有密切的关系，而心理紧张度主要取决于工作任务对人的信息处理要求情况。

由图 5－3 可以看出，人的信息处理能力与心理紧张度之间存在着最优状态，此时大脑的意识水平经常处于能动状态，信息处理能力最高，失误最少。心理紧张度可以划分为四个等级：极低紧张度、最优紧张度、稍高紧张度、极高紧张度。

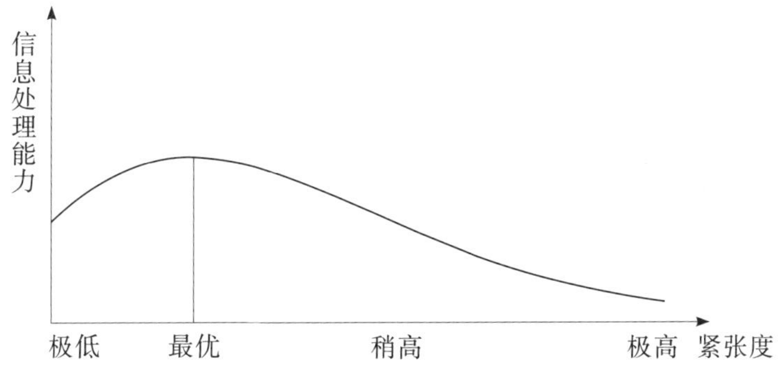

图 5－3　人的信息处理能力与心理紧张度之间关系图

除了工作任务之外，还有许多增加心理紧张度的因素，如饮酒后的反应、疲劳等生理因素，不安、焦虑等心理因素，照明不良、温度异常及噪声等环境因素。心理紧张度还与个人经验及技能有关，缺乏经验及操作不熟练的人心理紧张度较高。

二、紧急情况下人的行为特征

在面临危险时，大脑活动紧张度较高，在信息处理方面往往有如下倾向：

① 注意力集中于异常事物而忽略其他。

② 产生幻觉或错觉，如弄错颜色和形状，把尺寸或运动速度、状态弄错。

③ 收集信息的精度降低，如为了在有限时间内获得尽量多的信息而走马观花、粗枝大叶。

④ 由于过分紧张而被动地旁观，不能主动地收集信息。

⑤ 分不清轻重缓急，缺乏对信息的选择能力。

⑥ 一时想不起以前曾记住的事情，或回想起一些无关的事情。

⑦ 很难做出全面判断，只能根据手头的一点信息做出一些简单的决策。

⑧ 不能进行定量判断而只能定性思考。

⑨ 对做出的判断正确与否不加验证。

⑩ 下意识地按习惯或经验行动。

⑪ 思考问题简单，对形势做悲观的估计。

⑫ 大脑空白，不能进行信息处理。

紧张时，运动器官动作不灵活，人的动作特征表现为动作不协调、弄错操作对象或操作方向。由于肌肉紧张和缺乏反馈，往往动作生硬、用力过猛。

恐惧时作为动物的一种本能，往往产生肌肉收缩，使人不能正常行动。

例如，火灾时处于困境中的人有如下表现：

① 对火灾现场力的恐惧性。火灾现场力是一种具有破坏性的、令人害怕的力。

② 趋光性。人在此时害怕黑暗，认为光亮处安全而努力奔向有光的方向。

③ 奔向开阔的空间。人在此时怕被关在有危险的建筑物里而奔向外面敞开的空间以求安全。

④ 向隅性。由于恐惧，人常逃向隅角把自己藏起来。

⑤ 从众性。自己不能冷静地判断，看见别人怎么做自己就怎么做，盲目地追从。

⑥ 绝望行动。人在此时极易悲观地估计形势，做出跳车等绝望动作。

针对紧急时人的行动特征，为避免发生伤害事故，一方面可在有关的物的方面采取措施，使之适合紧急状态时人的行为特点；另一方面主要是通过经常的应急训练，增强人的应变能力。

⊙ 实战 5.3

心理紧张度可划分为哪四个等级？在哪一个等级处理信息时失误最少？你认为作业人员的紧张度等级极有可能会随着哪个因素发生变化？

⊙ 自测题 5.3

根据人的脑电波的变化情况，可以把大脑的意识水平划分为哪几个等级？列举一个情景分析大脑的意识水平等级，并指出其对安全生产的影响。

任务四　作业疲劳及其预防

一、疲劳及其产生机理

疲劳是指在长时间连续或过度活动后引起的机体不适和工作绩效下降的现象。无论体力劳动还是脑力劳动，都会产生疲劳。这是由于长时间的体力活动，使得体内储存的能量和潜能耗尽，导致体内生物化学环境失调，使得确保活动的各个系统工作失调，从而产生了疲劳；长时间的脑力活动，致使大脑中枢神经系统从兴奋状态转为抑制状态，导致思维活动迟缓，注意力不集中，动作反应迟钝，从而出现疲劳状态。

简单重复的作业非常单调，很容易让作业人员产生心理疲劳，进而导致作业事故的概率增加。如果自己现在需要从事一项简单重复的作业，你能为自己找到某种方法，避免自己因作业单调而陷入心理疲劳吗？

（参考答案见第 116 页）

二、疲劳的主要特征

1. 休息的欲望

人的肌肉和大脑经过长时间的大量活动后会出现“累了”或“需要休息”的疲劳感觉，而且身体的各个部分都会出现疲劳症状。例如颈部酸软、头昏眼花，这时人会产生休息的欲望，而且这种欲望如果未得到满足，会变得越来越强烈，注意力、控制力等会下降。

2. 心理功能下降

疲劳会使反应速度、注意力集中程度、判断力都相应减弱，同时还会出现思维放缓、健忘、迟钝等。

3. 生理功能下降

疲劳会出现如下生理现象：

（1）消化系统：口渴、呕吐、腹痛、食欲不振、便秘、消化不良、腹胀。

（2）循环系统：心跳加速、心口痛、头昏、眼花、面红耳赤、手脚发冷、嘴唇发紫。

（3）呼吸系统：呼吸困难、胸闷、气短、喉头干燥。

（4）新陈代谢系统：盗汗、身体发热。

（5）肌肉骨骼系统：肌肉疼痛、关节酸痛、腰酸、肩痛、手脚酸痛。

在出现以上各种现象的同时，眼睛会觉得发红发痛，出现眼皮下垂、视觉模糊、视敏度下降、泪水增多、眼睛发干、眼球颤动、刺眼感、眨眼次数增多等现象；听力也会相对下降，出现辨不清方位和声音大小，耳内轰鸣，感觉烦躁、恍惚等现象。此外，甚至会出现尿频或尿量减少等现象。

4. 作业姿势异常

作业时，立姿最容易疲劳，其次是坐姿，卧姿最不易疲劳。疲劳会导致作业姿势异常。

5. **工作的质量下降**

疲劳会导致工作质量和速度下降，使差错率增加，进而可能导致事故的发生。

三、疲劳的分类

根据疲劳发生的功能特点，可以将疲劳分为生理性疲劳和心理性疲劳。

1. **生理性疲劳**

生理性疲劳是指由于长期持续活动使人体生理功能失调而引起的疲劳。例如司机长时间连续驾驶后，会出现盗汗、心跳变缓、手脚发冷或发热等现象，这些都是生理疲劳的表现。生理疲劳又分为肌肉疲劳、中枢神经系统疲劳、感官疲劳等。

（1）肌肉疲劳是指由于某种原因人体肌肉组织持久重复收缩、能量减弱，从而使工作能力下降的现象。

（2）中枢神经系统疲劳也称脑力疲劳，是指人在活动中由于用脑过度，大脑神经活动处于抑制状态的现象。

（3）感官疲劳是指人的感官由于长时间活动而导致机能暂时下降的现象。

2. **心理性疲劳**

心理性疲劳是指在活动过程中过度使用心理能力而使其他功能降低的现象，或者长期单调地进行重复简单作业而产生的厌倦心理。

心理疲劳和生理疲劳有着显著的区别，它与群体的心理气氛、工作环境、工作态度和工作动机以及人际关系、自身的家庭关系、工作的薪金等诸多因素有着密切的关系。例如，在强度很大的物流作业技能比赛后，胜负双方疲劳的感觉是完全不同的：负方往往身心疲惫；胜方则较少出现这样的状况，更多是获胜后的喜悦。

四、引起疲劳的原因

（1）简单重复，工作单调。

（2）超负荷和持久的体力或脑力劳动。

（3）作业环境不良。

（4）不良的精神因素。

（5）人的身机体状况不良，以及长期劳逸安排不当。

（6）机器本身未按人机工程学原理设计。

• 参考答案 •

当然将简单重复的作业交由机器来承担是一个很好的解决方案。但现在只能由人工，就是自己来承担，为了避免自己因单调重复作业而陷入心理疲劳，使作业事故发生的概率增加，可以在保证安全和质量的前提下，发起跟自己或他人的作业比赛，尽量缩短单位作业时间，这也许是一个有趣的作业过程。

五、预防疲劳的措施

1. 合理安排休息时间

（1）工间暂歇。心理学家认为，每个基本动作（操作单元）之间至少应该有零点几秒到几秒的间歇，以减轻员工工作的紧张程度。

（2）工间休息。心理学家指出：休息次数太少，难以消除疲劳；休息次数太多会影响作业者对工作环境的适应性与中断对工作的兴趣，也会影响工作效率。因此，工间休息必须根据作业的性质和条件而定。

（3）工余时间的休息。工作后生理或多或少有些疲劳，因此注意工余时间的休息同样重要，尤其再次工作前应保证得到了充足的休息，之前的疲劳已被消除。

2. 适当调整轮班工作制度，合理安排作业休息制度

研究表明，长期从事夜班工作有损人的健康、影响工作效率、降低生活质量。最好的方法是将所有采取的轮班工作制度彻底消除，但这一方法对于物流作业并不适用，因为物流作业的时间可能需要 24 小时不间断，而且最佳大批量作业时间是在 19：00—6：00，因此适当调整轮班工作制度，合理安排作业休息制度就成为物流作业企业安全管理的重要方面。

（1）调整轮班工作制度的周期。研究表明，班次更迭过快，员工对昼夜生理节律改变的调节难以适应，势必使大部分员工始终处于不适应状态。因此，轮班最好一个月以上才轮换一次，每个月的夜班次数最多不超过 14 天。

我国企业以往主要实行的是“三班三运转制”，即早班、中班、晚班各连续工作一周后轮班，每周休息一天。目前，已有一些企业实行“四班三运转制”，即二天白班、二天中班、二天夜班、二天空班；或实行“四六工作制”，即每天四班倒，每班工作六小时。这些新的轮班工作制度的特点是缩短工作时间，使轮班制对人体的生物节律的干扰降低，以提高工作效率。

（2）对轮班工作的员工的休息给予较好的照顾。在休息、膳食和交通等方面，对轮班的员工给予较好的照顾是企业安全管理方面需要考虑的事项。

3. 改进作业方法，合理分配体力

正确选择作业方法，使作业者有一种合理的操作姿态；尽量降低由于单调重复的作业引发的不良影响，可以采取变换工作内容、岗位或工作环境等来调整单调乏味的作业。

4. 改善环境条件及其他因素

科学地进行作业场所布局，设置合理的温度、湿度，确保充足的照明，降低或消除作业场所中的噪声、粉尘以及其他的有毒有害物质，让员工在一个清洁、有序、舒适的作业场所工作，是减少疲劳的重要手段。

5. 物流作业驾驶人员如何预防疲劳驾驶

物流作业驾驶人员疲劳时判断能力下降、反应迟钝和操作失误增加。驾驶员处于轻微疲劳时，会出现换挡不及时、不准确；中度疲劳时，操作动作呆滞，有时甚至会忘记操作；处于重度疲劳时，往往会下意识操作或出现短时间睡眠现象，严重时会失去对车辆的控制能力。

当驾驶员感到疲劳时，如果驾驶的是货车，应及时驶离道路，停到安全地带休息，适时地减轻疲劳程度，恢复清醒。

解除驾驶疲劳的方法有多种多样，如休息或小睡、用清凉空气或冷水刺激面部、喝一杯热茶或热咖啡、吃或喝一些酸或辣的刺激食物、到驾驶室外活动肢体、收听轻音乐、做弯腰动作、进行深呼吸、用双手以适当的力度拍打头部等。但这些方法只能是暂时缓解疲劳感，并不能从根本上解除疲劳。睡眠是缓解疲劳、恢复清醒的最可靠、最有效的方法。

防止疲劳驾驶的几点建议如下：

① 长途出行之前要保证有充足的睡眠。

② 不要服用使自己困倦的任何药物。

③ 不要长时间连续驾驶，尽量不在深夜驾驶。

④ 保持驾驶室空气畅通、温度和湿度适宜，减少噪声干扰。

你认为驾驶人员连续驾驶 4 小时以上，是否应该停车休息？如果应该，停车休息时间不得少于多少？

（参考答案见第 119 页）

⊙ 实战 5.4

通常来说，夜班与人类的生理规律存在冲突，请你试列举出三项解决这一冲突的有效对策。

⊙ 自测题 5.4

疲劳会导致哪些问题？

任务五　人的失误的预防

一、人的行为层次与安全教育

拉氏姆逊把生产过程中人的行为划分为反射层次、规则层次、知识层次三个方面。

① 反射层次的行为发生在外界刺激与以前的经验一致时，属于熟练的操作。

② 规则层次的行为发生在操作较复杂时，人需要首先判断应按怎样的操作步骤进行操作，然后再按选定的程序进行。

③ 知识层次的行为是最高层次的行为，发生前需要观察周围情况，进而判断事物的进展情况并思考如何采取行动。

相应地，安全技能教育分为反射操作层次行为教育、规则层次行为教育、知识层次行为教育（见图 5－4）。

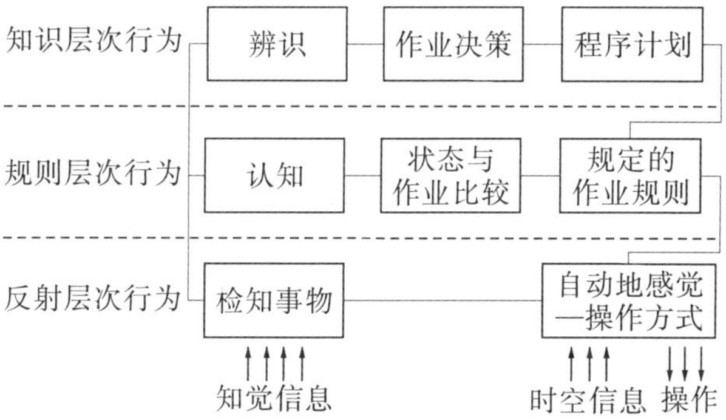

图5－4　安全技能教育层次

• 参考答案 •

《道路交通安全法实施条例》第六十二条规定：连续驾驶机动车超过4小时应停车休息，停车休息时间不少于20分钟。

在日常行车中，疲劳驾驶一般是指驾驶员每天驾驶超过8小时，或者连续驾车4小时没有停车休息超过20分钟的。对驾驶公路客运车辆或者危险物品运输车辆有过度疲劳驾驶行为的，公安部统一规定一次记6分。其他机动车驾驶人员有此行为的，只罚款，不记分。

《国务院关于加强道路交通安全工作的意见》（国发〔2012〕30号）第五条以及《道路运输车辆动态监督管理办法》（交通运输部令2016年第55号）第二十五条中规定：“夜间连续驾驶不超过2小时，每次停车休息时间不少于20分钟。”

延伸阅读一：一公司2017年因疲劳驾驶发生一起特别重大和一起重大生产安全事故

2017年8月10日，陕西省安康市境内京昆高速公路秦岭1号隧道南口处，由王××驾驶河南省洛阳交通运输集团有限公司号牌为豫C×××××的大型普通客车碰撞隧道洞口端墙，发生特别重大道路交通事故，造成36人死亡、13人受伤，直接经济损失3 533余万元。

“8·10”事故现场图

“8·10”事故路段航拍图

经查，两名驾驶员王××、冯××驾驶培训、考试符合程序，驾驶证状态显示正常，无违法未处理信息。另经技术鉴定，排除了驾驶人身体疾病、酒驾、毒驾、车辆故障以及其他车辆干扰等因素导致大客车失控碰撞的嫌疑。车辆事发时由王××驾驶。

经调查认定，事故发生的直接原因为：一是疲劳驾驶，二是超速行驶。事故发生的间接原因为：一是现场路面视认效果不良，二是车辆座椅受冲击脱落，三是有关企业安全生产主体责任不落实，四是地方交通运输、公安交管等部门安全监管不到位，五是洛阳市人民政府落实道路运输安全领导责任不到位。

具体原因是：事故车辆驾驶人王××行经事故地点时超速行驶、疲劳驾驶，致使车辆向道路右侧偏离，正面冲撞秦岭1号隧道洞口端墙。经查，自8月9日12时至事故发生时，王××没有落地休息，事发前已在夜间连续驾车达2小时29分钟。且7月3日至8月9日的38天时间里，王××只休息了一个趟次（2天），其余时间均在执行川A×××××号卧铺客车成都往返洛阳的长途班线运输任务，长期跟车出行导致休息不充分。此外，发生碰撞前驾驶人未采取转向、制动等任何安全措施，显示王××处于严重疲劳状态。

（资料来源：摘自陕西安康京昆高速“8·10”特别重大道路交通事故调查报告）

延伸阅读二：科学休息五原则

原则一：休息比不休息更有效；原则二：车下休息比车上休息更有效；原则三：经常休息比偶尔休息更有效；原则四：有效的黄金比，工作与休息时间的黄金比例约为50∶15（分钟）。原则五：久坐应动更有效，久坐之后，走一走，站一站，蹲一蹲，也是一种效果不错的休息。

休息后的有效性主要体现在判断力、操作的效率方面有较大的提高。

（资料来源：平克. 时机管理［M］. 张琪，译. 杭州：浙江教育出版社，2018）

① 反射层次的安全技能教育。即通过反复的操作训练，使操作者手脚熟练地、正确地、条件反射地工作。但要注意，操作者可能产生错误的下意识动作或空间上的错乱，造成失误。

② 规则层次的安全技能教育。即教育操作者按一定的操作规则、步骤进行复杂作业。经过这样的教育，操作者可以不遗漏任何步骤完成规定的操作。但长期从事这样的作业会形成习惯操作而不用脑思考，当出现异常时容易发生失误。

③ 知识层次的安全技能教育。即要求作业者不只学习操作，而且要学习掌握生产过程、生产系统的构造、工作原理、操作的依据及步骤等广泛的知识，并且经历长期的工作实践。生产自动化程度越高，则知识层次的教育越显得重要。

二、防止人失误的技术措施

由于人本身的特性决定了人的行为失误倾向，单纯依靠教育、训练来防止人失误，所能取得的效果有时是有限的，所以采用以下更有效的技术措施来防止人失误。

①用机器代替人。

②防失误设计。

③机械设备工具、作业环境符合人机学要求。

④警告措施。

⑤采取预防作业疲劳的技术措施。

例如，铁路是由人操纵机器来实现运输的，必须构建最完善的人机协调系统来最大限度地规避风险：要调查员工为什么会犯错误而导致事故，从设备上考虑如何开发人机结合系统来防止同类事故；要研究组织机构上有无缺陷，来考虑如何促使人与机器的最佳结合。因此，在做法上着重从技术管理上查明事故原因，使安全管理不断趋于科学化、规范化，安全管理水平才能得以持续提高。

1988 年 12 月 5 日，JR 东日本公司中央线的东中野站发生列车追尾冲突事故，造成司机、乘客各死亡 1 人，受伤 116 人。分析事故原因发现，列车虽有自动停车装置，但由于司机操纵错误冒进信号，自动停车装置未发挥作用。原因查明后，采取的对策是：在客车密度大的东京地区全部更换新型的列车自动停车装置；公司成立安全研究所，分公司设立安全研究中心，研究员工错误操纵机器的原因，并不断进行改进，一旦误动，可通过设备来进行有效的防范。

（资源来源：吴松芝，吴迪. 列车事故时如何开展抢险救助 [J]. 消防技术与产品信息，2014（2））

三、防止人失误的管理措施

防止人失误的管理措施可从以下三方面来实施。

1. 作业许可证审批

一个作业许可证描述了作业人员必须做什么来保障安全。

如果你是作业人员，就应该做以下工作：

① 向主管或作业负责人确认进行作业是安全的。

② 弄清作业许可证的要求并遵守。

③ 确认该作业许可证是有效的。

如果你是该安全作业主管或负责人，就应该做以下工作：

① 确认该项工作是否必须要有作业许可证。

② 确保作业开始前工作场所已被检查确认安全。

③ 解释作业许可证是如何确保安全的。

④ 确认作业许可证已被签署。

⑤ 确认进行作业是安全的。

⑥ 当工作或情况发生变化时，获得一个新的作业许可证。

⑦ 做好完工确认。

2. 遵守安全作业管理方案的规定

安全作业管理方案是一个作业时帮助你安全地推进和达到目标的方案。

如果你是作业人员，就应该做以下工作：

① 在开始作业前，确认安全作业管理方案是否是必需的。

② 与授权人讨论该安全作业管理方案。

③ 在开始作业前，弄清安全作业管理方案。

④ 履行安全作业管理方案中规定的职责和休息时间。

⑤ 遵守安全作业管理方案中规定的作业路线。

⑥ 如果发生变更，请立即报告授权人员。

如果你是该安全作业主管或负责人，就应该做以下工作：

① 检查该安全作业管理方案到位并被遵守。

② 检查作业人员是否清楚和遵守安全作业管理方案的要求。

3. **安全监护**

如果你是该安全作业监护人，就应该做以下工作：

① 确认作业许可证中的要求到位。

② 确保是一个有资质的监护人，并始终在岗。

③ 监控确保进行作业是安全的。

作业人员应知道哪些作业需要办理作业许可证，知道当作业超出许可证范围时，必须马上停止作业，才能让防止人失误的管理措施真正保障安全生产，否则就可能发生事故。

在某炼油厂，一个承包商维修组准备在反应釜的顶部安装一段管道（图 a、图 b）。厂方为此项工作签发了许可证，当时并没有进入受限空间的作业计划，其工作范围仅限于安装管道。

作业时工人们发现在反应釜内有一卷胶带（图 c），在尝试用金属丝钩取未成功后（图 d），一名工人便爬进反应釜中想要取出胶带，不料却倒在了氧气不足的反应釜内。事后调查发现，此时反应釜正在进行氮气吹扫，而作业证上却没有对此事项进行告知。更糟糕的是，另一名工人进去营救，同样也倒在了这近乎纯氮的环境中。事故造成两名工人氮气窒息死亡。

（资料来源：https://www.sohu.com/a/382793966_684748）

⊙ 实战 5.5

防止人失误的管理措施之一是进行作业审批，如果你的角色是审批者，你会将关注的重点放在哪几个方面？

⊙ 自测题 5.5

拉氏姆逊把生产过程中人的行为划分为哪几个层次？

项目六　装卸搬运作业安全管理

【学习目标】

1. 培养遵章守纪，规范作业的习惯。
2. 了解设备设施及应用的安全管理。
3. 熟悉装车、卸车和堆码安全作业要求。
4. 能制订装卸搬运作业安全方案。

装卸搬运作业作为物流作业的七项基本功能之一，是实现物流从储存向运输、配送转换，或从运输向储存转换的连接作业。这项作业是物流作业中的一项基层业务，企业对作业人员的要求偏向体力条件，从事装卸搬运作业人员的综合素质和安全技能可能未达到企业员工的平均水准。装卸搬运作业环节，在物流的水平和垂直运动中，造成人员伤亡、财产损失的可能性增大，同时还会给后续的运输、储存、配送作业形成诸多隐患，甚至成为事故发生的源头。加强装卸搬运作业的安全管理，是提高物流安全作业效果的重要环节。

2013 年 3 月 15 日 8 时 12 分，成都铁路局凯里车务段水花站助理值班员在接 10816 次货物列车时，发现机后第 8 位（C62BK4613671 发站遵义南，到站棠溪，品名钢丝绳）冒烟，立即通过车站值班员通知司机停车，10816 次货物列车于 8 时 15 分停于沪昆线水花—镇远间沪昆上行线 K1749 +679 m 处。经现场施救后于 9 时 49 分重新开车，10 时 08 分到达镇远站。构成列车火灾一般事故。该事故发生的原因有三个，一是外来火源引燃货物外包装，导致货物外包装烧损，是造成事故发生的直接原因。二是贵州钢绳股份有限公司在使用 C62BK4613671 车辆装载钢丝绳运输过程中用木轮、草支垫等易燃材料做包装衬垫，未使用防火性能良好的篷布严密苫盖，违反《铁路消防管理办法》关于“使用防火性能良好的篷布进行严密苫盖”的规定，是导致外来火源引起燃烧的主要原因。三是遵义南站在站交接过程中未对车辆防火安全状态进行检查确认，违反《铁路消防管理办法》第四十九条“车站对在专用线装载的列车（车辆）或托运人自行装载的车辆，应严格检查，确认防火安全状态良好方可挂运”。规定，是导致事故发生的主要原因之一。

（资料来源：摘自中国铁路总公司“3 · 15”沪昆线 10816 次列车火灾一般 C3 类事故通报）

2014 年 3 月 5 日，郑州铁路局陇海线，18 时 43 分 10346 次货运列车到达阌乡站 4 道，计划待避客车。20 时 42 分阌乡站助理值班员前往 10346 次列车尾部，进行开车前的试风作业，途中发现机后第 37 位（车号 C64 -4937244）车辆有 1 袋货物（品名：纯碱，编织袋包装）脱落，被篷布绳网悬挂在车帮上。阌乡站整理后，按照列车调度员指示运行至灵宝站进一步处理。10346 次货运列车于 22 时 27 分从阌乡站开出，23 时 01 分到达灵宝站 9 道，经灵宝站检查后需要整理，将该车辆甩下。10346 次货运列车于 3 月 6 日 2 时 08 分从灵宝站开出。构成铁路交通一般 C17 事故。该事故原因主要有三个，一是货物窜出端端头装载三层货物未向车内侧收缩码放，未按规定梯形装载。二是出端侧墙第一层装载货物，装载状态为内侧高，外侧低，成斜坡状，高差为 100～120 mm。三是货车中部货物装载高度低于货车两端货物装载高度，运行左侧货物装载高度与车侧墙高度一致，运行右侧货物装载高度低于车侧墙约 140 mm。车辆两端装载货物不均匀对称，不整齐稳固，整体顶部装载货物不够平整。事故认定，事故车辆装载货物为托运人在专用线自装车，列托运人单位青海五彩碱业有限公司主要责任。青藏公司格尔木货运中心饮马峡站作为装车站，对企业在专用线自装车监督检查不到位，对装载方案落实不到位的问题失察，交接检查不认真，列青藏公司格尔木货运中心重要责任。

（资料来源：摘自中国铁路总公司“3·5”10346 次列车陇海线阌乡站货物坠落一般 C 类事故通报）

这两起事故虽然发生在物流的运输过程中，但从事故的致因来溯源，却都是由于物流的装载作业环节未按安全要求进行作业，形成安全隐患，且未得到及时排查而造成的。

货物装卸搬运是物流过程必需的转换作业，作业本身危险因素多，还容易给后续的物流环节留下安全隐患，导致物流运输和储存环节发生事故。因此，如何对货物的装卸搬运作业进行有效的安全管理，将关系到物流的装卸搬运、运输、配送和储存等多个环节的安全，其重要性不言而喻。货物装卸搬运安全涉及作业人员人身安全、货物安全、运输安全、存储安全、机械设备安全和车辆安全，应以作业标准化为载体，通过安全风险研判预警、现场防控，实现对装卸搬运安全风险的全过程控制，对装卸搬运的安全风险进行全面管控。而班组长是进行装卸搬运安全风险现场全面管控的核心人物，如何选拔、培养、应用和激励好班组长就变得十分重要。货物装卸搬运要以机械化、自动化、信息化为发展方向，以确保安全为前提，应用安全可靠、技术先进、经济适用、节能环保的装卸搬运机械、索具和配套设施，提升货物装卸搬运的安全技术保障水平。

任务一　装车、卸车和堆码作业安全

装卸工组的组长要认真履行职责，对全组人员进行合理分工，指定人员负责作业前后三检、安全防护信号的安放和撤离及机具使用、保管等。工组全体组员要服从组长的安排，做好安全装卸搬运作业的自控和互控。

安全装卸搬运作业的自控和互控，如果要分主控和辅控，你认为应以哪一个为主？（参考答案见第 125 页）

作业前，工组长应根据要求布置作业方法和安全注意事项，召开工前会，根据天、地、人、货、车、机（具）具体情况，开展安全预想，进行作业分工。工组长的安全预想能力是班组安全作业的基础，这个基础可靠，班组安全作业目标才能实现。

一、装车

1. 装车前

装车前作业人员要按以下要求做好车辆、货物、作业机具和环境状况的检查工作。检查发现问题，要及时报告和处理，根据情况进行修理、更换，处理完毕，经再次检查，符合要求后才能进入装车作业环节。

（1）检查车辆状况。察看核实车门、车窗、车厢、地板、内衬、盖阀、槽轮、钩链、集装箱平车锁头等是否完好，车内清洁情况及有无异味。

（2）检查货物情况。核对货物，包装是否完好，有无破损、湿损、污损；清点件数；货物堆码是否稳固；集装箱有无破损、异状、变形或渗漏。

（3）检查作业机具和环境状况。确认装卸机械及工索具性能是否良好、安全装置是否齐全有效，防护信号设置是否符合规定，作业区域、机械运行区域有无障碍物或非作业人员。

2. 装车时

按方案进行装车作业，认真核对相关信息，发现问题，及时处理。

（1）熟悉装载加固方案及注意事项，按方案进行装车作业。核对车号、货物（箱号），发现问题，及时处理；做到不错装、不漏装、巧装满载，防止超偏载，棚车装载货物防止挤住车门或长大货物堵塞车门。对易磨损货物采取必要的防磨措施，对怕污染货物采取有效隔离措施。

（2）货车苫盖要求。苫盖货车篷布时绳索应绷紧，拴在绳拴上，不得拴在非拴结点上。绳索余尾长度应不超过 300 mm，且不短于 100 mm。篷布不得遮盖车号等相关标识。禁止砍割篷布及绳索。

3. 装车后

装车后作业人员要按以下要求做好货物、车辆、作业机具和环境状况的检查工作。发现问题，要及时报告、处理和整改，整改完毕，再次检查合格后才能允许发车。

（1）检查货物情况。确认货物（箱号）无错装、漏装，核对和整理余货，货位清扫干净。

• 参考答案 •

应以自控为主，互控为辅。因为物流作业人员在作业中做到安全自控，就会遵守安全作业规章制度和操作规程，就能规避90%以上已发生的生产安全事故，也就能预防相应的生产安全事故发生。但个人安全操作有失误也不是零概率事件，所以做好互控也会增加安全生产的保障。

（2）检查车辆状况。检查确认货车装载符合规定，捆绑加固牢固，篷布苫盖严密；车门、车窗、盖阀关闭良好，道沿清理符合要求，车帮、钩头、闸盘及车体外侧清扫彻底。

（3）检查作业机具和环境状况。检查确认装卸机械熄火、断电、停放状态正确，工索具齐全完好，安全防护信号（或工组标识）撤除。

二、卸车

1. 卸车前

装车后作业人员要按以下要求做好货物、车辆、作业机具和环境状况的检查工作。发现问题要认真记录，及时报告、处理。

（1）检查车门、车窗、盖阀有无异状，篷布苫盖是否严密、有无破损，车门销、钩链是否完整、插（挂）牢，槽轮有无异状。

（2）检查货物装载有无异状，支柱有无外涨或裂痕，捆绑铁丝和绳索有无损坏，集装箱有无破损、异状、变形或渗漏。

（3）检查确认装卸机械及工索具性能是否良好、安全装置是否齐全有效，防护信号设置是否符合规定，作业区域、机械运行区域有无障碍或非作业人员。

2. 卸车时

卸车时不得抛掷货物，若货物外包装有装卸要求，应按货物外包装上的要求进行作业。卸下的货物要件数清楚，码放稳妥，便于清点，发现破损件应按规定及时处理。

3. 卸车后

（1）检查确认货车内及车帮、钩头、闸盘和车体外侧清扫干净，车门、车窗、盖阀关闭符合规定，车辆无异状。

（2）检查确认货物件数无差错，卸货距离符合规定，堆码整齐稳固，苫盖严实。

（3）检查确认装卸机械熄火、断电、停放状态正确，工索具齐全完好，安全防护信号（或工组标识）已撤除。

三、货物堆码

1. 货物堆码作业质量安全基本要求

（1）应按照货物包装指示标志进行，做到轻拿轻放、大不压小、重不压轻、稳固整齐、标签向外、按批分清。

（2）纸箱包装要箱口向上，液体货物封口向上。

（3）怕湿货物露天堆码地面要进行防湿铺垫，随卸随铺，随装随撤，上部要起脊并苫盖严密。

（4）货垛码放形状要便于清点保管和下一道工序的装卸、搬运。

2. 站台上堆码货物质量安全要求

（1）安全距离要求。货垛与站台边沿距离不得小于 1 m。货垛之间应留出机械或人行通道，机械通道宽度不小于机身宽度 1.3 倍，人行通道宽度不少于 1 m。货垛距电源开关、消防设施等不得少于 2 m。

（2）易滚动的货物应垂直于线路堆放，平顺整齐，打掩挤牢，防止磕碰挤压，不应斜插交错，不得在货物上登爬、坐卧、站立和走动。

3．**堆码作业时质量安全要求**

（1）堆码作业中应随时注意货物堆码稳固状态，查看货物包装，禁止损坏货物标签。

（2）作业中要呼唤应答。

（3）发现有异状、异味时应按规定及时处理。

装卸搬运作业质量安全自检确认后，应填写相关安全装卸搬运作业记录。

平面仓库货物堆码安全“6距”要求

做好仓库货物的规划与摆放，以确保仓储安全，同时便于货物的收发，提高仓库作业效率。平面仓库货物堆码应符合安全“6距”要求。

顶距：指货物堆码的顶面与仓库屋顶面之间的距离。一般的平顶楼房，顶距应不少于50 cm；“人”字形屋顶，可以以相应的横梁为参考，堆码的顶面应低于栋梁50 cm。

灯距：指仓库内固定的照明灯与商品之间的距离。灯距不应少于50 cm，以防止照明灯过于接近商品，灯光产生热量导致火灾。

墙距：指墙壁与堆货之间的距离。墙距应不少于30 cm，以便通风散潮和防火。

柱距：指堆货与屋柱的距离应不少于30 cm。柱距的作用是防止柱散发的潮气使商品受潮，并保护柱脚，以免损坏建筑物。

垛距：指货堆与货堆之间的距离，通常不少于100 cm。垛距的作用是使货堆与货堆之间，间隔清楚，防止混淆，便于通风检查，一旦发生火灾，还便于抢救，疏散物资。

消距：指货垛距电源开关、消防设施的距离，不得少于200 cm。

⊙ 实战 6.1

装卸车作业是一项看似简单，但又十分烦琐的作业，这项作业的特性，让这项作业成为物流作业的一个高风险点。这类作业的一项有效安全措施是安全检查表。试列出装车作业前对车辆进行安全检查的安全检查表。

⊙ 自测题 6.1

货物堆码作业质量安全有哪些要求？

任务二　车辆使用与高处作业安全

一、车辆使用安全

1. 装卸货物

（1）不得损坏或腐蚀车辆。

（2）进入车厢的移动装卸机械总重（含货物重量）不得超过车厢底板额定承重。

（3）避免货物撞击地板、内衬，禁止直接向车内砸装。

（4）机械装卸货物时，除装卸机械的走行部外，机械其他部位不得碰触车体，不得直接撞击车地板。

（5）严禁货物倚靠车门。

2. 开关车门

（1）开启车门前，要先检查确认门、轮、槽及其他异状，再用拉门绳将门拉开小缝，检查车内货物有无倒塌，确认车门无脱落危险后再将车门开到最大。

（2）开关车门时车门前后禁止站人，禁止手扶、肩靠门框直接推拉车门，防止车门落下或货物溜下砸伤。

（3）禁止用手推车、叉车等装卸机具顶撞车门。

3. 罐车作业

（1）罐车打开人孔盖时，严禁敲击活节螺栓，以防损坏。

（2）打开或关闭人孔盖时，应握紧手把缓慢操作，以防损坏或与人孔座强力碰撞产生火花。

（3）罐车需加热卸车时，严格按照车辆设计装卸方式作业，地面蒸汽源阀门必须缓慢开启、关闭，加热管路进汽主管管口处蒸汽压力不得大于车辆允许压力；禁止直接从人孔处通过蒸汽进行加热；禁止热源直接作用于车辆各种阀、制动缸、软管和各种接头。

二、高处作业安全

高处作业（离地 2 m 及以上）作业，应遵守下列安全规定：

（1）高处作业人员须佩戴安全帽，在有安全钩挂处时须戴安全带（有防护栏除外），穿防滑鞋。患禁忌证人员，不得从事高处作业。

（2）遇有 6 级及以上大风、雷暴雨天气，禁止露天高处作业。夜间或雾霾天，地面照度不足 5 勒克斯时，禁止作业。

（3）装卸敞车装载的轻泡货物以及苫揭篷布，上下时应用梯子，并有人扶护。梯子上有人时，不准移动梯子。梯子必须坚实，不得缺层，梯子底部应有防滑措施，梯阶间距不大于 0.4 m。

（4）高处作业必须蹬稳抓牢，不得双脚站在车帮上。多人联合操作时，应执行呼唤应答确认制度，动作必须协调一致。

（5）揭苫篷布时，车上作业人员应站在车顶部纵向中线位置，面向距车帮最近处的车外方向。苫盖篷布时，先将迎风面绳子放下拴好，随放随拉随拴。揭篷布时由车的迎风端解开绳索卷起，两侧篷布随解随卷，车上作业人员应站在上风头。

（6）高处作业使用的工具要传递，不得扔上扔下。

⊙ 实战 6.2

在安全使用车辆的装卸货物安全作业中有几项规定？这些规定都属于何种性质的规定？这些规定想达到什么目标？

⊙ 自测题 6.2

装卸车时，如何安全进行苫揭作业？

任务三　作业人员安全要求与夏冬季作业安全

一、作业人员安全要求

1. 装卸作业人员上岗要求

（1）装卸作业人员新入职、转职（岗）、晋升须经资格性培训，经岗位培训合格后，方可上岗作业。

（2）每年还应至少进行一次安全技术培训。

2. 装卸作业的劳动组织

（1）装卸作业要保证必要的人数，配备必要的辅助作业人员，确保装卸作业安全。

（2）连续作业 2 h 或 1 车装卸作业后，应有不少于 10 min 的间歇时间。

3. 作业人员作业时应严格遵守劳动纪律和作业纪律

（1）班前要充分休息，班前、班中不准饮酒，保证当班精力集中。

（2）当班期间，按规定穿工作服装、佩戴岗职标志、使用防护用品。禁止赤膊、赤足和穿短裤、高跟鞋、拖鞋等参加作业。登高时，不得穿塑料硬底、有钉（铁掌）及鞋底有油垢的鞋。

（3）作业前，应熟悉作业内容、车种车号、货物性质、装载加固方案及安全注意事项等。

（4）作业中，要严格执行装卸作业标准和技术操作规程，禁止使用手机及其他与作业无关的电子产品。

（5）严禁在货垛上、货垛旁、线路上、车底下坐卧休息。保持间休室内外、工作场地、机具整齐清洁。

（6）作业工组出工、收工必须带齐工具和防护用品，按规定的行走路线行走。

4. **人力作业时扛、抬、搭、落等安全要求**

（1）肩扛：圆形、易滑货物每次限扛一件，小件货物两件及以上的可捆扎为一件。

（2）抬：多人伙抬时应喊号同起同落。捆绑货物的绳索夹角不宜小于30°，防止货物在绳套中翻动。

（3）搭、落：搬取前，货物的高度不应超过作业人员的头部，搭放堆码的高度也不应超过作业人员的头部，否则应有垫脚。易碎品，贵重品，箱装、桶装和纸袋类等怕摔的货物应有专人接肩。

（4）使用铁锹时，禁止以腹部顶推铁锹柄铲取物料。

（5）人力装卸搬运货物要双手拿稳、弯腰轻放，禁止砸、摔、抛、掷货物；拆解货垛应自上而下，禁止从底部将货垛推倒或抽芯使货垛坍塌后搬运。人体搬运重量限值可参考表6－1执行。

表6－1　人体搬运重量最大限值参照表

性别	搬运类别	单位	搬运方式		
			搬	扛	推或拉
男	单次重量	kg	15	50	300
	全日重量	t	18	20	30
	全日搬运重量和相应步行距离乘积	t・m	90	300	3 000
女	单次重量	kg	10	20	200
	全日重量	t	8	10	16
	全日搬运重量和相应步行距离乘积	t・m	40	150	1 600

（6）在跳板上行走要避免产生共振，同一跳板上行走人数不得超过2人。在货垛上不得蹬踏包装的易损部位。

5. **特种设备作业人员安全要求**

特种设备作业人员须取得“特种设备作业人员证”，特种作业人员须取得“特种作业操作证”，方准独立作业。直接从事危险货物装卸作业的人员，应按危险货物运输管理有关规定建立健康档案，定期组织职业健康体检。

二、夏冬季作业安全

1. **暑期作业安全**

（1）高温天气来临前，对患有心、肺、脑血管性疾病，肺结核，中枢神经系统疾病及其他身体状况不适合高温作业环境的人员，应当调整岗位。

（2）高温期间，按照“干两头、歇中间”的原则，调整作业时间，增加高温工作环境下作业人员休息时间，减轻劳动强度，减少高温时段室外人力装卸作业。

（3）装卸机械司机室要有防暑降温设施。作业场所应备有清凉饮料和防暑药物，配备应急救援人员，制定中暑抢救预案。

（4）作业中，根据工作条件和作业特点，采取通风、防晒、降温等防暑措施。

(5) 对大型露天装卸机械的防风、防雨、防雷、防触电设施进行全面检查、维护，使其保持状态良好。

2. **冬季作业安全**

(1) 冰冻及霜雨雪天气，作业前要及时清扫作业场地、通道、扶梯、车辆篷布和货物上的冰雪，道路上撒垫炉灰、锯末、融雪剂等防滑物品。在铁底敞车内作业时亦应采取防滑措施。

(2) 装卸机械的梯子、扶手、踏板应采用防滑材料（结构）或采取防滑措施。冰雪天气作业前，应及时清除机械走行平台、踏板处的冰雪。

(3) 冬季室外作业人员的防寒帽应留有透音耳孔，使用铁柄工具须戴手套或包扎棉布，装卸机械司机室和班组间休室要有取暖设施，禁止采用电炉取暖。

(4) 冰雪天气，流动装卸机械作业或上下站台，应采取防滑措施，禁止高速行驶或沿站台边行驶。内燃机械启动前要预热，防止损伤机件。

(5) 雪雾霾天作业时，防护信号牌（灯）模糊不清须及时擦拭或设专人防护；起重指挥信号识别不清时，停止作业。

⊙ 实战 6.3

装卸搬运作业人员安全要求有哪五项要求？你认为哪两项要求相对更为重要？

⊙ 自测题 6.3

高温期间，可以按照什么原则调整装卸搬运作业时间？

任务四　设备设施作业安全管理

一、装卸机械作业安全管理

1. **起重机**

(1) 桥门式起重机的起升机构应安装起重量限制器（臂架旋转式起重机为力矩限制器），并定期校验。起升机构应安装起升高度限位器。

(2) 桥门式起重机、装卸车机等电动轨道机械应安装大小车行程限位器、缓冲器、端部止挡。臂架旋转式起重机应安装变幅行程开关、防止臂架后倾装置和幅度指示器（或臂架仰角指示器），汽车吊应安装水平仪。

(3) 露天桥门式起重机应按规定安装防风制动器、锚定装置、夹轨器或铁鞋等可靠的防风抗滑装置以及风速风级报警器。当风速大于 11 m/s 时，风速风级报警器能发出警示信号。

(4) 桥门式起重机、装卸车机的司机室、电器间，桥门式起重机的主梁平台等均应装设舱口开关。夹轨器和锚定装置应设电气联锁保护。应在司机室内操作方便的位置装设红色且不能自动复位的紧急开关。起重机应设零位保护和失压保护，大修、改造、新造的起重机应设缺、错相保护。正常使用的电动装卸机械，在电路与裸露导电部件之间施加 500 V 直流电压时测得的绝缘电阻不应小于 1 MΩ。

（5）桥门式起重机、装卸车机离地高度 2 m 以上的通道、平台和箱型门吊主梁走台外侧以及具备条件的内侧应装设防护栏杆，手扶横杆的高度不低于 1.0 m，下部有高度不低于 0.1 m 的踢脚板，在踢脚板与手扶横杆之间至少有一根中间横杆，中间横杆与踢脚板或手扶横杆的距离均不得大于 0.5 m。上下通行的斜梯倾斜度不宜超过 65°，斜梯两侧应设置栏杆。直梯离地 2 m 以上部分应装设防护圈。防护栏杆在任意方向均能承受不小于 1 000 N 的力。

2. 流动式装卸机械

流动式装卸机械应安装倒车雷达或声光警示装置。高站台作业的牵引车、叉车宜安装限速装置或超速报警装置。集装箱正面吊、汽车吊、轮胎吊、抓（扒）料机、装载机、5 t 以上叉车等大型流动式装卸机械宜安装卫星定位和安全监控系统。集装箱正面吊应有称重显示和超载报警装置，吊具旋锁应配备机械、电子互联锁双重保护系统。

实习吊车司机丁丁发现起重机吊钩表面有一破口，就将破口及时进行焊补维修。师傅发现后不仅没有表扬他，反而严厉地批评他。丁丁感到很委屈。你觉得丁丁委屈吗？为什么？

（参考答案见第 133 页）

3. 照明、音响、司机室、吊钩等装置

（1）各种装卸机械应有良好的照明、音响信号等装置。起重机的运行、起升、变幅机构应有可靠的制动装置。无线遥控的起重机械，应有互锁功能，起重机械上应设有明显的遥控工作指示灯。

（2）司机室、吊钩滑轮组护板、机架结构的适当位置，应标明机械设备的最大负荷能力。集装箱吊具应标明自重及最大负荷能力。汽车吊、轮胎吊、电动轨道吊、集装箱正面吊等额定起重量随幅度变化的起重机，应在明显位置设有额定起重量随幅度全程变化的曲线或表格。

（3）当吊钩处于工作位置最低点时，卷筒上缠绕的钢丝绳，除固定绳尾的圈数外，应不少于 2 圈（多层卷绕的 3 圈）；单层缠绕卷筒应有导向槽，多层缠绕卷筒端部应有凸缘，凸缘应超出最外层钢丝绳直径 1.5 倍；当吊钩处于工作位置最高点时，卷筒上还应留有至少 1 整圈的绕绳余量，绳端压板不得少于 2 个。

（4）吊钩应有防脱钩装置。吊钩和吊环应用锻制毛坯加工，并应有产品检验合格证。吊钩、吊环磨损或缺陷严禁补焊，使用中出现下列情况之一应报废。

① 表面有裂纹、破口。

② 吊钩的开口尺寸超过基本尺寸的 10%。

③ 钩身的扭转角超过 10°。

④ 吊钩垂直危险断面高度的磨损量超过基本尺寸的 5%。

⑤ 吊钩的钩柄有塑性变形或钩柄直径腐蚀的尺寸大于基本尺寸的5%。

（5）起重机的起升机构和变幅机构，不得使用接长的钢丝绳。钢丝绳的绳扣应使用金属箍、U形绳夹或编结法制成。用编结法连接时，编结长度应不小于钢丝绳直径的15倍，并不得短于0.3 m。使用U形绳夹时每个绳扣不少于3个，绳夹间距不小于绳径的6倍，最后一个绳夹距绳头应不少于0.14 m，绳夹的方向要使卡板压在长绳一侧，U形绳夹应拧紧到使钢丝绳压扁到原高度的2/3左右。

● 参考答案 ●

被严厉批评的丁丁不应该感到委屈。因为按安全操作规程，吊钩有破口应报废，严禁焊补破口。若丁丁有吊车操作证，他的行为表明他不具备安全操作吊车的知识与技能。企业应决定不聘用丁丁。给丁丁发证的部门也应被追责。若丁丁无吊车操作证，则录用其为实习吊车司机的企业在安全生产方面存在违法行为，应受到安全生产监管部门的处罚。最后需要指出的是丁丁的师傅应得表扬或表彰。

二、配套设施安全要求

1. 货场、站台、仓库

（1）货场、站台、仓库的地面须坚实平坦，能够承受货物堆放和机械作业的负荷，站台、仓库的空间尺寸应适合机械作业的要求，站台端部的坡度应满足装卸机械上下。无仓库、雨棚的装卸车站，应配备移动风雨棚、防湿篷布等，满足全天候装卸作业需要。

（2）装卸作业区域照明应符合相关标准，配备移动照明设备，禁止明火照明。

（3）货场的电杆、铁塔、电缆、消防栓及抑尘喷洒装置，不得影响装卸作业和车辆、装卸机械通行，并设置护栏、护墩（涂刷安全色）等防撞保护设施。

（4）在距站台边缘0.3 m处和在轨行式机械走行轨两侧距机械最突出部位外侧0.5 m处标画安全警戒线；在走行轨两端和机械明显位置，设置安全警示标志。

2. 装卸机械的配套设施

（1）流动式装卸机械（叉车、装载机、汽车吊、轮胎吊等）应设车库，冬季室外结冰地区应有防冻措施，寒冷地区车库内应有取暖设施。站内装卸机械加（储）油点应符合消防安全规定，并配备相应的消防器材。装卸毒性、感染性和污秽货物的车站，应配备淋浴设施。

（2）桥门式起重机的走行基础强度应满足最大轮压要求。走行轨道须安装接地装置，走行轨道宜采用无缝钢轨；采用鱼尾板连接钢轨时，轨道接头处须用足够截面的过桥连线进行电气连接。对于保护接零系统，起重机械的重复接地或防雷接地的电阻不大于10 Ω，保护接地系统的接地电阻不大于4 Ω。

⊙ 实战6.4

当吊钩处于工作位置最低点时，卷筒上缠绕的钢丝绳，除固定绳尾的圈数外，单层缠绕的应不少于多少圈？多层卷绕的应不少于多少圈？当吊钩处于工作位置最高点时，卷筒上还应留有至少多少整圈的绕绳余量？

⊙ 自测题 6.4

作为重要的常用装卸搬运作业机械，为了安全通常会安装三种装置，你认为是会安装哪三种装置？

任务五　机械作业安全管理

2018 年 10 月 17 日上午 6 时 30 分，弘韬公司现场钢结构施工班组进入作业现场接受班前教育后，班组长武新带领作业人员进行吊装钢梁前的准备工作。7 时左右，弘韬公司在未通知安装集团公司项目部和化工监理公司相关管理人员的情况下，安排汽车起重机进入作业现场，准备开展当日的吊装作业。

汽车起重机到达作业现场后，当班班长武新向汽车起重机驾驶员刘维宇交代了吊装作业内容，并安排其他人员配合开展对钢梁的捆扎工作后，离开作业现场去安排吊装指挥人员。刘维宇在没有确认现场指挥是否到场的情况下，看到辅助人员完成对钢梁的捆扎后，直接开始吊装作业。作业过程中汽车起重机的主臂突然前倾扑倒在前方的水泥立柱上，起吊钢丝绳击打到站立在脚手架上配合安装的作业人员杨明强。根据复旦大学附属金山医院出具的诊断报告显示，伤者胸 2、胸 12 及腰 1 椎体等多处骨折。依据《企业职工伤亡事故分类标准》（GB 6441—86）以及《事故伤害损失工作日标准》（GB/T 15499—1995）的相关内容，其伤情符合重伤标准。事故造成的直接经济损失约 18.76 万元。

现场勘验情况：事故发生地点位于上海市化工区普工路 89 号（安装集团公司项目部）丙类液体仓库Ⅱ位置；事故汽车起重机位于丙类液体仓库Ⅱ东南面，车头面向西南，吊臂朝向东北，车牌号为苏 GH1911。该汽车起重机长约 12.1 m，宽 2.5 m，高 3.4 m；车辆型号为 XZJ5305JQZ20。车尾中心至墙边距离约 15.2 m，车辆左右后支撑腿均处于打开状态。汽车起重机支撑腿下方的水泥地面及枕木未见破碎。汽车起重机距离起吊点约 28.38 m，其主臂在发生事故时处于伸长至 40.6 m 状态。待吊钢梁长约 15.4 m，重约 1.977 t。事故发生地点周围散落有安全帽、防护手套等劳防用品，起吊点位置可见钢梁及散落绳索等物品。

专家技术分析意见：2018 年 11 月 12 日，事故调查组邀请专家经过现场勘验、查阅资料、人员询问等工作，出具了《上海华谊天原化工物流储运中心仓库建设项目汽车起重事故技术分析报告》。认为，事故汽车起重机在吊装横梁钢结构就位时，发生严重超载，导致整机失稳倾覆，是造成本次事故的直接技术原因。

事故发生的原因

（一）直接原因

操作人员在操作汽车起重机吊装横梁钢结构前，未对起吊载荷情况进行确认，导致汽车起重机在吊运过程中发生严重超载，失稳倾覆。

（二）间接原因

（1）作业前安全技术交底工作不到位，导致作业人员对现场指挥人员等情况不了解，在认为指挥人员已经就位的情况下开始作业。

（2）相关管理人员安全生产责任制落实不力，未严格遵守项目部管理规定，组织开展施工作业，落实设备初次进场的核验工作；对设备报审材料审核不力，未严格落实监理公司对设备报审材料提出的审核意见。

（3）弘韬公司管理人员安全生产责任制不落实，安全管理职责不清，未能督促检查本单位安全生产工作，及时消除生产安全事故隐患。

（资料来源：上海弘韬建设发展有限公司“10・17”起重伤害重伤事故调查报告）

一、通用安全操作

1. 作业前

（1）装卸机械作业前，作业人员要了解装卸机械走行路线及作业区内行车设施、电杆、电线（缆）等情况，防止刮碰。不能满足集装箱正面吊、汽车吊、轮胎吊、挖掘机、抓（扒）料机等机械回转半径及安全距离的，禁止使用。

（2）各种装卸机械操作前要鸣喇叭（铃）示意。流动式装卸机械进出车门、库门、箱门，通过人员、设备通道，在坡道、转弯等视线不良地段或繁忙地带应减速鸣笛或停车避让。

2. 作业时

（1）起重机械作业应做到“十不吊”。

① 超重或埋藏地下物不吊。

② 非信号人员指挥或信号不明不吊。

③ 重量不明不吊。

④ 吊钩没对准货物重心（歪拉斜拽）不吊。

⑤ 未试吊不吊。

⑥ 简化挂索、捆绑不牢不吊。

⑦ 6 m 以上长大货物无牵引绳或司索钩不吊。

⑧ 货物上有人，有浮摆物或勾连其他货物不吊。

⑨ 吊索夹角过大不吊（不宜超过 90°）。

⑩ 金属尖锐棱角货物吊索无衬垫不吊。

（2）各类装卸机械及工索具严禁超负荷使用，负荷不明确的应校定后使用。特种设备未经注册、检验，不得使用。装卸机械超过大修期、安全装置失效（不全）的应停止使用。严禁使用已报废的装卸机械。

（3）操作装卸机械，应按其安全技术操作规程和作业标准进行，起动时应逐挡变速。起重机负荷超过70%额定能力时，禁止同时进行两种及以上操作。运行方向逆变时须停车，不得以倒车代替制动（危及安全的紧急情况除外），也不可长时间以低速挡作业。严禁使用装卸机械、货物及工索具顶撞、推拉车辆和篷布。

（4）各种机械运行时，禁止人员上下，禁止从事检修作业，禁止在桥门式起重机主梁或走台上行走。作业时，起重臂下、回转机构上、吊起的货物下及货物上禁止站人。不得扒乘装卸机械代步。

（5）流动式装卸机械作业时，要在作业区关键位置设置安全警示标志，防护人员穿反光防护服、配口笛或对讲机，站立于安全位置。非作业人员、设备，不得进入作业区域。进出车门、库门、箱门，通过人员、设备通道，在坡道、转弯等视线不良地段或繁忙地带应减速鸣笛或停车避让。

流动式装卸机械在站台上应平行于线路停放，距站台边沿不小于1 m。禁止在站台边垂直于线路或在坡道上停放。

流动式装卸机械在货场内行驶速度不得超过15 km/h，站台上行驶不得超过10 km/h，在转弯、进出车（库）门及危险区域不得超过5 km/h。在通道、转弯、仓库等明显位置应设置限速、警示标志。

（6）同一线路上，2台及以上轨行式装卸机械，应安设防撞保护装置，保持3 m以上安全距离。顺向作业时，应隔车进行；相向作业至最后一辆货车时，须单台机械作业。

同一区域，多台流动式装卸机械同时作业时，安全间距应不小于下列数值：

①集装箱正面吊、抓（扒）料机、汽车吊、轮胎吊：30 m。

②装载机、5 t以上叉车：间隔1辆车。

③小型叉车：3 m。

（7）桥门式起重机（含抓斗、电磁吸盘）、装卸车机、装载机、抓（扒）料机等机械装卸散堆装货物时，辅助人员须戴安全帽，与机械间隔至少1车作业，并在其作业车辆的醒目位置用红旗（灯）进行防护。

（8）起重机作业时，吊钩和吊起的货物禁止从人员或贵重物品上空通过，距运移路线内的最高障碍物保持0.5 m以上距离。

（9）禁止用装卸机械顶撞货物，除散装货物外禁止倾翻卸载；抓斗、电磁吸盘卸载高度在车内不大于0.4 m，已堆有物料时卸载高度可加1倍，禁止快速重放。

3. 作业后

应按规定将设备复位或存放保管。

> 下列操作是否符合安全规定？若不符合，请进行修改。
>
> （1）流动式装卸机械禁止在站台上距站台边沿1.2 m的位置平行于线路停放。
>
> （2）不吊6 m以上长大货物。
>
> （3）叉车在货场内转弯、进出车（库）门及危险区域不得超过10 km/h。
>
> （4）同一线上，禁止2台轨行式装卸机械相向作业。
>
> （参考答案见第137页）

二、分类安全操作

1. 桥门式起重机、装卸车机

（1）当电源电压降超过额定电压的 7% 时，应降低额定负荷 30% 作业，当电压波动超过 ±10% 时应停止作业。

（2）大车、小车（装卸车机螺旋）运行接近终点时应减速，不得以限位开关代替控制器停车，不得以紧急开关代替停止按钮。电阻调速的起重机，大于或等于额定起重量 60% 的货物降落时，应以最高挡位放下。

（3）作业完毕，应开到指定地点停放，门式起重机应将小车停在支腿上方（司机室随小车移动除外），桥式起重机小车停在司机室同侧。吊钩、装卸车机螺旋升到上部极限位置，不得悬挂任何物体。各控制器恢复“0”位，切断总电源，实施防风措施，关好门窗，锁闭司机室。

2. 集装箱专用门式起重机

集装箱专用门式起重机除执行“十不吊”规定外，还应：

（1）切换吊具后，应先试吊，检验确认制动器可靠后，方准继续作业。

（2）在通电情况下，禁止插上或拔下吊具电源插头。

（3）作业完毕，将吊具调为 20 英尺①状态，并上升到上部极限位置。

3. 集装箱减摇吊

集装箱减摇吊具除执行集装箱专用门式起重机规定外，还应：

（1）更换 20、40 英尺减摇吊具，应先断电，再摘下防摇绳，后拔下吊具电缆插头。加挂另一吊具时，应先挂防摇绳，后插吊具电缆插头，再通电。待起升钢丝绳绷紧、辅助人员退出 2 m 外后，司机方可调紧防摇绳、开始作业。

（2）起吊集装箱前，司机应注意观察吊具开闭锁标牌或信号指示灯，确定锁闭良好后方可起升。起升接近上限位 500 mm 左右时，改为低速挡，禁止用起升限位或旋转限位做停止开关使用。

（3）吊起的集装箱往司机室一侧运行时，应防止碰撞司机室；40 英尺集装箱调整方向时，应防止刮碰起重机扶梯。

• 参考答案 •

（1）将“禁止”改为可以。

（2）不吊 6 m 以上无牵引绳式司索钩的长大货物。

（3）将“10 km/h”改为“5 km/h”。

（4）同一线路上，2 台轨行式装卸机械相向作业时，应安设防撞保护装置，保持 3 m 以上安全距离，作业至最后一辆货车时，须单台机械作业。

---

① 1 英尺 =0. 304 8 m。20 英尺 =6. 096 m，40 英尺 =12. 192 m。

4. **旋转臂架式起重机**

（1）轮胎式起重机作业地面应平整，坚实不沉陷。作业时，支腿要使机架处于水平位置，回转支承面的倾斜度不应超过 1.5%，禁止单侧支腿作业。

（2）电动轨道起重机作业时，电缆线不得落在走行轨上，在弯道或坡道上作业时，按规定减少负荷使用。

（3）作业时禁止快速换向或转向（抓斗、电磁吸盘除外）。禁止采用自由坠落方式降落大于该吊杆角度额定起重量 30% 的货物。

（4）作业时，升降和旋转两个动作不得与变幅同时进行。负荷超过额定起重量 70% 时，只允许操作一个动作。

（5）作业完毕，起重臂应恢复定位，平行于线路停放。

5. **汽车吊**

汽车吊除执行旋转臂架式起重机上述规定外，还应：

（1）工作场地和行驶路径应与线路、沟渠、基坑保持安全距离。起吊货物时应撑起支腿，遇松软或不平地带，支腿要用结实木块或钢板垫平。

（2）起重量应按其特性曲线执行，严禁超负荷。禁止吊货行驶。调整支腿须在无载荷时进行。

（3）行驶或非工作状态停放时，起重臂、支腿要复位。

6. **集装箱正面吊**

（1）吊具伸缩、旋转时，不准碰撞集装箱。吊具空载时，应处于开锁位置。6 级及以上大风，禁止起吊集装箱。

（2）起吊时，应使吊具转锁全部插入集装箱锁孔，并确认转锁处于闭锁位置方可起吊；卸载时，应启动开锁开关，确认转锁全部处于开锁位置方可起升吊具。

（4）行走时，吊具和集装箱应处于低位（不影响司机视线），箱体不准倾斜。在坡道上行驶，集装箱应位于上坡端，重载禁止转弯。除堆垛集装箱外，禁止吊具高位运行。

（5）空载行驶，应把吊具调至 20 英尺位置。严禁吊起集装箱后长时间停放在空中或吊起集装箱后司机离开驾驶室。

（6）作业完毕，应停放在指定位置，将吊具调为 20 英尺状态并降到最低，伸缩大臂缩至最短位置。各操作杆置于非工作位置并实施驻车制动。

7. **叉车**

（1）多台叉车行驶会车时，应空车让重车，下坡车让上坡车；进出棚车作业时，应让出棚车的车先行。

（2）在站台上行驶应距站台边沿 0.3 m 以上，不得长距离倒车行驶（叉运货物遮挡司机视线时除外）。

（3）负重时上坡正向行驶，下坡倒向行驶。叉车行驶中，不准载人（司机除外），货叉距地面 0.2 ~0.3 m。

（4）在车内作业外侧无站台时，车门开度不得超过叉车宽度，否则应加以防护。内侧车门处要铺坡度不大于 20% 的渡板。车内地板腐朽残破时，要铺垫钢板。

（5）货叉下不得有人。叉取易碎、贵重或易倒塌的货物时要用安全绳，并有人辅助。

（6）叉车不得在5%以上坡道上作业，不得在10%以上坡道上转向，下坡时严禁熄火滑行。电瓶叉车禁止同时进行2个动作。

（7）叉车作业要做到“五不叉”：

① 货物重心超过货叉的载荷中心，使纵向稳定性降低时不叉。

② 单叉偏载不叉。

③ 货物堆码不稳不叉。

④ 叉尖可能损坏货物时不叉。

⑤ 超重或重量不明不叉。

8. 抓（扒）料机

（1）轮胎式抓（扒）料机作业前应撑起支腿，整机支撑平稳牢固。

（2）长距离行走时，应使主动轮在后方，料（铲）斗距地面1 m左右，上下坡时料（铲）斗距地面0.2～0.3 m，顺线路行驶时，应平行于线路。履带式机械的履带边缘距作业车不小于2 m，转弯时应选取大半径路线。

（3）作业时：

①禁止人员在料（铲）斗、动臂、履带或轮胎上站立或坐卧。禁止人员在料（铲）斗、动臂和斗杆下面停留或通过。

②前进或后退时，禁止同时进行回转动作。行驶或回转时，料（铲）斗要离地面、工作面或车帮0.5 m以上；禁止急剧回转。

③抓（扒）料机机体及其工作装置不得碰撞车辆，料（铲）斗不得伸入车辆下方作业。

④作业完毕停放时，应将上部平台复位制动，将斗杆、动臂与料（铲）斗收回，料斗全部张开，铲斗垂直于地面放置。

9. 装载机

（1）作业场地应无凹坑、尖石，避免轮胎打滑或被扎破。

（2）铲料时，铲斗要受力均匀，不得使负载集中于一侧。行驶中，铲斗应离地400 mm左右。铲斗在最高位置，严禁长距离行驶。

（3）带负荷行驶时，不准急转弯和急刹车。倒车时要注意瞭望，鸣笛警示。超过40°转弯时，速度不得超过5 km/h。

（4）不得用铲斗撞击物体或顶推车辆；推力作业时，铲斗应位于1.5 m以下，全开至0～15°。满载后不要过度升举铲斗，以防装载物向后倾倒。使用反铲工作时，避免弯折动臂或损伤铲尖。

（5）装火车的装载机须安装具备存储、打印功能的称重装置，装车点应配备与装载机额定载重量相近的标定装置，每班作业前进行标定，偏差超过2%应停止使用。

下列作业是否符合安全规定？若不符合，请进行修正。

(1) 抓料机行驶或回转时，料斗要离工作面0.3 m以上，不得急剧回转。

(2) 装载机长距离行驶时，应将铲斗升至最高位置。

(3) 皮带输送机运转时，发现皮带跑偏应马上停机调整。

(4) 夹包机作业时，夹紧点应在夹臂的中前部位，确认夹紧后才可起升。

(参考答案见第141页)

10. 皮带输送机

(1) 作业前，要采取止轮措施（有支腿的撑起支腿），空载启动并试运转后方可喂料。作业完毕，要及时切断电源（发动机熄火），收回支腿，清扫皮带及机架，撤出铁路建限，平行于线路停放。

(2) 输送成件货物时，间隔不得少于1 m。袋装货物要有人接肩，禁止抛摔。输送堵塞时，须停机顺袋，严禁在运转的皮带输送机上整理货物。

(3) 运转中，皮带跑偏或松弛时，应先停止喂料，待皮带上的物料卸尽后，方可停机调整。

(4) 皮带输送机移动或作业时，上面不准有人，不准从皮带输送机上方或下方穿越。

(5) 多台皮带输送机组成的输送机龙，开机时应由远而近，停机时应由近而远依次进行。

(6) 电动皮带输送机应可靠接地，并装设漏电保护装置，电器控制箱、电源连接线应完好无损，防止车辆直接碾压电源连接线。裸露旋转部件（皮带除外）应加装防护罩。电动皮带输送机严禁带电移动，内燃皮带输送机皮带旋转时严禁移动。

11. 夹包机

(1) 作业时，夹紧点应在夹臂的中后部位，确认夹紧后方可起升。落物前，应确认被夹货物已落位，方可放松夹臂。

(2) 作业中应做到“五禁止”。

① 禁止夹取超重或形状不规则的货物。

② 禁止用夹臂顶撞货物。

③ 禁止用夹臂的前端夹紧、移动货物。

④ 禁止夹臂和其他机构同时动作。

⑤ 禁止擅自调节夹包机的工作油压。

(3) 作业完毕，夹包机夹臂应收缩到最小位置并落地。

12. 升降平台

操作升降平台，作业前须进行空载试验。升降叉车应做到四禁止：

(1) 禁止底座支架或踏板未支牢，进行升降作业。

(2) 禁止未搭牢渡板，即让叉车上下平台。

(3) 禁止叉车上平台后制动不良或止轮不牢，进行升降作业。

(4) 禁止叉车在平台上带人或载货升降。

• 参考答案 •

（1）将“0.3 m”改为“0.5 m”。

（2）装载机铲斗在最高位置时，严禁长距离行驶。

（3）发现皮带跑偏或松弛，应先停止喂料，皮带上的物料卸尽后，才可停机调整。注意“不应马上停机调整”。

（4）夹紧点应在夹臂的中后部位。

三、司索指挥

1. 司索人员

（1）作业时必须佩戴符合国家标准的安全帽。根据货物重量、形状选择专用索具或直径、长度适用的吊索。钢丝绳安全起重量表，按 GB/T20118—2006 规定执行。对长大笨重、不规则及箱装类货物，应根据重心位置、索点标记加索。重心、索点不明时，应在货运员指导下或经收（发）货人确认后再加索。

（2）起吊时应站在安全地点，与货物保持 2 m 以上的退让余地；起吊长大、易滑、柔性货物时，两端（侧）禁止站人。禁止站在货物上或车内死角处。

（3）向车内吊装长大货物，退让余地不足 3 m 时，人员不得预先进入车内；待货物进入车内降至离车地板 0.5 m 以下，司索人员方可进入车厢。吊装 8 m 以上长大货物，货物进入车厢前，车内禁止留人。吊卸 8 m 以上长大货物，司索完毕，人员离开后方可起吊。

（4）出入车厢应从车梯上下或使用自备轻便人梯，车上车下使用的工具要传递。装卸长 8 m 以上的宽体货物时，应开启中门，供车内作业人员上下。

2. 指挥人员

指挥人员应佩戴明显标志，站在使司机和工组其他人员都易看清的位置，发出的指挥信号必须清晰、准确。当跟随负载运行指挥时，应指挥司机使负载避开人员和障碍物；当指挥人员不能同时看清司机和负载时，须增设中间指挥人员以便逐级传递信号。负载降落前，指挥人员须确认降落区域安全，方可发出降落信号。起重指挥可使用手势信号、音响信号或无线对讲。司机接到任何人员的紧急停止信号，均须立即停车。

3. 安全作业要求

（1）各类箱装货物和双起重吊环的机床类货物，加索时吊索夹角不得大于 90°；在货物底部加索时，吊索夹角不宜小于 40°，禁止单根绳起吊（装有单个起重吊环的电机除外）。多件重叠起吊时，要验证包装强度和堆垛稳定性，保证货物安全。对易滚（滑）货物要采取有效防滑措施后方可起吊。

（2）每次作业的第一钩及起吊重量达到 80% 额定起重量时，须试验制动性能。每次加索，待吊索绷紧后，应检查有无拧扭死角，确认吊索平顺，钩头垂直与重心对正，吊起 0.2 m 后停车检查，确认货物无异状，方可继续运行。

（3）校正悬空货物位置时，货物底面距作业人员站立位置高差 1.5 m 以下且距落货位置高差0.5 m以下时可用手扶，但不得用肩、身推靠；高差超过上述规定时应用司索钩或牵引绳。6 m以上长大货物须拴牵引绳。

（4）原木、钢管等易滚动货物，装入车中或码放地面要有衬垫以形成抽绳间隙，确认货物码放稳固，无滚动和倒塌危险后再摘索，不得强力抽取被压住的绳索。

四、机械交接班

1. 各类装卸机械、工索具及配套设施

各类装卸机械、工索具及配套设施应进行日常交接检查，装卸机械应进行动车试验，确认机械各部位（安全装置，动力、制动、操纵系统，音响，照明装置，绝缘、紧固、润滑情况等）、工索具和整机外观状态是否良好，禁止带病作业。

2. 电动机械

电动机械应检查电压表、电流表、控制器、防风装置（含防风制动器、风速仪、锚定装置、端档、夹轨器）、安全保护装置（滑触线断线保护器、限位开关、超载限制器、舱口开关、紧急开关）等是否良好，试车检查各工作机构是否正常。

桥门式起重机还应检查关键受力部件是否良好、连接是否可靠，吊钩是否符合安全规定，滑轮有无破损，钢丝绳磨损、断丝是否超限，防风制动器是否有效，电气联锁是否良好，司机室和电器间门窗玻璃有无损坏或漏雨。

卸车机、装车机还应检查料斗螺栓、链条销轴是否变形松动，卷扬机构连接紧固情况及钢丝绳缠绕情况。

工索具要检查各部位是否完整，有无变形、开焊；销轴是否润滑，有无窜动；集装箱吊具旋锁是否完好，转动是否灵活到位，指针是否准确。

3. 叉车

叉车应检查车轮、货叉、门架联结是否牢固，蓄电池电压、电解液、轮胎气压是否充足，油路有无渗漏，电路有无烧蚀，电瓶连接有无松动和氧化物，液压系统阀体及管路有无渗漏。动车试验其转向、制动、照明、音响及工作机构是否良好。

下列作业是否符合安全规定？若不符合，请进行修正。

（1）向车内吊装长大货物时，司索人员一律不得预先进入车内。

（2）每次作业的第一钩须试验制动性能，后续作业只要起吊重量不超过额定起重量，可以不再进行试验制动性能。

（3）装卸机械进行交接时，应进行动车试验，确认机械的安全装置、动力、制动、操纵系统、音响、照明、绝缘、润滑等部位是否良好。

（4）集装箱正面吊在交接时应检查吊具伸缩臂、旋锁等机构是否完好、有效。

（参考答案见第143页）

4. 内燃机械

（1）内燃机械应检查燃料、机油、液压油、制动液、冷却水等是否充足，油路有无渗漏，电路有无破损烧蚀，风扇、空调皮带松紧程度，风窗通畅及冬季防护情况，轮

胎气压及紧固情况。动车试验发动机运转是否正常，行驶、转向、制动等工作机构及各仪表显示情况等。

（2）装载机还应检查倒车警示装置、称重装置等是否完好有效。

（3）汽车吊还应检查起升机构各部件、吊钩起升限位、力矩限制器等是否完好。

（4）集装箱正面吊还应检查吊具伸缩臂、旋锁等机构状况。

（5）抓（扒）料机还应检查回转机构、料（铲）斗、履带等状况。

（6）内燃机械加油前应熄火，远离明火和带电设备，并采取防火、防静电措施。

• 参考答案 •

（1）向车内吊装长货物，下列两种情况司索人员不得预先进入车内：一是退让余地不足 3 m 时；二是吊装 8 m 以上长大货物时。这两种情况，均需要待货物进车内降至离车地板 0.5 m 以下，司索人员方可进入车厢内进行作业。换言之，如果吊装的货物不足 8 m，且与货物有 3 m 以上的退让余地，在保证安全时，司索人员可预先进入车内。

（2）如果第一钩的起吊重量不足额定起重量的 80%，后续作业第一次起吊重量达到 80% 额定起重量时，还须试验制动性能。因此，安全作业规定为：每次作业的第一钩及起吊重量达到 80% 额定起重量时，须试验制动性能。

（3）（4）作业均符合安全作业规定。

⊙ 实战 6.5

如何辩证地学习和应用“起重机械作业应做到‘十不吊’”？

⊙ 自测题 6.5

试判断下列作业的正确与错误：

（1）多台叉车行驶会车时，下坡车让上坡车。

（2）叉车在站台上行驶应距站台边沿 0.3 m 以上。

（3）叉车负重时下坡倒向行驶。

（4）叉车叉尖可能损坏货物时不叉。

（5）叉车行驶中，不准载人（司机除外），货叉距地面 0.2 ~ 0.3 m。

（6）叉车不得在 5% 以上坡道上转向。

（7）叉车在车内作业外侧无站台时，车门开度应超过叉车宽度，以方便作业。

（8）叉车叉取易碎、贵重或易倒塌的货物时，应小心谨慎地直接叉取。

（9）货物重心超过货叉的载荷中心。

（10）电瓶叉车作业可以根据需要同时进行 2 个动作，提高作业效率。

任务六　掌握主要货物品类装卸作业和应急处置

一、包装成件货物

1. 非混装货物

（1）包装成件货物码入托盘时要压缝码牢，不得超出托盘边沿 50 mm，重量不超过托盘和叉车的额定负荷，托盘承载面积利用率不低于 80%。

（2）从货垛上搬下货物时，应确认货垛稳固状态，从上到下阶梯式拿取，滚动货物随时跟掩，不得从货垛底层抽取货物，以防倒塌。人力从高处卸箱、筐、桶装货物，应搭跳板用索具抬装卸或用绳拉滑溜、滚动装卸，严禁从高处直接滚下摔落。沿跳板滚动货物时，货物下方不得站人。

（3）装载轻泡货物应分层压缝、堆码牢固，超出车帮时，两侧突出部分应一致，货物重心应倾向车内，车辆两端的货物要捆绑牢固，以防货物倾斜坠落。

（4）装卸棉花除执行成件包装货物和易燃危险货物装卸作业规定外，应优先选用夹包机，装卸搬运过程中禁止拖拉。

2. 混装货物

（1）装卸混装货物应排列紧密、整齐，码放稳固。容易窜动、滚动、倒塌的货物不得装在车门处或货垛表层。

（2）金属材料及其制品、集装袋、桶装类等件重较大的货物，应装于车辆两端或底层，轻浮货物应装于车辆上部或门口，纵横对称均衡装载，防止偏载、偏重。

（3）同批货物不能装满车宽时，应以适宜的货物从两侧或中间对称、均衡填装，防止偏载。

> 你如何指导装卸作业人员进行水果、蔬菜装车？
> （参考答案见第 146 页）

二、散堆装货物

1. 散堆装货物机械装卸车

装车应使用装载机、装车机、筒仓等装卸机械，卸车应使用翻车机、卸车机、抓（扒）料机、抓斗、电磁吸盘等装卸机械。

作业时，机械的铲斗、抓斗、料斗应落位适当，用力均匀，防止损坏车辆。抓斗必须闭拢后方能运行，避免撒漏货物。

作业中需要清理货位和散落物时，车上人员应停止作业，并确认车内货物无倒塌危险时方可进行。作业完毕，要及时清扫车帮、钩头、闸盘及车体外侧的散落物。

2. 散堆装货物人力卸车

人力卸煤、砂、石碴、片石、生铁等货物，应从上向下层层挖（搬）取，禁止掏洞，防止倒塌滚动。对互相挤压不易搬动的货物应使用撬棍拨动，不得手搬或脚蹬。

三、集装箱

1. 起重机械装卸集装箱

（1）装卸集装箱必须使用集装箱吊具。

（2）起吊前，应使吊具四个旋锁全部插入集装箱锁孔，并确认旋锁处于闭锁位置后方可起吊；放下时，应确认四个旋锁处于开锁位置后方可起升吊具；旋转集装箱，应使箱体平衡后再旋转。

（3）吊具伸缩、旋转及导向板翻转时，不得碰撞箱体、货物及车辆。空载时，应处于开锁位置；作业间隙，不得将集装箱悬停空中。

2. 装卸集装箱平车（F－TR 锁）

（1）辅助作业人员不得少于 2 人。

（2）装车。同一箱位的四个锁头须同端同向，装 40 英尺集装箱时，中间锁头应为非工作位。应以低速挡将集装箱平稳下落至锁头上方 120 mm 左右悬停，调整箱体位置，确认角件孔与车辆锁头对正后，方可继续平稳下落，防止发生剧烈碰撞。

（3）卸车。应先以低速挡点动起升 100 mm 左右，确认集装箱角件孔与车辆锁头分离后，方可继续起升。集装箱角件孔与车辆角座连挂、卡死时，应立即停止，落箱后点动缓钩排除。起吊过程中负荷突然加大，应立即停车，通知辅助人员检查处理，严禁臆测起吊。

3. 小型集装箱

（1）装卸搬运小型集装箱应使用叉车、手动（电动）液压搬运车等装卸机械，稳起轻放。

（2）小型集装箱堆码时，应垂直正立、箱门关闭、排列整齐、码放稳固；双层堆码时，应上下对齐，重不压空。堆码应留有通道，便于检查清点和机械作业。

下列作业是否符合安全作业规定？若不符合，请进行修正。

（1）为便于观察容易滚动货物的状况，应将其装在货垛表层。

（2）两层集装箱进行装箱时，应先装地面上第一层集装箱，再装放置在第一层集装箱上的第二层集装箱。

（3）叉车进出集装箱，应使用坡度不大于 25% 的渡板。

（4）拆卸折叠式台架集装箱，折叠箱体时，应先折叠端墙后折叠侧墙。

（参考答案见第 147 页）

4. 装掏集装箱

（1）作业前，应检查箱门、门销是否完好。装箱前，还应检查箱体有无破损，箱内是否干净；掏箱前，还应检查箱体有无外涨、破损。

应将箱门固定，在作业区域及通道两侧设置警示标志，危险地段专人防护。不得对两层及以上集装箱进行装掏箱作业。

（2）叉车进出集装箱，应使用坡度不大于 20% 的渡板。叉车进箱正向行驶，出箱倒向行驶。辅助人员作业时，叉车须停止动作，待人员退至安全区域后方可继续作业。装掏箱完毕，应及时收回渡板，锁闭箱门。

（3）集装箱应按地面画线位置码放，纵横对齐，多层码放的集装箱上下箱的角件要对齐，防止倒塌。

5. 折叠式台架集装箱

（1）装卸、组装、拆解和码放折叠式台架集装箱的人员，须经相应的安全技术培训后，方可作业。

（2）组装、拆卸箱体时，需用起重机械配合，严禁直接用手将端、侧墙推倒。组装时，须将所有连接件紧固，各销轴插销到位；拆解、折叠和回送时应按要求加固连接。

（3）折叠箱体时，须按箱体索点标记逐件进行，先折叠侧墙后折叠端墙，折叠侧墙时，先折叠无梯子一侧的侧墙，再折叠另一侧墙。放倒侧墙、端墙前，人员须站到安全位置。起重机没有吊好侧墙、端墙上部的吊环前，严禁拔出保险栓或上翻端墙斜撑。

（4）作业前、后检查箱体状态，须在车下进行；作业中发现箱体有变形、开焊、裂纹或配件脱落时，要立即停止作业。

（5）清理车内残物前，须确认端墙、侧墙保险销和端板斜撑支撑良好，方可上车作业。

四、鲜活货物

1. 装卸作业

应使用不致损坏冷藏车（箱）内设备的机具，货物不得挤碰循环挡板和汇水槽。禁止用硬砸硬撬的方法开关车门。采取保温、防寒、防湿措施时，严禁以钉、钻、铆等方式损坏冷藏车（箱）体。

2. 货物在车内的堆码

应当保证两侧车门能够方便开启。水果、蔬菜装车及堆码要留有空气循环通路，上层货物距循环挡板至少留出 50 mm 空隙。卸水果、蔬菜时不准抛摔，苫盖的篷布应清洁无污染。

• 参考答案 •

（1）应当保证两侧车门能够方便开启。

（2）堆码要留有空气循环通路，上层货物距循环挡板至少留出 50 mm 空隙。

（3）装卸水果、蔬菜时不准抛摔。

（4）苫盖的篷布应清洁无污染。

（5）若使用冷藏车（箱）装运，严禁用任何方式损坏车（箱）门、体和内部机具。

五、应急处置

1. 基本要求

（1）装卸部门要根据人员、设备、场地特点和货物到发情况，制定装卸作业可能造成的交通、人身、机械设备和火灾爆炸事故应急救援预案，配备救援设施，定期组织演练，提高应急救援能力。

（2）发生装卸安全事故，应立即启动应急预案，组织抢救，防止事故扩大，减少人员伤亡和财产损失，保护事故现场和有关证据，按规定及时上报。配合有关部门做好调查、分析、处理工作。

2. 装卸作业发生人身伤害应急处置要点

（1）立即停止作业，停机（断电），将受伤人员移至安全区域，将中毒、中暑人员移至阴凉、通风处所。不宜移动或无法移动的应就近采取急救措施。

（2）对受伤人员进行必要的救护。

（3）立即向负责人或值班人员报告，组织送医院或拨打急救电话。

（4）保护好现场，积极协助有关部门调查、取证。

3. 装卸场所发生火灾、爆炸，应急处置要点

（1）装卸机械、货物、作业（维修）场所、加（储）油点冒火苗或初起火灾时，应立即使用附近适宜的消防器材进行扑救。

（2）扑救初起火灾无效或火势蔓延、有爆炸危险时，应立即拨打“119”火警电话，并向负责人或值班调度人员报告。

（3）按照事故救援统一指挥做好相关工作，保护人身和财产安全。

（4）保护好事故现场，积极协助有关部门调查、取证。

• 参考答案 •

（1）容易滚动的货物，不得装在货垛表层。应装在货垛的底层，并用木楔进行固定。

（2）不得对两层及以上集装箱进行装掏箱作业。

（3）应使用坡度不大于20%的渡板。

（4）应先折叠侧墙后折叠端墙。

⊙ 实战 6.6

装卸集装箱平车（F－TR 锁）时辅助作业人员不得少于几人？装车时同一箱位的四个锁头须处于何种状态？装 40 英尺集装箱时，中间锁头应为何种状态？应以什么挡将集装箱平稳下落至锁头上方多少毫米左右悬停，调整箱体位置，确认角件孔与车辆锁头对正后，方可继续平稳下落？

卸车作业如何防止臆测起吊？

⊙ 自测题 6.6

试判断下列是正确还是错误作业。

（1）包装成件货物码入托盘时不得超出托盘边沿 50 mm。

（2）从货垛上搬下货物时，应确认货垛稳固状态，从上到下阶梯式拿取。

（3）装载轻泡货物超出车帮时，两侧突出部分应一致。

（4）滚动货物随时跟掩，不得从货垛底层抽取货物。

（5）包装成件货物码入托盘时，重量不超过托盘和叉车的额定负荷，托盘承载面积利用率不低于80%。

（6）人力从高处卸桶装货物时，应搭跳板从高处直接滚下，货物下方不得站人。

（7）装卸成件包装的棉花时，应优先选用夹包机或采用拖拉方式进行作业。

（8）窜动、滚动、倒塌的货物应装在车门处。

（9）金属材料及其制品、集装袋、桶装类等件重较大的货物，应装于车辆中间位置。

（10）人力卸煤、砂、石碴、片石、生铁等货物，应从下层挖（搬）取。

项目七　铁路物流作业安全管理

【学习目标】

1. 培养遵纪守法，规范作业的习惯。
2. 了解铁路物流安全作业内容。
3. 了解铁路物流作业安全影响因素。
4. 熟悉铁路物流安全作业要求。
5. 能按铁路货运安全员作业标准规范作业。

任务一　认识铁路物流作业安全管理现状

2016 年 1 月 31 日，郑州铁路局 X88989 次货物列车运行至焦柳线南召至董庄站间九里山隧道时，因机后第 9 位车辆装载加固不良，导致装载铝轧材上部防护的 2 块瓦楞铁皮受隧道负压风力作用，向上掀起触碰接触网短路，造成接触网跳闸停电，构成铁路交通一般 C17 事故。

事故原因：一是满洲里利通国际物流有限公司装载货物未严格按照装载加固方案进行加固，导致机后第 9 位 C64K/4958879 车辆装载铝轧材上部防护的瓦楞铁皮受隧道负压风力作用，向上掀起触碰接触网短路，是造成事故的主要原因。

二是哈尔滨铁路局满洲里车站对专用线监管不到位，交接检查不认真，在交接检查时未对瓦楞铁皮苫盖、圆钉钉固及铁线捆绑情况进行严格检查，是造成事故的重要原因。

（资料来源：摘自中国铁路总公司“1·31”焦柳线 X88989 次货物脱落一般 C 类事故通报）

2005 年 8 月 26 日 16：22 分，8××××次货物列车（编组 46 辆，总重 1 038 t，换算长度 55.00 m。其中，车辆以前后两钩舌内侧面距离按 11 m 为换算单位，按上述换算单位得出的比值，称为换算长度）从荆门车务段上大堰站开车，撞上该站 4 道散堆装货物线上行方向左侧的矿石侵限，8××××次列车机后 32 位车辆运行方向左侧 6 位交叉杆支座下部被垫起，导致 32、33 位车辆脱轨，于 16：25 停于焦柳线上行正线 K549＋497 处，中断焦柳线上行正线行车 160 min，中断焦柳下行线 170 min。构成货运列车脱轨险性事故。

事故原因：一是上大堰站站长违反施工安全管理规定，擅自安排地方给予装卸作业队解决该站 4 道线路外侧积水问题并进行增加新货位施工作业。作业前，车站既未制订安全组织措施，也未签订安全协议；作业中，既不通知工务工区，也不安排现场防护和监督，导致施工作业混乱，造成矿石侵限，侵限矿石将机后32位车辆运行方向左侧6位交叉杆支座下部被垫起，致使32位车辆轮对悬浮，导致32、33位车辆脱轨。

二是上大堰车站违反武汉铁路局《行规》第16条的规定，对货场管理不到位，日常检查不到位。该站4道散堆装货场管理混乱，货物装载后的残留物长期不清理，货场积水严重，为事故埋下了隐患。

（资料来源：摘自原铁道部关于焦柳线8××××次货物列车脱轨险性事故通报）

安全是铁路运输质量的核心内容，也是铁路事业发展的前提和保证，一直以来倍受关注。铁路作为承运人，保证货物运输安全，即保证在运输过程不造成货物的损坏或缺失、不影响其他列车的正常行车秩序，是发挥铁路货运大运能、低运价等运输优势的基础和前提。我国铁路货运经过长达半个世纪的发展，安全保障水平有了很大的提高，特别是近年来，国家铁路局等相关部门不断加大对铁路货运安全的管理和监控力度，同时加快了先进货运安全技术保障设备设施的应用和改造，铁路货运安全保障水平有了新的飞跃，重特大货运事故发生率逐年降低。但不容忽视的是，铁路货运安全问题依然存在，实际生产过程中仍存在许多需要改进或加强的作业环节。

一方面，铁路货物运输从承运受理到挂运，再到到达交付，整个运输过程中涉及大量不可预测或不可人为完全控制的因素，这些因素很容易形成货运安全的隐患，因而消除铁路货运事故隐患是一项长期任务。另一方面，我国铁路运输在经过六次大面积提速后，客、货运速度都有了较大幅度提高，货物列车运行速度的提高必然导致在货运安全保障方面需要采取相应的改进措施；大量高等级旅客列车的开行又造成在当前客、货混跑模式下客、货列车的相对运行速度差加大，邻线运行客、货列车间的潜在威胁效应进一步加剧。

货物运输是铁路运输的基本组成部分，从装车作业到途中运行的检查，最后到卸车交付整个运输作业过程，都需要货运人员遵章守纪，按标作业，以保证货物运输安全，稍有不慎就会发生事故。

一、由装卸车及途中安全检查方面的问题引发的一些铁路货运事故

（1）货物装载加固不良引发事故。例如，2014年1月21日11：07，11077次货物列车行至郑州铁路局陇海线故县站3道停车，故县车站助理值班员发现机后第42位车辆C1552510运行右侧装载的货物脱落（货物品名为大豆，装载849件，袋包装，装车地点：连云港港口集团铁路运输公司专用铁路，属托运人自装车），被篷布内上封式加固绳网悬挂在车帮上。列车调度员安排车站甩车处理，13：57开车，耽误本列35 min，构成铁路交通一般C17事故。

事故原因，一是连云港港口集团铁路运输公司专用铁路装车作业未严格执行《铁路货物装载加固规则》第四条“货物装载加固的基本技术要求是：使货物均衡、稳定、合理地分布在货车上，不超载，不偏载，不偏重，不集重；能够经受正常调车作业以及列车运行中所产生各种力的作用，在运输全过程中，不发生移动、滚动、倾覆、倒塌或

坠落等情况”规定，货物装载加固不良，导致货物在运输途中发生5件移动并脱落悬挂于车帮。二是上海铁路局徐州货运中心对专用铁路监管不到位，在墟沟北站仅对货物装载现状办理交接，对专用铁路自装车的货物装载加固情况缺乏检查监督力度。

（2）使用不符合技术条件的车辆装车，途中货运检查站对车辆不认真进行安全检查，造成事故。例如，2006年3月2日11:38，侯马北站始发2××××次货物列车，牵引59辆，13：31运行至郑州局侯月上行线磨滩至盘谷寺间193 km+550 m处，机后第40位车辆（C62B46×××××，发站白村，到站历城，票记品名洗精煤）运行方向左侧车门开放，打坏1943号区间的通过信号机，构成货物列车险性事故。其主要原因就是西安局白村站违规使用定检过期，技术状态不良，尤其是车门状态不良的货车装车，侯马北站货检人员未按区段负责制认真检查货车车门状况，未作扣车处理。

（3）车辆卸货后不按规定处理，不具备运行条件的车辆却上线运行，造成事故。例如，2007年5月18日T1××次客车2：36运行至京九线659 km+290 m处，司机汇报列车机车排障器碰撞异物，被迫停车，构成行车险性事故。其原因就是运行的8××××次货物列车所挂车辆卸货后有遗留的货物支架未拆除，违反车辆回空时，非车辆固定配件一律撤除的规定，运行中脱落并刮上T1××次机车排障器。

（4）卸后道沿不按规定清理，造成调车作业脱轨事故。例如，2006年12月17日3：49，3××××次货物列车到达禹门口站2道停车，利用本站站务机车进行调车作业，4：23作业至由7道线路挂11辆列车牵引运行，由于7道线路上卸车后遗留的铁矿粉清理不彻底，调车作业的列车运行中车轮被遗留矿粉垫起，导致其机后第8位车辆脱轨，构成调车脱轨一般事故。

（5）油罐车辆超载，引发爆炸火灾。例如，1990年7月3日14：56，0201次货物列车行至襄渝线510 km+232 m至512 km+8 m处梨子园隧道内发生爆炸火灾事故，造成颠覆脱线17辆，人员伤亡18人，直接经济损失约500万元，中断行车550 h 54 min。经勘验是由于油罐车辆超载，孔盖密闭不严，油气外溢形成气团接触网线，放电火花引起爆炸火灾。

上述这些事故的致因是造成铁路运输生产事故的主要原因。

另外，一些作业人员受利益驱使，匿报货物品名，尤其是危险货物，也是造成事故的重要原因。

二、铁路物流作业与铁路货运安全

铁路货运安全保障水平的高低可以通过货运事故发生率得到一定程度的体现。导致铁路货运事故发生的因素包括人、管理、设备及其他因素，这些因素并不是各自独立影响货运安全，实际生产中是这些因素共同作用的结果。通过铁路货运事故原因分析可得出，影响铁路货运安全的主要因素有两方面：一方面是来自承运货物相关层面因素；另一方面是来自除承运货物外的包括线路、车辆、信号等在内的非货物层面因素。由于铁路车站的货运作业是直接面向承运货物的作业，因而其对铁路货运安全产生的影响也比较直接。比如货物受理和交付作业环节，由于铁路人员或客户的失误，导致违规承运、错误交付等情况发生，是比较常见的货运事故类型。

除了直接的货运作业外，影响铁路货运安全的因素还包括其他与货运作业紧密相关的内容，如车站对货场、装卸设备管理以及车站对所辖专用线的管理等。由于计量设备如轨道衡、超偏载仪等，无论是数量还是质量都无法满足实际需求，导致车站对货车超载、偏载偏重等违反铁路货物装载条件的情况不能做出准确和及时的判断，造成线路上大量超载或偏载车存在；受车站治安及管理水平的影响，货物在货场遭偷盗或损毁，也是铁路货运事故的重要组成部分。

据统计，由铁路货运部门承担责任的货运事故数量占铁路事故总数的60%左右，而在导致货运事故的原因中，有超过90%直接或间接同车站货运作业有关。由此可见，货运作业是保证铁路货运安全的重要环节。货运作业安全水平体现了铁路货运安全保障水平。

三、铁路物流作业存在的主要问题

当前铁路物流作业中的许多环节，包括货物承运、货物装卸、途中作业以及相关作业管理等工作，都存在作业不到位或作业完成质量不高的情况，影响铁路货运安全。铁路物流作业存在的主要问题如下：

（1）货物受理和承运把关不严。在货物受理过程中，由于铁路车站受理作业程序不规范或由于工作人员疏忽，造成对不满足铁路运输条件要求的货物实施受理和承运，给铁路货运安全造成极大威胁。

对不满足铁路运输条件要求的货物是否实施受理和承运，你的看法如何？
（参考答案见第153页）

（2）装、卸车作业监控力度不足。由于岗位设置不科学或相关人员的责任心不强，导致对装、卸车作业的监控效果不理想，车辆技术状态不良、装载加固方案不合理、货物装载状态不达标、装载加固材料不合格以及装车方案执行不到位等问题不能及时发现并纠正。

（3）途中检查作业完成质量不高。对货物列车所进行的货物途中检查作业，目的在于及时掌握货物列车运行状态和货物装载加固状态，及时发现问题，采取应对措施，并翔实做好记录作为将来事故原因分析的依据。由于铁路货运主要适合中远距离的运输，运输距离越远，隐患产生的可能性越大。

实际工作中，由于受场地、设备、人员等因素限制，货物途中检查作业的完成质量不高，导致不能及时发现影响铁路货物列车运行安全及货物安全的相关问题。由于不能完全掌握列车和货物的运行途中状态变化，因而一旦发生问题，在事故原因分析和责任认定方面缺少足够有效的依据。

（4）专用线作业水平参差不齐。由于专用线数量种类繁多，各专用线作业量大小也有很大差别，造成各专用线货运作业状况各不相同。对于作业量大且作业品类稳定的专用线，其货运设备及配套设施比较全面，对相关货运作业的熟悉程度较高。对于作业量小或作业品类发生变动的专用线，由于对相关作业环节和内容不熟悉，加大了企业高质量完成专用线货运作业的难度。铁路车站对各自管辖的专用线管理水平也存在差别，具体体现在车站是否充分履行对专用线货运作业的监督指导职能，以及车站是否落实对企业相关人员考核培训制度等方面。

（5）危险货物作业人员素质不高。由于铁路车站危险货物作业涉及规章文电多，且内容繁杂，因此要求相关作业人员要加强对作业规章的学习和掌握。但实际生产中，由于车站人员紧张或岗前培训制度落实不到位，导致作业人员的学习和培训机会很少，限制了相关作业人员业务素质的提高。

（6）超限货物办理水平不均。由于我国工业布局的差异以及实际线路条件的不同，超限货物运输需求在全路的分布是不均衡的。不同车站办理超限货物的多少以及办理超限货物的能力大小都有较大差异。尤其是一些为满足实际生产需要而临时开办的超限货物作业铁路车站，在超限货物办理上明显表现出经验不足、技术保障不够等问题。

（7）货场及货运设备管理落后。由于货场规划布局不合理、货位管理不到位，导致货物堆放对货物作业人员安全构成威胁；由于货场治安水平不高，造成货物、加固材料失窃现象严重。在货运计量设备的管理及使用方面，由于相关单位缺乏科学的计量意识，对设备的日常监管非常薄弱，很难实现对设备的周期维护和精度检定，无法判定设备的量值是否准确或量值误差是否在可接受范围内，设备准确性和可靠性无法保证。此外，货运设备管理落后还体现在装卸设备能力不足或状态不良，消防、照明等其他货运设备配备不足，事故应急能力储备不足等方面。

• 参考答案 •

这个问题对铁路物流安全生产既是一个威胁，也是一个挑战，更是铁路物流长期面临的问题。对此，不能以安全生产得不到保障，简单地选择不受理、不承运。而是要建立一个处理这类安全运输难题的机制，组建专业团队进行专门研究处理，提出有针对性的物流安全服务对策。即当铁路物流服务一线作业人员遇到这类难题，通过作业流程立即交给“疑难杂症”专业团队来处理，如果“疑难杂症”专业团队找到了安全的运输方案，就受理和承运。否则，才拒绝受理和承运。这是铁路运输单位通过解决这类安全运输难题的方式，建立自身优势的非常有效的方法。

⊙ 实战 7.1

铁路物流作业存在的主要问题有哪几类？

⊙ 自测题 7.1

影响铁路货运安全的主要因素有哪些方面？

任务二　了解铁路物流作业内容及分类

铁路车站承担的物流作业主要分为整车普通货物作业、零散货物作业、集装箱货物作业、货运检查作业、专用线货物作业、冷藏货物作业、危险货物作业和超限货物作业

（如图 7－1 所示）。

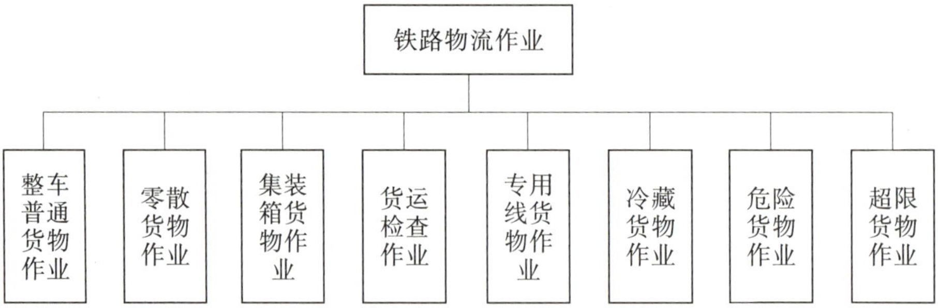

图 7－1　铁路物流作业分类

我国铁路物流服务已实现多渠道敞开受理。除法律法规明令禁止运输的货物，对客户提出的所有物流需求，不区分货物品类、体积、重量、批次、运到时限、装载要求、运载工具，全部纳入铁路物流服务范围，敞开受理。

铁路开辟有互联网、移动通信、电话、人工等多种业务受理平台（见表 7－1），客户可足不出户提出物流需求，随时随地、方便快捷办理物流业务。

表 7－1　铁路物流服务受理渠道

铁路物流服务受理渠道	受理模式
互联网	1. 95306 网站“我要发货”
	2. 95306 网交易物流一体化服务
移动通信	3. 95306 手机 APP
	4. 95306 微信公众号
电话	5. 95306 客服电话
	6. 货运营业网点电话
人工	7. 货运营业网点
	8. 铁路物流客服人员上门

以网上营业厅“我要发货”为例，客户办理业务流程如下：①访问网上营业厅；②选择相应的“我要发货”种类；③点击“发货办理”输入简要需求信息，点击“提交”；④获得查询密码；⑤接听铁路客服人员电话，提出详细需求；⑥确认需求；⑦根据确定的运输方案办理上货装车。

一、整车普通货物作业

整车普通货物作业是指和车站办理整车货物相对应的一系列铁路货运作业内容，也是铁路各项货运作业内容中最基础和核心的部分。整车普通货物作业主要包括装车站发站办理的货物受理、货物装车，以及卸车站到站办理的货物卸车、货物交付。整车普通货物作业流程如图 7－2 所示。

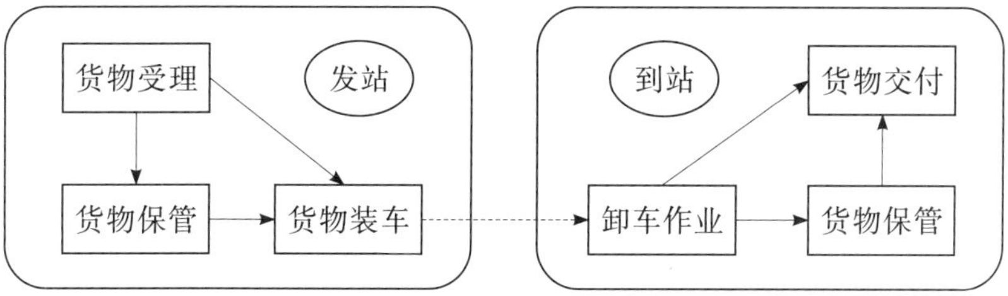

图7-2　整车普通货物作业流程

1. **货物的受理和承运**

托运人提出货物运单后，经承运人审查，若符合运输条件，则由承运人在货物运单上签证货物搬入日期或装车日期，称为货物的受理。受理作业完成后，由承运人安排进货、验收货物。

需要铁路部门相关作业人员审查的内容包括：承运货物包装、货物物理化学性质是否满足运输需求；承运人提供的途中设备条件能否满足货物运输过程的特殊需求；货物到站是否有限装要求等。

2. **货物保管作业**

货物保管作业，指装车站在进货后至货物装车前，以及卸车站在货物卸车后至交付货主之前，铁路部门对货物的保存和管理。

车站应该充分做好货物的防火防盗工作，对于物理化学性质特殊的货物，还要做好防潮、防腐等工作。

3. **装载加固作业**

装载加固作业主要包括装车前检查、货物的装车和装车后作业三部分内容。

装车前检查是指货运员根据货物调度下达的装车计划，在装车前进行的对待装货物、货运票据和货车的检查工作。其具体内容包括核对运单记载的到站有无停限装命令；核对托运人要求的车种、车吨与计划表上记载的车种、车吨是否相符；核对货物托运单内托运人有无特别记载的事项；检查货物的品名、件数和堆码货位号与运单记载是否相符；托运人记载事项与货物实际状况是否相符；检查装载加固材料是否齐全，是否符合要求；检查是否具备有效的装载加固方案；确定待装车辆技术状态良好，具备装车条件等。

货物装车作业时，货运员要同装车工组密切配合，保证严格按照装载加固方案装车。货物装载要均衡，避免货物偏载或超载现象的发生；货物加固要注意加固方式和加固材料两方面内容，即加固方式必须符合相关规章要求，加固材料要具备正规的来源且质量合格。

装车后作业主要包括装车后检查、剩余货物处理和运单处理。

4. **货物卸车作业**

货物卸车作业主要包括卸车前检查、卸车作业和卸车后检查三方面内容。

卸车前检查是为了保证卸车作业的顺利进行，防止误卸，确认货物在运输途中的状态，为分析事故责任提供依据而进行的对货位、运送票据和现车的检查。

卸车作业要求货运员向卸车工组传达卸车要求和注意事项，按照正确程序和方式卸车，并核对货物、合理使用货位，保证作业安全。

卸车后检查是对运输票据、货物和卸后车辆进行进一步检查确认。

5. 货物交付作业

货物交付是指承运人在规定的地点与收货人进行货物（车）交接后，在货物运单上加盖货物交付日期戳记，表示货物运输过程终止的作业程序。其主要内容包括货物的催领、货物的查询以及货物交付。在发生货物事故的状况下，还包括事故的处理和赔偿。

试制定一份装载加固作业装车前检查表。
（参考答案见第 157 页）

二、零散（批量散）货物作业

零散货物快运是指对于一批重量不足 30 t 且体积不足 60 m^3 的，可按零散货物快运办理。

批量散货物快运是指对于一批重量在 30 t 以上且体积在 60 m^3 以上的，108 类成件包装的货物的办理。

零散（批量散）货物按货物实际重量（体积）进行受理和承运。办理站会在相关网站上公布。

以下情况不能办理零散（批量散）货物快运。

（1）散堆装货物。

（2）危险货物、超限超重和超长货物。

（3）活动物及需冷藏、保温运输的易腐货物。

（4）易于污染其他货物的污秽货物。

（5）军运、国际联运、需在米轨与准轨换装运输的货物。

（6）在专用线（专用铁路）装卸车的货物。

（7）煤（01）、石油（02）、焦炭（03）、金属矿石（04）、钢铁（05）、非金属矿石（06）、磷矿石（07）等七个大宗货物品类，以及棚车以外车辆装运的货物。

（8）国家法律法规明令禁止运输的货物。

（9）其他不宜作为零散货物运输的货物。

零散（批量散）货物装车作业主要包括装车前检查、货物的装车和装车后工作三部分内容。

装车前检查。检查货物体积，清点件数；检查货车门窗、车体状态（包括透光检查）、车辆标记，以及有无通行限制及扣修通知；检查车体内部状态是否良好，有无非车辆结构的突出物及残留货物。

货物的装车作业。开始装车前，货运员向承运作业工组介绍待装货物的货位、数量、去向、装载方法及时间要求；介绍重点货物，提出安全注意事项；按规定会同有关人员监装重点货物；填制重点货物、笨重货物装载示意图；检查货物装载加固以及货车的门窗关闭状态；检查作业范围内有无遗漏货物；按规定施封或检查篷布苫盖情况；报告装车完毕时间。

装车后作业。核对货区存留和装车剩余货物，票据移交。

● 参考答案 ●

表 7-2 装车前检查表

序号	检查内容	有无问题	问题及措施
1	运单记载的到站有无停限装命令		
2	托运人要求的车种、车吨与装车计划表是否相符		
3	货物托运单有无特别记载的事项		
4	货物的品名、件数和堆码货位号与运单记载是否相符		
5	托运人记载事项与货物实际状况是否相符		
6	装载加固材料是否齐全		
7	装载加固材料是否符合要求		
8	是否具备有效的装载加固方案		
9	待装车辆技术状态是否良好，具备装车条件		

三、集装箱货物作业

集装箱货物作业主要包括办理车站的集装箱出发、到达作业以及在途中站班列集结作业（如图 7-3 所示）。

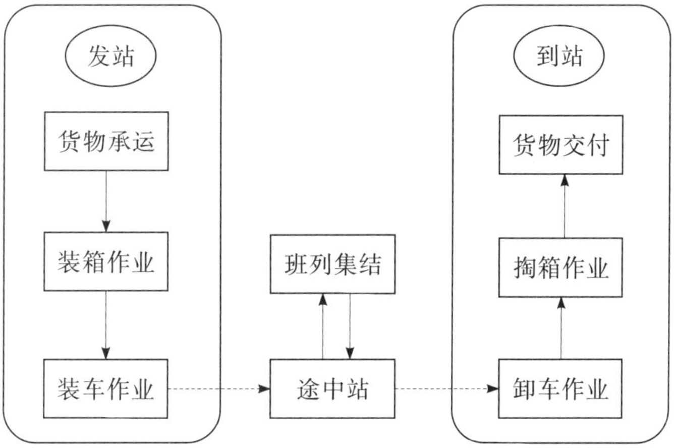

图 7-3 集装箱货物作业流程

集装箱办理站出发作业流程包括集装箱的托运、集装箱的受理、集装箱装箱、集装箱的制票和承运、集装箱的装车、发送等作业。

集装箱的途中作业包括集装箱在结点站的中转、集装箱装卸等作业。

集装箱办理站到达作业包括集装箱的到达、集装箱的掏箱及货物交付等作业。

四、货运检查作业

在货物运行途中，铁路承运人通过对货物装载加固及车辆状态进行检查确认，保证货物运输的安全和可靠。货运检查作业主要指货物在经过运输途中站时，由途中站所负责的作业内容，主要包括货运检查和货物换装整理两部分内容。

在货物运行途中，铁路承运人通过对货物装载加固及车辆状态进行检查确认，保证货物运输的安全和可靠。检查作业流程（如图7－4所示）。

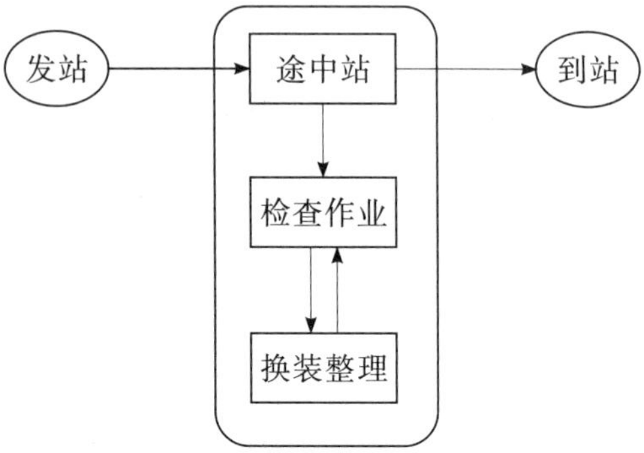

图7－4　货运检查作业流程

1. **货运检查作业**

列车经过一段时间的运行和若干次技术作业后，装载货物由于受到列车运行过程中及编解作业过程中所产生各种力的作用，其装载位置有可能产生变化，加固状态也有可能遭到破坏。为保证行车和货物安全，需要对运输中的货物（车）和运输票据进行交接检查，以便及时发现问题并采取有效的应对措施。

2. **货物换装整理**

货车在运输过程中，发现其状态可能危及行车安全及货物完整时，为保证货车继续安全的运行，所进行的更换货车或对货物的整理作业（分为在列整理和摘车整理），称为货物的换装整理。

在运输过程中若发现货车超载或偏载，或者货物装载加固状态不良，如货车违反运行区段的通行限制或者加固材料损坏、篷布苫盖不严或捆绑不牢等，货车不能继续运行，以及因车辆技术状态不良被车辆部门扣留，都要按规定进行换装整理作业。

五、专用线货运作业

我国现有各种类型专用线2万多条，总长约20 000 km，专用线货运作业量占全路货运量的70%左右，是铁路运输工作的重要组成部分。对铁路车站来说，专用线作业包括专用线货运作业以及专用线管理作业两部分（如图7－5所示）。

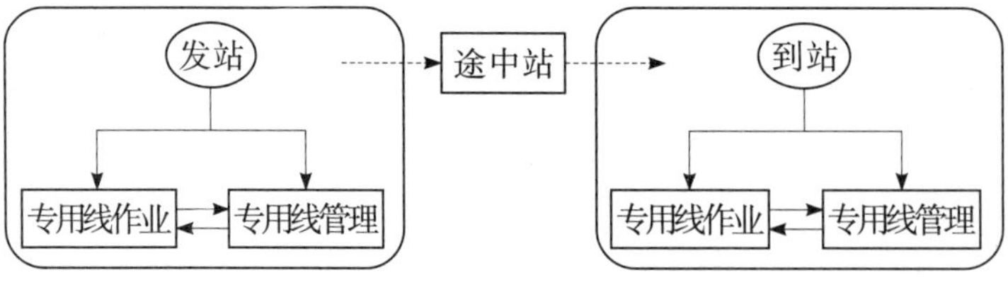

图7－5　专用线货运作业流程

1. **专用线货运作业**

专用线货运作业主要包括了解现场情况、装车作业、卸车作业，以及交接车签认等。主要作业程序包括：

① 装、卸车作业前货运员要掌握专用线货位、待装货物、现有车和装卸能力、设备情况，并向相关部门报告具体线路、货物品名以及请求车种、送车顺序等。

② 接到有关送车计划后，协助完成送车作业及货车对位等工作。

③ 装车作业过程中，要会同专用线运输员对货物装载过程进行监控并在装车作业完成后检查确认，重点货物装车还要与专用线单位进行装车质量签认。

④ 接到挂车计划后，通知专用线并与专用线运输员办理交接签认。

2. **专用线管理作业**

车站加强对所辖专用线货运作业的管理，提高专用线货运作业安全水平，对保障铁路货运安全有重要意义。

专用线管理的主要工作内容为，针对企业专用线日常货运作业进行的监督和考核，包括对企业相关作业人员的技能考核以及对专用线作业设备清查等内容。

六、冷藏货物作业

铁路冷藏货物主要指为防止货物在运输过程发生变质或腐烂，而使用特殊运输工具或采取特殊运输方式运输的特种货物，主要包括易腐和鲜活货物两大类。冷藏货物的相关货运作业内容包括承运发送、途中作业及到达交付等环节。

1. **受理承运作业**

冷藏货物的承运作业包括对承运货物的审核，货物的质量、温度、包装和选用的车辆，均须符合“易腐货物运输条件表”和“易腐货物包装表”；区分不同热状态的易腐货物，区别冻结货物、冷却货物和未冷却货物，严格依照规章制度办理承运。

2. **途中作业**

冷藏货物运输对运输条件要求较高，因此必须通过在途相关作业以保证特定运输条件的维持。途中作业主要包括途中加冰、途中制冷、途中加温以及途中温度记录等内容。

3. **到达交付作业**

冷藏货物的到达交付作业主要包括到达卸车作业以及快速交付等内容。卸车作业要严格控制卸车时间，并及时通知货主准备相关防护用品及搬运工具。

七、危险货物作业

作为铁路运输的特种货物之一的危险货物，是指具有爆炸、易燃、毒害、放射性等特性，在运输过程中易造成爆炸、火灾、污染、毒害、射线等危害，需要在运输过程中给予特别防护的货物。危险货物的相关货运作业内容主要包括承运、装卸和保管等过程。

1. **受理承运作业**

由于危险货物自身性质特殊，危险货物的承运手续比一般货物更为严格，除遵守普通货物的一般规定外，还应遵照《铁路危险货物运输管理规则》的要求；承运时尤其要注意货物品名、编号、隔离符号、类项标一记、运输条件等信息的填写是否正确与齐全；必要时，还应同货主签订危险货物运输协议，并建立危险货物运输档案。

2. 货物保管作业

危险货物在由铁路受理承运并组织进货后，在正式发运以前由车站暂时保管储存。在保管过程中，要根据危险货物自身的性质，采取对应的防火、防潮、防爆等措施；在危险货物搬出后，库、场和被污染的设备、工具应及时清扫洗刷或消毒；要配备各项设备器材，完善消防、救援、报警设施和装备。

3. 货物装卸作业

危险货物装车前，要对装载车辆进行检查，确认车辆内部没有残留货物，同时确认需要消毒的车辆已进行洗刷消毒，未经洗刷、消毒的车辆严禁使用。

装卸作业过程中要轻拿轻放，堆码整齐牢固，严禁倒放；装卸时应有专人在场监督，装卸现场应当设置警戒岗哨，禁止无关人员进入。

八、超限货物作业

超限货物运输一直是铁路货运安全工作的重点内容。从货物受理承运到电报发送直至装车、发运，有关超限货物的作业要严格执行相关规章和规范。另外，由于超限货物运输对于运行区段内建筑限界及桥隧通过能力等相关运输条件要求较高，因此，车站对其辖区段内的限界管理作业也属于超限货物作业的重要内容（如图 7－6 所示）。

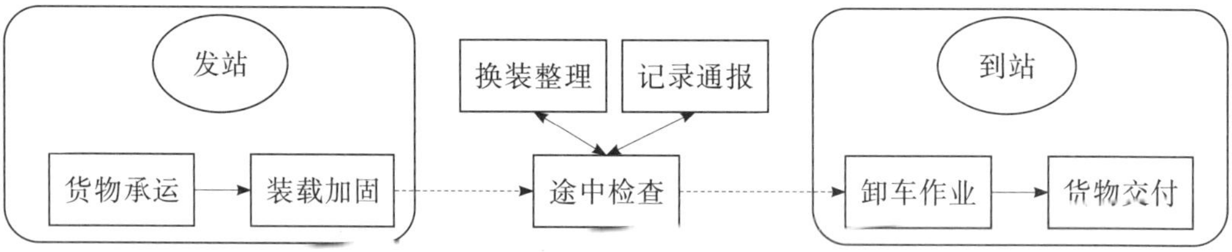

图 7－6　超限货运作业流程

> 铁路货车在运输过程中，哪些情况下需要对货物进行换装整理？
> （参考答案见第 161 页）

1. 货物受理作业

发站在受理超限货物运输时，除按一般货运手续办理外，还应要求托运人提供货物说明书，申请使用的车种、车型及车数，计划装载加固方案等。

在资料受理后，发站必须认真审查资料，必要时应组织有关部门共同研究；对照资料核查货物实际，复核货物重量、测量核对货物外形尺寸和重心位置；拟定使用货车的车种、车型及车数，拟定货物装载加固方案，计算超限（装后尺寸）等级；向中国国家铁路集团有限公司超限货物运输主管部门提报铁路特种车使用计划、发出超限货物运输请示电报。

发站接到中国国家铁路集团有限公司批示电报后，应按规定及时审核、受理托运人提出的铁路货物运输服务订单、货物运单和有关证明文件等资料。

2. **货物装车作业**

超限货物装车作业主要可分为装车前作业、装车作业和装车后作业三部分。

装车前作业。通知车辆部门检查车辆技术状态；确认待使用的车种、车型、车数是否符合批示电报和装车要求，加固材料和加固装置的规格、数量及质量是否符合装载加固方案规定；在负重车上标划车辆纵横中心线，在货物上标明重心位置（投影）、素点；开好车前会，向装车人员布置装车事项。

装车作业。站段、货运中心超限运输和装载加固主管人员必须到装车现场进行指导。装载和加固作业须严格按装载加固方案进行。

装车后作业。重点检查确定货物装载位置及加固材料（装置）数量、使用方法符合装载加固方案要求。确认货物装载加固符合规定要求后，须对照批示电报重点复核、确认；确认符合批示电报条件后，发站应按规定会同有关单位（部门）填发超限货物运输记录，用油质颜料在装运超限货物的车地板上标画货物检查线、在货物上书写（刷印）或拴挂超限货物检查标示牌，并按规定在车辆上插挂货车标示牌。

3. **运行和途中检查作业**

途中货检站应加强对超限货物车辆的安全检查，除按货运检查作业规定（TB/T 2116.5—2005）检查外，还须重点检查、确认以下内容：

① 超限货物运输记录资料是否齐全、填写是否完整。

② 超限货物两侧明显位置是否书写或刷印有超限等级，或者拴挂有超限货物检查标示牌。

③ 负重车车地板上是否标画有明显的货物检查线。

④ 货物是否存在位移。

检查确认后，在超限货物运输记录上记录检查结果，并签章。

• 参考答案 •

货车在运输过程中，发现以下状态，要按规定进行换装整理作业。

①货车超载或偏载；

②货物装载加固状态不良；

③货车违反运行区段的通行限制；

④加固材料被损坏；

⑤篷布苫盖不严或捆绑不牢等；

⑥货车不能继续运行；

⑦因车辆技术状态不良被车辆部门扣留；

⑧其他可能危及行车及货物完整的状态。

4. **限界管理作业**

限界管理的对象是限界管理范围内设施的限界情况，主要包括对限界的检测，资料的整理、汇总、使用，数据的更新以及对临时限界变化的掌握等，也包括对检测侵限的设备整治等限界控制内容。

⊙ 实战 7.2

整车普通货物的装载加固作业包括哪几项作业？这些作业如何做好才能保证安全运输？

⊙ 自测题 7.2

铁路物流作业共分哪些类别？

任务三　铁路物流作业安全影响因素分析

铁路物流作业安全的基本影响因素包含人、环境、设备、制度管理等几个方面，但不同的货运作业内容，其安全影响因素各有侧重。因此，有必要结合车站货运作业内容和特点，将影响铁路车站整体货运作业安全水平的因素大致分为三个层次，分析得出影响铁路车站各项货运作业安全的最直接和核心的因素。

（1）第一层是按照作业性质和内容的不同，把铁路物流作业分为的整车普通货物作业、零散（批量散）货物作业、集装箱货物作业、货运检查作业、专用线货物作业、冷藏货物作业、危险货物作业和超限货物作业八大类别货运作业。

（2）第二层是在各类货运作业安全影响因素分析的基础上，确定影响作业安全的主要因素。

（3）第三层是通过对各项影响主因素的作用原理进行分析，找出决定影响主因素安全水平的具体指标。

需要明确的是铁路物流安全作业在具体实施中，会因为作业的类型不同需要采取不同安全保障措施，但强基达标仍是铁路物流安全的基本措施。

一、整车普通货物作业安全影响因素

整车普通货物作业安全水平主要取决于货物发站及到站的整车货物办理水平。作业内容主要包括承运、交付，以及装、卸车作业等，同时货物在车站的暂存保管也对货物安全带来影响。因此，影响整车普通货物作业安全的因素包括承运办理人员素质、承运办理制度、装车作业管理水平、货运设备状态，以及货场管理水平等。

1. **承运办理人员职业素质**

在承运办理过程中，铁路经办人的责任心以及对规章的理解程度是决定能否把好承运关的关键。在承运审查过程中，能否辨识不符合铁路运输条件要求的货物取决于办理人对相关规章的理解和把握，同时办理人具有足够的责任心才能保证实际操作中严格按

照规章要求办理。

实践中可以通过专业技术知识考核以及结合历史表现得出承运办理人员的职业素质水平。

考核相关指标：相关工作时间、专业技术考核成绩、历史表现等。

2. 承运办理制度保证

承运办理制度包括相关岗位设置、责任人明确等。承运办理制度的完善是承运作业完整、规范完成的基础保证。相关岗位设置不能过于单一，要考虑岗位设置的复合性，使所设置岗位间实现相互监督和相互配合；承运作业流程要做到规范化、完整化，任何作业环节完成质量不高或遗漏都可能给货运安全埋下隐患。

考核的相关指标：岗位设置明确、作业流程完整、实现相互监督等。

3. 监装及装车签认制度

在装车作业过程中，相关技术人员的现场监装可以大大提高货物装载加固质量，减少货物装载加固方面的安全隐患。对于装车作业有特殊要求的重点车及重点品类货物，相关技术人员的现场监装可以准确地将技术细节传达给现场作业人员，因而对保证货运安全具有重大意义。

装车签认是在装车作业完成后，相关人员按规定对货物装载加固状态及车辆状态进行全面检查和确认达到质量要求后，经其签认后才对装载车辆予以放行。

签认主体的专业人员经验丰富、技术过硬，可以大大提高签认的可靠性。

考核的相关指标：装车作业监装率、重点车监装率、装车质量签认率等。

4. 货运设备状态及能力

对装卸机械进行正确的运用管理和及时维修，保证装卸设备处于良好的工作状态，是保证货物装载质量的前提保证；相关货运设备尤其是装卸设备的专业化水平，体现为对办理货物的适应性，专业化水平高的货运设备在保证作业效率的同时，也有利于装载质量的提高；精度高、稳定性好的轨道衡及超偏载仪等设备的使用是货物装载达标的重要保障，因此，车站要加强对衡器等相关设备的管理，做到合理配置，定期检查。

考核的相关指标：设备工作状态、设备专业化水平、设备合理配置等。

5. 货场管理

货场是铁路办理货物发送、中转和到达交付各项作业的场所，同时也是铁路和其他运输方式间的衔接点，加强对货场作业的安全管理水平，是提高货运营业站货运作业安全水平的重要保证。货场管理的主要内容包括合理货场分区、加强货位管理、维护货场秩序、提高货场治安水平等内容。

考核的相关指标：货场分区、货位管理水平、货场秩序等。

试回答以下问题：

(1) 如何在承运办理实践中评估办理人员的职业素质？

(2) 对监装及装车签认主体的职业素质如何要求，以提高签认的安全可靠性？

(3) 如何提高货运设备状态及能力？

(参考答案见第 166 页)

二、零散快运货物作业安全影响因素

零散货物本身具有特殊性，因而在零散快运货物作业安全影响因素上存在许多不同于整车普通货物作业的内容，零散快运货物作业安全在作业设备及作业标准方面提出更加细致具体的要求。具体影响因素包括作业设备条件、作业标准和零散快运货物办理数量等内容。

1. 零散快运货物的安全检查

零散快运货物种类繁多，很多货源是托运人在物流市场上收集汇拢的，属于“二手”货源，个别货主有意或无意地将危险货物匿报品名为普通货物，或者在普通货物的包装内夹带运输危险货物，这样就会给铁路运输埋下严重的安全隐患，导致车辆发生火灾、爆炸事故。例如，2017 年 7 月 31 日江西省南昌市某物流公司将双氧水（属于危险货物中的强氧化剂），匿报品名为汽车配件，与其他货物一起混装入了快运班列的棚车内，8 月 2 日该车运行至渝怀铁路黔江站时双氧水发生猛烈爆炸，三辆铁路货车被炸毁，黔江站的站台雨棚也严重受损，影响十分恶劣。

因此车站对承运的零散快运货物必须加强安全检查，通过安检仪、开包（开箱）查验等方式对进站装车的货物进行检查。

相关安全指标：抽查率、过机查验件数等。

2. 零散快运货物作业设备条件

办理零散快运货物作业的安全保障能力受车站的设备技术条件影响较大。

在信息管理设备方面，车站间通过建立完整的运输信息系统，实现对零散快运货物的运输全程监控，跟踪掌握零散快运货物的运输状态，可以大大提高对零散快运货物运输的安全保证能力。

在装卸设备方面，车站的装卸设备的工作效率以及设备对不同品类零散快运货物的适配性对作业安全有重要意义。先进的装卸设备，一方面可以大大提高作业效率，降低作业人员的工作强度；另一方面可保证货物在装卸过程中不受过多的损害。

考核的相关指标：信息系统的完整建立、装卸设备适配性等。

3. 零散快运货物作业标准

零散快运货物种类繁多，外形、重量各异，在充分利用车辆容积及载重能力的基础上，对零散快运货物进行合理的配装是零散快运货物作业的关键环节。由于配装作业完成质量与作业人员有很大关系，导致在零散快运货物作业安全影响因素中人的因素所占比重加大。因而，针对具体作业实施作业标准尤为重要。

合理有效的装卸作业标准可以加强对装卸作业的控制，减少由于装卸作业不规范而导致货物损毁状况的发生。

考核的相关指标：配装作业标准、装卸作业标准等。

三、集装箱货物作业安全影响因素

集装箱货物作业具有标准化程度高、装卸作业快、货物安全性好、交接方便等技术优势，是多式联运的主要方式，也是中国铁路的重点业务发展方向。2019 年铁路集装箱发送量比 2018 年增长了 30.4%。铁路集装箱运输业务类型包括铁水联运、国际联运、内陆铁公联运等，可为客户提供门到门运输和全程物流服务。

由于集装箱货物作业以储存货物的集装箱作为主要作业对象，因此影响集装箱货物作业安全的主要因素集中于与集装箱作业相关的集装箱装卸设备条件及集装箱管理等方面。

1. **集装箱装卸设备条件**

集装箱装卸设备的类型多样，性能特点也有较大差异。因此，车站结合集装箱装卸作业特点选用适当的装卸设备并合理布局对保证集装箱装卸作业安全有重要意义。

集装箱装卸设备的起重能力以及吊运方式都会对铁路集装箱的安全造成影响，起重能力是保证集装箱装卸作业安全的重要因素，吊运方式及其维护决定了对集装箱箱体是否会造成损坏。

考核的相关指标：主型装卸设备配备、装卸设备布局、装卸设备管护等。

2. **集装箱管理信息系统**

管理信息系统的运用是车站加强铁路集装箱管理和监控水平的重要途径。

通过集装箱管理信息系统以及集装箱在途监控系统的应用，可详细记录每个集装箱的状态与位置信息、作业时间信息、相关的单据与费用信息，实现铁路集装箱从制造、应用、修理到报废的全生命周期管理，通过对运输全程中集装箱的作业监控，提高集装箱作业安全的信息保障水平。

相关指标：集装箱管理信息系统、集装箱在途监控系统等。

3. **集装箱堆场管理**

集装箱堆场是铁路车站集装箱及集装箱货物堆放存储的主要场所，因此加强对集装箱堆场的管理对保证集装箱及集装箱货物安全有重要意义。

堆场内集装箱的状态维修及部分集装箱的清洗、消毒等维护作业，一方面是保证铁路集装箱设备完好的需要，另一方面是保证集装货物装箱作业安全的前提保证。

车站在完成交付作业前对集装箱及集装货物的暂存保管作业，包括对特种集装箱及集装货物进行的相关作业，如对冷藏箱的通电保温和制冷等，是保证集装箱交付作业安全的重要保证。

考核的相关指标：集装箱维护、集装箱及集装货物保管等。

四、货运检查作业安全影响因素

货运检查作业作为货物运行途中的保障作业内容，其安全水平主要受货检作业技术手段、货检作业量以及检查内容针对性等因素的影响。

1. **车站货检技术条件**

货检作业的技术条件主要包括技术装备条件、技术作业时间、货场线路条件。

根据不同货检项目作业需求，货检作业要求配备必要的技术装备，如进行货物装载状态检查，需要配备轨道衡、超偏载检测仪等计量仪器；进行换装整理作业，需要有符合作业要求的装卸货物线路、场地、装卸机械和计量衡器等。

车站所具备的货检技术装备直接限制和决定了货检作业的方式和手段，也决定了货检作业的效率和效果。

参考答案

(1) 可以通过专业技术知识考核（或竞赛）以及结合历史表现来评估承运办理人员的职业素质。

(2) 要求签认主体专业人员：①认真负责；②经验丰富；③技术过硬，以提高签认的安全可靠性。

(3) 对货运设备要：①合理配置；②定期检查，及时维修。

传统的货检作业完全依靠人的视觉感官和经验进行判断，在获取信息的全面性和处理信息的准确性方面受到很大限制，尤其是在恶劣天气或夜间，作业人员完全靠视觉作业，大大影响作业效果。如果对货检作业设备进行升级改造，例如对货检作业设备的数字化升级，可以大大提高货检作业效率和准确性，及时发现货物装载加固所存在的问题，并对实时信息做出完整详尽的记录。

车站的货检作业预期平均时间，是影响货检作业能否充分细致完成的基本要素。一般来说，车站货检作业时间由装车站的发车正点率以及中间站的到车、发车作业间隔时间所决定。发车站的发车时间延迟会导致已完成货检作业的货物和车辆存在再次面临状态发生变化的风险；而货车正点到达率不高则会导致实际货检作业时间不足，不能充分保证货检作业质量。

货场线路条件包括线路的复杂程度及场内股道密集程度，对货检作业也产生重要影响：一方面，线路复杂的货场存在较多的调车作业，对货检作业产生干扰；另一方面，股道密集导致到达列车密度高，容易导致错检、漏检的情况发生，限制货检作业的开展。

考核的相关指标：货检技术装备条件、货检技术作业时间、货场线路条件等。

2. **车站货检作业量**

车站衔接方向的多寡以及货检作业的等级决定了不同车站的货检作业量以及作业货物品类数量有很大不同。对于货检作业等级高、作业量大的车站，由于相关人员作业经验丰富、作业的效率较高、作业完成质量有保证，其货检作业在保证货运安全方面的作用效果更加明显。

考核的相关指标：车站衔接方向及数量、货检作业等级、货检作业量等。

3. **货检作业专项化**

当某一品类货物密集到发或由于一定原因导致某一方面的货物安全问题集中出现时，应加大货运检查作业中专项货检作业的比重。专项货检作业包括装载加固专项、篷布苫盖专项、门窗盖阀等。针对存在的主要问题，提高相关检查作业和整理作业的作业标准，高质量完成专项货检作业，对保证铁路物流作业安全管理有重要意义。

考核的相关指标：专项货检作业数量、专项货检作业针对性等。

货运员丁丁在专业技术考核时完成了以下题目，现在请你来试试。

(1) 进行货物装载状态检查，一般需要哪些计量仪器?

(2) 进行换装整理作业，需要哪些符合作业要求的设施、设备?

(3) 车站的货检作业预期平均时间如何确定?

(4) 最近某区段已连续发生多起门窗盖阀关闭不牢（紧）而引发的货运事故，对此，你对货检作业有何建议?

(参考答案见第 168 页)

五、专用线货物作业安全影响因素

专用线货物作业安全水平一方面受办理货物品类特征、企业作业水平的影响，另一方面也受车站对专用线的监管以及站企间合作水平等因素影响。具体影响专用线货物作业安全的因素包括办理货物品类、作业水平、路企协作水平以及车站监管水平等内容。

1. 专用线办理货物品类

不同的货物品类对安全性要求程度不同，在防腐、防爆、防潮等方面的特殊要求也存在差异，因而不同货物的相关货运作业的重点作业环节也不相同。车站所辖专用线作业品类的数量越多，尤其是危险货物及装载加固要求高的作业品类数量越多，车站对专用线作业的管理难度越大。

专用线所办理货物品类的稳定性对车站货运安全也有重要意义。在一定时期内，类别相对稳定的作业货物可以使相关货运作业的经验效用得到发挥，而货物类别、型号的频繁变动，货运作业方式改进又相对滞后，则会为铁路货运安全埋下隐患。

2. 企业货运作业水平

企业专用线货运作业水平受企业货运设备、作业人员配备、人员素质以及企业管理等多方面的影响。企业货运设备即自备机车、装卸设备、货运作业辅助设施等，以及专用线线路条件其状态和使用状况都会影响货运作业的效率和质量。作业人员素质包括人员责任心、作业经验及专业技能等。

企业管理水平包括企业内部考核奖励办法、经济调节手段等。通过经济奖励或罚没可以有效控制货运作业中人的不安全因素；企业引入适当的市场体制改革，明确作业责任，也可以提高货运作业的完成质量。例如，若企业自身的装卸能力不强，可把货物装卸作业外包给专业装卸公司，企业负责对其监管和指导，形成装卸公司对企业负责、企业对铁路负责的多层保障机制，大大提高了专用线货运装卸作业的安全保障系数。

3. 路企协作水平

专用线货运作业过程是铁路与企业之间相互配合、相互协作的过程。

在专用线作业前，铁路方面对专用线状况要全面掌握；取送车前后专用线还要进行一系列相关准备工作。这些作业环节要求铁路与企业能够在保持信息时刻通畅的基础上紧密联动，特别是企业专用线线路状况、货位占用状况以及现有车状况随时处于变化之中，全面了解掌握相关信息有利于铁路车站统筹安排货运作业，把握重点作业环节，提高专用线作业安全水平。

4. **车站监管水平**

车站对所管辖专用线日常货运作业的监管，对于规范专用线货运作业程序、提高专用线货运作业安全水平起关键作用。重点监管内容包括机车规范应用、线路规范管理以及货运标准化作业等。

车站定期对专用线货运作业人员进行业务技能培训和考核，可以提高专用线货运作业人员业务素质；通过组织相关货运规章的学习，可以促进技术人员对规章的理解和掌握。通过采取一系列作业规范化保障措施，提高专用线货运作业标准化水平，弱化人员的不良操作给货运安全带来的负面影响。

考核的相关指标：专用线监管力度、专用线人员业务技能周期考核、培训制度的建立等。

六、冷藏货物作业安全影响因素

铁路冷链物流主要运输肉、蛋、乳制品、速冻食品、冻水产品、鲜蔬菜、鲜水果、花卉植物等货物，按其热状态分为冻结货物、冷却货物和未冷却货物。铁路冷链物流装备主要包括机械冷藏车、隔热车、冷藏箱运输专用车、冷藏集装箱、隔热箱等，可为客户提供多样化的冷链物流服务。铁路部门建立了完善的冷链货物质量、包装、装载、控温标准，实行严格的全程控温运输，坚持优先受理、优先配空、优先进货装车、优先取送、优先编组、优先挂运，提供高质量的冷链物流服务。托运动物产品，以及需要检疫的植物和植物产品等货物，托运人需要按国家有关规定提供检疫证明。

• 参考答案 •

（1）一般需要配备轨道衡、超偏载仪等。

（2）需要有符合作业要求的装卸货物线路、场地、装卸机械和计量衡器等。

（3）车站货检作业预期平均时间由装车站的发车正点率以及中间站的到车、发车作业间隔时间所确定。

（4）建议在该区段进行门窗盖阀专项货检作业。

由于冷藏货物运输条件建立在冷藏车辆的使用以及途中相关作业保证的基础上，因此影响冷藏货物作业安全的主要因素集中于与冷藏货物运输条件保证水平相关的冷藏车辆条件及途中作业条件等方面。

1. **冷藏车辆条件**

冷藏车辆配备数量及车辆技术条件直接影响冷藏货物装车作业能否顺利完成，以及能否保证货物安全。冷藏车的管理、运用及维护水平关系冷藏车的技术状态，良好的冷藏车管理维护可以保证车辆工作状态良好，保证途中冷藏货物安全。

2. **途中作业条件**

途中加冰条件以及途中供电是进行冷藏货物途中作业的基础条件。

合理的加冰站布局以及充足的加冰能力，是满足冷藏运输途中作业安全的基础保证；冷藏运输工具的中途供电，是保证冷藏运输工具发挥作用的前提。

3. **装卸作业要求**

由于冷藏货物对外部环境的应激反应较强烈，因此在货物装卸过程中很容易因装卸作业时间过长而导致货物在其间发生变质和腐坏。因此，高质量的装卸作业，包括装卸作业的迅速性、装卸设备的选择性以及装卸作业过程中对货物的必要防护，都是保证货物装卸安全的重要条件。

装卸作业应使用不致损坏冷藏车（箱）内设备的机具，货物不得挤碰循环挡板和汇水槽；禁止用硬砸硬撬的方法开关车门。采取保温、防寒、防湿措施时，严禁以钉、钻、铆等方式损坏冷藏车（箱）体。

货物在车内的堆码，应当保证两侧车门能够方便开启。水果、蔬菜装车、堆码，要留有空气循环通路，上层货物距循环挡板至少留出 50 mm 空隙；卸水果、蔬菜时不准抛摔。苫盖的篷布应清洁无污染。

七、危险货物作业安全影响因素

危险货物不同于普通货物，在设备管理、技术管理、运输组织、安全防护以及事故施救等方面都有其特殊的要求。其重点作业环节包括货物承运、货物保管和货物装卸三部分内容，因此作业安全的影响因素主要包括与重点作业相关联的作业设备条件、储存区域管理以及作业人员素质等内容。

1. **货运作业设备条件**

危险货物作业的相关设备包括装卸作业设备、检查设备和包括消防、照明器材在内的应急设备。

装卸危险货物的作业设备对被装卸对象要具有特殊适配性，保证在作业过程中不会对危险货物的状态造成影响。

用于危险货物泄漏检测以及放射性物质检测的安全检查设备是掌握危险货物浓度、剂量的必要设备，为作业人员采取有效应对措施提供依据。

消防、照明器材对危险货物也有较大影响。不同性质危险货物需要配备不同类型消防器材，对于部分对光源有特殊要求且必须在夜间进行作业的危险货物，照明器材类型的选择也会对货物安全产生影响。

2. **货物装卸管理**

装卸危险货物除执行铁路危险货物运输管理有关规定外，还应注意：

（1）装卸危险货物作业须由技术熟练、体检合格，并经中国国家铁路集团有限公司培训合格的装卸人员担任。严禁女性员工在怀孕和哺乳期参加危险货物作业。

（2）装卸易燃易爆危险货物的装卸机具应具有防爆、防静电性能，并能防止在装卸作业中因摩擦、碰撞产生火花。照明设备应具有防爆性能。装卸机具要求：

① 叉车货叉用玻璃钢或铜焊包严，垂直段用胶皮衬垫并用铜质紧固件固定。接触器、控制器、电机滑环处要封闭。

② 夹包机的抱夹应衬以防磨隔离垫，保证各接触面滑顺，无铆钉、螺栓等外露，确保作业中无金属部分或突出物接触货物金属外壳。

③ 虎头车的车舌用玻璃钢或铜焊包严，车架用胶皮衬垫并用铜质紧固件固定，支腿用铜质材料或用其他摩擦后不产生火花的材料衬垫。

（3）危险货物装卸车、进出货，应优先安排，快装、快卸，尽量避开高温时段作业。装卸作业前，应对车辆和仓库进行必要的通风、检查，向装卸工组说明危险货物的品名、性质、作业安全注意事项，并准备好消防器材和安全防护用品。

（4）装卸搬运各类危险货物，要轻拿轻放，堆码整齐稳固，防止倒塌，严禁倒放、卧放（钢瓶等特殊容器除外）；禁止摔碰、撞击、拖拉、翻滚及剧烈震动，装卸作业点应备有铜质或木质工具；装卸毒害性、爆炸性、放射性物品的装卸机械，负荷应降低25%。

（5）装车前、卸车后，应认真清扫车辆，清理物按车站规定处理。

此外，装卸污秽货物，应避免人体直接接触；高温天气，不宜安排人力露天装卸生石灰、沥青及沥青制品、水泥、水泥熟料等，否则应做好防护措施，作业完毕后避免冷水冲激。

3. **货物储存区域管理**

多数危险货物对储存条件要求较高，货物储存场所的温度、湿度等指标都会对危险货物储存安全产生影响。同时，货物储存场所的规划和管理也是关系危险货物储存安全的重要因素，合理的危险品场、库布局可以大大提高危险货物的储存安全性；加强对危险货物储存区域的管理，限制非作业人员的进入，也是危险货物安全的重要保证。

4. **作业人员素质**

由于危险货物相关作业规章涉及内容较多，且其物品一般具有特殊的物理、化学特性，因此相关作业人员不仅要熟悉规章所明确的作业细节要求，同时还要清楚危险货物自身的特殊性质。

通过对规章的熟悉保证货运承运及配装过程中符合危险货物运输条件要求；在对具体危险货物特性有一定程度了解的基础上，相关作业人员可以提高在货运作业过程中采取防范措施的主动意识以及对危险货物的应急处理能力。

丁丁在以下专业考核中获得满分，请你也来试试。

（1）照明器材属于危险货物作业的装卸作业设备。

（2）装卸毒害性、爆炸性、放射性物品的装卸机械，负荷应不超过额定重量。

（3）装卸危险货物，如果是易爆货物，叉车的货叉应用铜焊包严或玻璃钢包严。

（4）装卸工组在装卸危险货物时应做哪些准备？

（参考答案见第171页）

八、超限货物作业安全影响因素

限超货物运输一直是铁路货运安全工作的重点内容。由于其运输对象多是外形尺寸大、货物重心高、装载加固技术要求高、运输组织难度大的非常规货物，而这些货物又往往是支持国家重点工程建设的关键设备，因此保证超限货物运输的安全有着重大意义。在影响超限货物运输安全的因素中，铁路车站的相关作业，包括装车站的装车发运以及途中的检查整理，都是最基础和核心的因素。

1. **装载加固方案质量**

超限货物装载加固方案主要包括车型选择、装载方式、加固方法、超限及重心超高情况计算说明等内容。

超限等级、重车重心高以及货物加固力值的计算是制定装载加固方案的技术依据和理论基础。计算的科学和准确是合理制定货物装载加固方案的前提保证。影响计算结果准确性和可靠性的因素包括方案相关数据的获取方式以及计算方法等。

（1）方案数据获取。装载加固方案的相关计算都是建立在对货物外形尺寸及重量参数等信息全面掌握的基础上的。因此，装载加固方案所需要的相关信息来源必须保证真实详尽，任何细节上的遗漏都有可能导致计算的不准确或是问题考虑不全面。尤其是对一些外形尺寸复杂、无历史运输记录的货物，装载加固方案设计人员对货物进行现场实测是非常必要的，重点测量内容包括货物全长、支重面长、货物横断面发生变化处或横向突出部位至重心所在横向断面的距离、重心至货物两端距离等关系方案计算的数据。

（2）计算科学全面。在数据来源可靠的前提下，依据相关规章并结合实际情况对货物装载后各项数据进行准确、全面的计算。装载及加固相关计算是制定货物装载加固方案的理论基础，在计算过程中要选择正确的计算方法，同时不能忽略必要的计算项目，保证计算结果能够全面客观地反映运输条件，真正发挥其作为装载加固方案理论依据的作用。

（3）方法实用创新。装载及加固方法是装载加固方案的核心内容。对装载加固方式有特殊要求的货物，传统装载加固方法可能不能满足其运输需求，具有创新意义的高水平装载加固方法是装载方案制定人员经验和智慧的集中体现。高水平的装载加固方法应该在保证货运安全的同时也具有较强的可操作性。

装载加固方案还涉及在货车运行过程中以及办理各项作业时应注意的相关事项。如对有些车辆的禁止溜放、对跨装车组安装车钩缓冲停止器等内容。

2. 装车质量

超限货物的装车作业是超限货物作业的基础内容，装车质量的好坏直接决定超限货物作业安全水平的高低。影响超限货物装车质量的因素主要包括装载加固材料和装置的选择、方案作用发挥以及技术人员监装等。

（1）装载加固材料和装置合格。加固材料质量合格，能够满足装载加固方案中对加固材料强度等各方面性能指标的要求；加固装置符合规章要求，相关技术说明及产品证书完备。

（2）严格按方案装车。要充分发挥装载加固方案的指导作用，尤其是在加固方式以及加固材料的选择使用上，坚持以科学的装载加固方案为首要依据。

• 参考答案 •

（1）照明器材属于危险货物作业的应急设备，不是装卸作业设备。

（2）装卸机械的负荷应降低25%，而不是仅要求不超过额定重量。

（3）叉车的货叉用铜焊包严或玻璃钢包严，符合安全要求。

（4）做好以下准备：①了解危险货物的品名、性质，重点了解危害性；②掌握安全作业流程和注意事项；③准备好消防器材；④准备好安全防护用品。

(3) 技术人员指导。技术人员的现场指导可以保证在第一时间发现现场作业所出现的问题，使问题得到合理有效的解决。同时，技术人员指导装车，可以保证装车作业完全按照装载加固方案要求进行，提高装车质量。

3. **线路限界数据质量**

对运行径路上建筑限界及桥隧通过能力的了解，也是保证超限车运行安全的重要前提。因此，在进行超限货物作业的过程中，要掌握相关径路上的线路条件，并及时了解因施工或其他原因造成的限界条件临时性变动。

4. **超限主管人员业务水平**

超限货物作业涉及的技术要求较高，因此相关超限货运主管人员的业务水平对货运作业安全产生较大影响。超限货运经验丰富、理论基础扎实、规章熟悉度高并且具有较强安全责任意识的人员，会在超限货物作业的各个环节起到监控和把关的作用，大大提高车站超限货运作业的安全水平。

5. **货物途中检查**

超限车在运行途中的货运检查作业是保证超限车及超限货物安全的重要措施。由于运行途中超限货物状态在外部因素作用下极易产生变化，进而威胁超限货物运输安全，因此必须及时掌握运输途中超限货物装载加固状态及装载车辆技术状态的变化，并在发现问题后及时采取正确有效的整理、换装措施，保证超限货物运输安全。

⊙ 实战 7.3

在货运检查作业安全影响因素中，车站货检作业量大对铁路物流安全是利大于弊，还是弊大于利?

⊙ 自测题 7.3

何为铁路集装箱的全生命周期管理？该管理作用是什么？

任务四　了解铁路物流作业安全管理

铁路物流作业安全管理的重点在于抓住各类货运作业的核心内容，重点掌握和改进影响某类货运作业安全的关键环节，利用有限的资源和精力高效解决实际问题。

一、整车普通货物作业管理

整车普通货物作业安全的影响因素主要涉及货物承运办理、货物装卸作业等内容。针对实际作业中存在的问题，提高整车普通货物作业安全水平可以从严格承运人审核资格管理、提高装卸作业安全保障水平等方面入手。

1. **建立承运人审核资质认证制度**

为保证承运人的承运审核作业规范且审核结果正确，可以建立审核资质的考核认证制度。承运人对铁路货物审核资质的获取建立在其有能力正确判断承运货物是否满足铁路货物运输条件以及是否符合铁路各项规章要求，并以此判断作为决定是否受理承运业务的唯一依据。

通过资质认证的承运人必须满足以下几方面要求：

① 承运审核人员要通过职业技能考核，对于业务水平不满足承运审核作业要求的作业人员要进行岗位置换或经再培训并通过考核后再重新回岗。

② 要具备健全的货物审核作业管理制度。

③ 在一定的时期内未发生由承运作业导致的货运事故。

2. 细化装车签认内容

装车质量是直接关系货运安全的重要因素。通过落实装车签认制度可以有效保证装车作业的完成质量，但是实际生产过程中，装车质量签认只是从总体上进行概念化的确认，缺乏对细节的考虑，因而可以建立装车指标签认表，对装车后各个相关技术数据分别进行签认，这在进一步保证装车质量的同时，也为日后的事故定责提供了技术依据。

3. 抓好货运“三环节”安全作业

（1）抓好货运装车环节的安全作业。

① 落实“按方案装车制度”。装车站应遵守和落实“按方案装车，无方案不装车”的原则。在装车前，管理者要制定科学合理的装车方案，以保证装车效率和安全；装车过程中，各级管理者要注重现场盯控、现场指导，确保装车方案和作业标准得到落实。

②使用技术状态良好的车辆。装车站应遵守货车使用限制表和铁道部关于货车使用的有关规定，装车前要认真检查货车的车体、车门、车窗、配件、盖阀是否齐全良好，有无扣修通知、色票、货车洗刷回送标签或通行限制，车内是否干净，是否有剩余货物。凡确定为技术状态不良，尤其是车地板、车门、车窗等技术状况不良的货车车辆，应杜绝使用。

③按标准进行现场装车作业。装载时，装车站作业人员应保证货物均衡稳定，合理分布在车底上，不超载、偏载，不集重、偏重。对于不同类型的货物还要注意其装载要求。

a. 装载袋装货物时，不同重量的袋装货物不得在同一车内装车，不得夹带与所装货物不同的物品，要认真核对件数和重量，保证增载不超载。使用棚车装载时，车门处货物码放高度不得超过 1.5 m，并逐层收缩梯形码放，码放的货物必须牢固稳定且与车门保持一定距离，严禁挤靠车门，车站监装卸货运员要逐车进入车内检查，严防偏载，确保装载符合要求。

b. 装运危险货物时，货运作业人员要认真落实危险货物运输规定，从受理把关、资质审核、查验制度、规章落实、企业货源状况等方面严格危险货物安全条件的检查。对托运性质不明确的货物，一律按《铁路危险货物运输管理规则》规定，要求托运人到中国国家铁路集团有限公司认定的技术咨询部门进行全面科学准确的货物性质鉴定，严防匿报危险货物品名问题的发生，切实把住危险货物运输的准运关。

c. 装载液体危险货物时，要认真执行《铁路危险货物运输管理规则》的规定。装车时货运员需要求发货人给出货物密度，并进行计算。与标准密度相同时，可比对《铁路危险货物罐车允许充装重量及高度表》，但充装量不得大于罐车的标记载重量；

同时要留有膨胀余量，充装量上限不得大于罐体标记容积的95%，下限不得小于罐体标记容积的80%，充装量低于80%时，罐体内未加防波板不得装运。办理发送危险货物业务的专用线、专用铁路在装车完毕后，要及时将计量单送交专用线货运员，专用线货运员要认真核实充装量及高度是否符合规定，对不符合规定的不准放行，监装卸货运员要加强检查，车车监控，确保充装计量单填记准确真实，确保液体危险货物运输安全。

d. 散堆装货物装车时，要认真执行散堆装货物装载管理办法，货运员应根据货物装载密度和车种（允许增载的车种要加增载吨数）的不同计算装载高度。当计算装车高度小于车端侧墙高度时，以计算装车高度作为实际装车高度，并在车辆内侧标画6条货物装载高度线（两侧板各画两条，两端板各画一条），画线长度不得小于300 mm，宽度不得超过8 mm，画线必须保持水平。装车时不得超出画线高度。装载散堆装货物时装载机具必须加装称重装置，对没有安装及没有在站注册登记称重装置的单位严禁装车；货运员在监装作业时必须认真严格检查装载机具称重装置是否打开。装车完毕后，要进行平整顶面，防止超载、偏载，并通过车站衡器进行检测，超过允许重量时应进行卸载，并再一次检衡，直至达到标准为止。遇有敞车中、小门关闭不严，车体有缝隙可能发生货物撒漏时，还应采取防撒漏措施。

e. 严格废钢铁等废金属材料、卷钢（板）、料石等货物的办理条件和安全管理。废钢铁等废金属材料、料石等装车站均应配备轮重测定仪等超偏载检测设备，并实现车车检测；对存在安全隐患、未经整改合格的一律不得挂运，严防超重及偏载问题发生。

f. 易于旋转或有活动部位的货物装车时，装车单位应将旋转和活动部位捆绑牢固，装车站应重点检查确认，严防途中串动引发安全问题。

装载后货运员要认真检查车门、车窗、盖、阀关闭及拧固和装载情况，需要插放货车表示牌的货车，应按规定插放。使用棚车、罐车装运的货物，一律按规定进行施封，并用10号镀锌铁线将车门拧紧，严禁使用螺栓、铁锁、非标施封锁等手段捆固车门。使用敞车装载货物时，要检查车门中门插销、小门双销落槽，还要检测篷布绳网的苫盖、捆固情况。使用敞车（无中、小门的车种除外）装载货物时，须对中门下门销使用10号镀锌铁线2股进行捆绑；上门销损坏时须采取安全措施，并用2股以上8号镀锌铁线进行捆绑；小门搭扣松动、少件、破损时须采取安全措施。使用篷布前，应先检查篷布质量，对缺少腰、边绳的必须补齐，篷布不得苫盖货车表示牌。捆绑绳索质量应符合《铁路货物装载加固规则》附件5规定的标准，并按规定进行捆绑牢固，不得妨碍车辆手闸和钩提杆，两篷布间的搭头不应小于500 mm。绳索、加固铁线的余尾长度不得超过规定距离，对不符合货物装载加固规定要求的严禁上线运行。

装车作业完毕后，要对车体外部、车钩、手闸台等部位进行清理，防止遗留的残货或杂物在高速运行时飞起（散落）打伤人和设备，危及客车安全。

（2）抓好货运途中环节的安全作业。

①货运检查站要认真严格落实货运检查区段负责制，货检员要认真执行货检作业标准，提前出场，实行双人双面循环看车，强化对货车车门、窗、盖、阀关闭和货物装载加固状态等情况的安全检查，发现货车车体、门、窗技术状况不良及部件缺失、车门关闭不良等危及行车安全的货车要甩车处理，对存在安全隐患的，不经处理合格不得放

行。要配合车辆部门做好问题车的处理工作。对检查过期需要复检的列车必须认真执行复检制度，确保列车运行安全。

丁丁刚成为货运员，在监装和检查货运作业时就感到以下情形有些棘手，请你一起来诊断一下如何解决。

（1）一客户将同一货物装在不同大小的袋中，重量有重有轻，正在向同一辆棚车进行装车作业。

（2）检查一辆棚车装载时，车门处货物码放高度为 1.6 m。

（3）检查一装载液体危险物罐车，标记容积为 50 m^3，充装量为 38.8 m^3。

（4）检查一辆装载货物敞车，中门销使用 2 股 8 号镀锌铁线捆绑。

（5）检查一站台堆放货物情况，其中一垛货物距离站台边缘 0.89 m。

（参考答案见第 176 页）

②接发列车人员和各中间站要认真执行技规、铁路货物运输管理规则中对货物装载状态监控和列车看护的有关规定，对货车装载状态做到动态控制。助理值班员和货检员要实行双面送车制度，严格监视货物装载及车门关闭情况；货检员、助理值班员及外场作业人员凡发现货车车况不良、车门关闭及装载加固违反规定、不按规定苫盖篷布等危及运输安全的情况要及时报告并拦停列车，确保运输全程安全。

（3）抓好卸车环节的安全作业。

卸车时必须认真严格按照铁路装卸作业技术管理规则及有关规定作业，合理使用货位，按规定堆码货物，货物距离钢轨头部外侧必须保持 1.5 m 以外，在站台上堆放货物距离站台边缘不得少于 1 m，发现货物有异状要及时按章处理。卸车后应将车辆内部、车体外部、车钩、手闸等部位清扫干净；拆除无效的捆绑铁线及加固材料和绳头、绳索，防止遗留的残货或杂物在高速运行时飞起（散落）打伤人和设备，危及客车安全。卸车后，应对中门和下门销全部进行捆绑；遇有中门或上门销损坏或小门搭扣不能正常入槽、松动、少件、破损时应采取安全措施，并进行捆绑。关好车门、车窗、阀、盖，检查卸后货物安全距离，清理线路。

二、零散货物作业管理

零散货物作业对货物配装水平要求较高，其作业安全主要受装卸作业的影响，因此可以从装卸设备及装卸作业制度两方面提高零散货物作业的安全水平。

1. 升级零散装卸设备

在保证装卸效率的同时，还要保证在装卸作业过程中不对零散货物造成损害。因此，针对零散货物装卸需求，相关作业设备要不断调整或升级。

2. 建立专人监装制度

对于零散货物的装卸作业要建立专人监装制度，监装人员要对零散货物的自身特性以及特殊运输条件有充分的了解，正确指导装车作业，保证零散货物安全。

三、集装箱货物作业管理

集装箱货物作业安全水平的提高可以通过加强集装箱管理以及提高集装箱作业设备条件等途径得到实现。

建立集装箱专管制度。车站指定专人对堆场内的集装箱进行箱体状态的维护确认，利用集装箱现有的追踪系统和集装箱车站的报告管理信息系统，对集装箱实施全程跟踪管理。

四、货运检查作业管理

货运检查作业安全水平的提高可以通过改进检查作业手段、升级作业设备以及加强作业标准管理等方式得到实现。

1. **升级货运检查作业方式**

货运检查作业方式直接影响货物检查作业的效果及效率。在大力推进数字化货检作业的同时，也要加强对新型货检设备、工具的开发更新，改变货检作业完全靠目测或简单经验判断的现状，减少人员感官误差给货检结果带来的影响。

2. **系统管理货检设备**

一些对测量精度有较高要求的货检设备，如轨道衡及超偏载测量仪器等，相关管理部门要进行系统统一的有效管理，保证各个设备误差控制在可接受范围内。

在货检设备配备使用方面，要结合实际作业需求，合理配置设备资源。重点检查装载加固作业的货场及专用线，要提高货检设备的利用率。

3. **货检作业标准化**

标准化作业有利于货检作业时及时发现问题，对货运检查的作业程序、作业内容及实施细节的详细规定是完成好货检作业的重要保证。尤其应该注意的是，由于不同品类货物所要求的货检作业重点不同，因此货检作业标准化和货检作业的针对性两方面要兼顾考虑：

① 建立适用于所有货物品类的统一标准的货检作业规范要求，保证货检作业的正确完整实施。

② 在统一标准规范要求的基础上，要结合不同货物品类特点制定个性化的作业标准，增强货检作业的灵活性以满足实际货检作业需求。

• 参考答案 •

(1) 按规定装载袋装货物时，不同重量的袋装货物不得在同一车内装车。解决方案：要求客户将重量不一的货物全部变成重量一致的袋装货物，再在同一车内装车。

(2) 要求作业人员将车门处货物码放高度降低至 1.5 m。

(3) 由于充装量小于标记容积的 80%，即 38.8 m^3 <40 m^3。解决方式一：要求将充装量加充至 40 m^3。解决方式二：选用其他合适的罐车进行换装。可能还有其他解决方式，但方式一是最合理可行的解决方式。

(4) 正确的作业应使用 2 股 10 号镀锌铁线对中门销进行捆绑。

(5) 要求作业人员将该垛货物立即搬移至距离站台边缘 1 m 或以上地方堆放。

五、专用线货物作业管理

鉴于专用线货运作业的特殊性，以及货运作业安全受企业自身管理因素影响较多的实际情况，可以以激发企业自主能动性为基础，以加强站企间的合作水平为保证，提高专用线作业安全水平。

1. 提高专用线专业化作业水平

针对不同专用线的作业货物品类不同，应采用个性化的管理方式。专用线要结合自身产品特点，加大对专业装卸设备的投入以及对专业线路的改造力度。同时，可以针对实际生产中暴露的问题，在不违反基本作业规章的前提下，对作业内容和作业组织进行适当改进和调整。

2. 建立路企信息交换通道

为保证铁路和企业间的信息交换时刻畅通和高效，车站和企业要分别指定专人负责站企沟通事务，通过专人间直接信息传递和共享，车站可以随时掌握专用线动态及作业进度，专用线也可以及时告知车站自己的运力需求变化，保证专用线货物作业及时开展。

3. 加大专用线人员设备的考核监管力度

要定期对专用线人员的业务素质和技术水平进行考核，将此项工作制度化、经常化，且要注重实效性及变化性。要坚持考核、培训相结合的方式，真正达到提高作业人员业务水平的目的；要结合专用线特点以及相关人员的学习能力，选择与实际专用线作业相关的技术内容和规章进行学习。

专用线设备同样要定期加以检查和考核，不达标的货运设备要督促企业尽快更新或改造。

如何理解“货检作业标准化”，并将这一作业管理模式用于“提高专用线专业化作业水平”上？

（参考答案见第 179 页）

六、冷藏货物作业管理

冷藏货物作业安全主要涉及冷藏车辆技术条件、途中作业条件以及货物交付等几部分内容。加强车辆运用管理和完善冷藏货物交付制度等，可以提高冷藏货物作业安全水平。

1. 加强车辆运用管理

通过对冷藏车辆的管理和维护，不断提高冷藏车的技术状态，保证冷藏车具备正常的制冷能力。

2. 完善冷藏货物交付制度

鉴于冷藏货物的特殊性质，在冷藏货物的交付过程中，车站应在预判列车到达时间的基础上提前通知货主货物预计到站时间，并通知其做好相关准备工作，以防止货物交付时间的拖延。

七、危险货物作业管理

危险货物作业安全主要涉及货物承运审核、货物保管以及货物装卸等几部分内容。从严格审核制度、保障货物保管安全和提高装卸作业安全水平等，可以提高危险货物作业安全水平。

1. 严格审核危险货物托运

对符合托运条件的危险货物，铁路运输企业要认真检查、核对，保证货、单一致，以防危险货物混装、混运和超载；要加大对危险货物包装容器安全性能检测的力度，保证危险品途中运输安全。

2. 加强危险货物储区管理工作

加强危险货物储存区域的规划和管理水平，一方面要保证储存区的货位布局合理，降低危险货物储存对周围环境的影响；另一方面，在储存货物管理上，要严格入库审查制度，对于包装条件不符合储存要求的危险货物严禁进入储存区域，同时要做好混装的危险货物间的隔离储存工作。

3. 设立装车作业监督制度

危险货物的装车环节要严格遵守相关规章制度要求，设立危险货物装车监督岗位，对危险货物的充装及装卸工作进行实时监控，避免任何形式的危险货物混装以及危险货物超载状况的发生。

4. 各类危险货物装卸搬运安全要点

（1）爆炸品。装卸机具应有防止产生火花、静电的措施。开关车门、车窗不得使用铁撬棍、铁钩等铁质工具，必须使用时应采取防火花涂层等防护措施。装卸搬运时不准穿铁钉鞋，使用铁轮、铁铲头推车和叉车应有防火花措施。照明应使用防爆灯具。作业时应轻拿轻放，不得摔碰、撞击、拖拉、翻滚，装载和堆码高度不得超过 1.8 m。车、库内不得残留酸、碱、油脂等物质。发现跌落破损的货物不得装车，应妥善处理。

（2）气体。装卸机具应有防止产生火花、静电的措施。作业时应使用搬运车或抬架，防止撞击、拖拉、摔落、滚动。防止气瓶安全帽脱落或损坏瓶嘴。气瓶装车时应平卧横放。装卸搬运时，气瓶阀不要对准人身。装卸搬运工具、工作服及手套不得沾有油脂。装卸有毒气体时应配备防护用品，必要时使用供氧式防毒面具。

（3）易燃液体。装卸机具应有防止产生火花、静电的措施。装卸前应先通风，开关车门、车窗时不要使用铁制工具猛力敲打。作业人员不准穿铁钉鞋。装卸搬运中不能撞击、摩擦、拖拉、翻滚。装载钢桶包装的易燃液体要采取防磨措施，不得倒放或卧放。

（4）易燃固体、易于自燃的物质、遇水放出易燃气体的物质。装卸搬运机具应有防止产生火花、静电的措施。作业时不得摔碰、撞击、拖拉、翻滚，防止容器破损。特别注意勿使黄磷脱水，引起自燃。雨雪天无防雨设备时，不能装卸遇水易燃物品。

（5）氧化性物质和有机过氧化物。装车前，车内应打扫干净，保持干燥，不得残留有酸类和粉类可燃物。卸车前，应先通风后作业，装卸搬运中不能摔碰、拖拉、翻滚、摩擦和剧烈震动。搬运工具上不得残留或沾有杂质。托盘和手推车要专用，装卸机具应有防止产生火花的防护装置。

（6）毒性物质和感染性物质。装卸车前应先通风。装卸搬运时要轻拿轻放，严禁肩扛、背负，不得撞击、摔碰、翻滚，防止包装破损。装卸易燃毒害品时，机具应有防止产生火花的措施。作业时必须穿戴防护用品，严防皮肤破损处接触毒物。

（7）放射性物质。装卸车前应先通风，严禁肩扛、背负、撞击、翻滚。作业时间按要求控制。堆码时，应将辐射水平低的放射性包装件放在辐射水平高的包装件周围。在搬运三级放射性包装件时，应在搬运机械的适当位置上安放屏蔽物或穿防护围裙，以减少人员受辐射剂量。装卸、搬运放射性矿石、矿砂时，作业场所应喷水防止飞尘，作业人员应穿戴工作服、工作鞋，戴口罩和手套，作业完毕应全身清洗。

（8）腐蚀性货物。作业前应穿戴耐腐蚀的防护用品，对易散发有毒蒸气或烟雾的腐蚀性货物，必须通风作业，并使用防毒面具。货物堆码必须平稳牢固，严禁肩扛、背负、撞击、拖拉、翻滚。装车前、卸车后，须清扫车辆，不得留有稻草、木屑、煤炭、油脂、纸屑、碎布等可燃物。

（9）杂项危险物质和物品。作业前，应对车辆和仓库进行必要的通风、检查，向装卸工组说明货物品名、性质、作业安全事项，准备好消防器材和安全防护用品。

八、超限货物作业管理

货物装载加固质量是影响超限货物作业安全的核心内容。通过保证装载加固方案及装载加固材料质量、提高主管人员业务素质等手段，可以提高超限货物作业安全的管理水平。

1. 装载加固方案审核机制

为保证超限货物装载加固方案的质量，可以成立由具有相关资质的科研及技术部门专家组成的方案审核小组，对货物装载加固方案从多个技术指标的角度进行审核。通过审核的装载加固方案方可采用。对于未通过审核的方案，必须从相关审核结果出发，进行有效的改进后方可采用。

• 参考答案 •

“货检作业标准化”可以从两个方面来把握实施：一是以标准化作业，保证货检作业的正确完整实施；二是结合货物特点制定个性化作业标准，以满足实际货检作业需求。

将这一作业管理模式用于“提高专用线专业化作业水平”上，是指专用线要结合自身产品特点，采用个性化的管理方式。一是加大对专业装卸设备的投入及对专业线路的改造力度；二是在不违反基本作业规章的前提下，对作业内容和作业组织进行改进和调整。

2. 严格控制装载加固材料来源

装载装置的选择必须符合规章要求，装置所需要的使用说明书或检测报告等材料一定要齐备且在有效期内。特殊情况下必须采用手续不全的装载装置，要在使用前做必要的可行性论证。

要严格控制装载加固材料的质量，可以在一定时期和一定范围内，通过质量评定，限定加固材料来源。统一材料的来源不仅有利于统一监管，也有利于实际作业。

3. **提高装车质量**

严格按照装载加固方案装车，以方案中的具体要求作为装载加固材料的使用数量和使用方法的唯一依据。

建立货物装车监装责任制度，保证超限车装车作业完成质量。

4. **加大对业务主管人员的培训考核力度**

采取业务培训和业务考核的方式，一方面，可以对超限主管人员的业务水平有真实细致的把握，对于考核不通过的主管人员，要督促其加强相关理论和业务的学习，提高业务素质；另一方面，可以使超限主管人员明确超限货物运输安全对铁路货运安全的重大意义，时刻保持高度警惕和具有较强责任心。

⊙ 实战 7.4

试列出爆炸品的装卸搬运安全要点。

⊙ 自测题 7.4

整车普通货物运输需要抓好货运装车哪三项安全作业？

任务五　掌握铁路货运安全员作业标准

铁路货运安全员的作业标准包括岗位资格要求、职责与权限、工作内容和要求、检查与考核、报告与记录等内容。

一、岗位资格要求

1. **基本资格要求**

教育背景：具有高中（或同等学力）及以上学历。

知识技能：具有符合现场货运工作性质要求的相关专业技能。

工作经验：从事货运工作满3年，并有过货运员的工作经历。

敬业意识：敬业爱岗、遵章守纪、服从指挥、团结协作。

2. **上岗资格要求**

（1）持有“铁路岗位培训合格证书”。

（2）持有中级及以上职业资格证书。

（3）持有“铁路危险货物运输业务培训合格证”。

二、职责与权限

（1）负责预防和正确处理货运损失。

（2）负责货运损失责任划分和责任赔偿。

（3）负责调查、分析、处理和统计上报货运损失。

（4）负责及时、准确填写本岗位的记录及表格。

(5) 有权对货运作业中的违章违纪行为进行制止、纠正和考核。

(6) 有权对促进安全生产提出建议并制定整改措施。

三、工作内容和要求

工作内容包括接班工作、班中工作、交班工作三部分（见图7-7）。

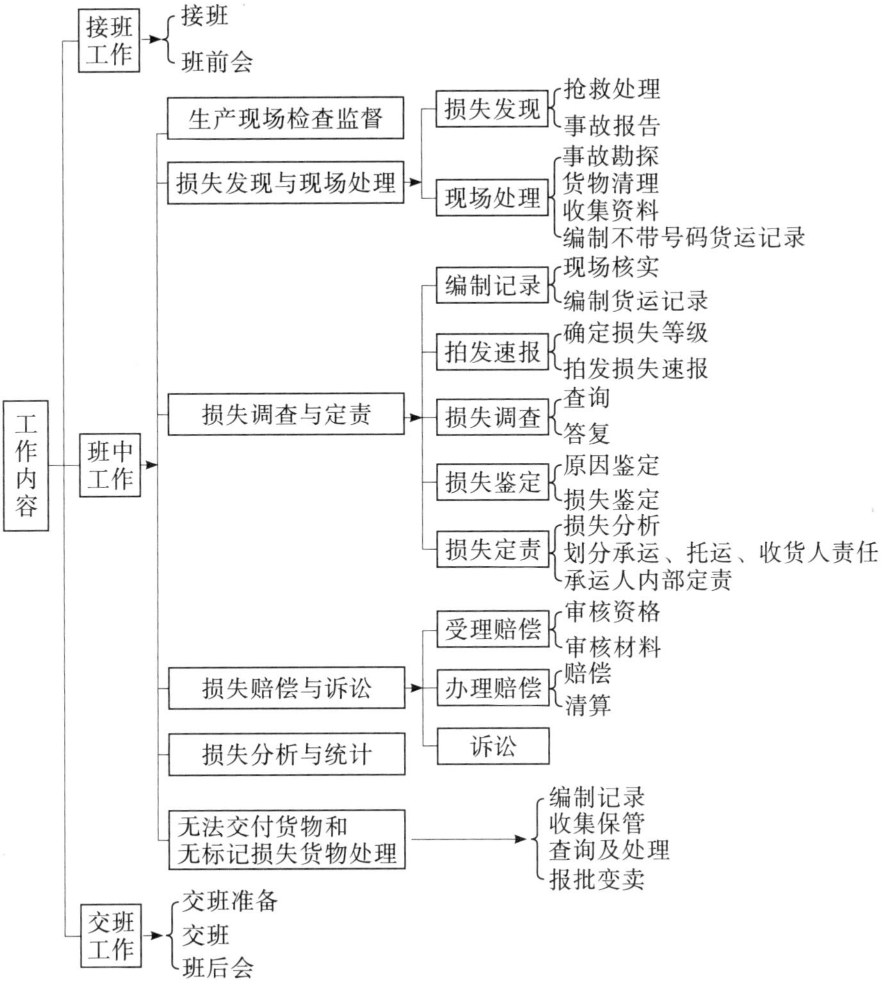

图7-7　工作内容

1. 接班作业内容及质量要求

接班作业内容及质量要求如表 7 – 3 所示。

表 7 – 3　接班作业内容及质量要求

程序	项目	作业内容	质量要求
接班	（一）班前会	1. 着装	按规定着装，佩戴服务标志和劳动防护用品
		2. 参加班前会	按时参加，学习上级文电精神，参加“每班一问，每班一学”班前学标活动；接受本班工作任务，掌握重点；了解当天天气情况，掌握人身安全注意事项
	（二）接班	1. 交接	1. 与交班货运检查员书面签认交接清楚；检查设施设备状况、岗位规章、备品，了解上一班的装卸作业及损失处理情况、资料记录、台账以及重点事项等内容。 2. 登录“保价及货运损失处理系统”，及时接收外站传输电报、案卷等信息。工作时间保持系统在线，每天 9 点、16 点必须查看“系统”实时信息
		2. 插放上岗证	持证上岗

2. 班中工作及质量要求

班中工作及质量要求如表 7 – 4 至表 7 – 9 所示。

表 7 – 4　生产现场检查监督

程序	项目	作业内容	质量要求
现场检查	生产现场检查	1. 检查及监督装卸、交付、货区等岗位标准化作业的执行情况。 2. 了解重点货物的装卸车情况。 3. 检查货物装载加固、车门捆绑、危险品运输、篷布苫盖等安全措施的落实情况。 4. 掌握货区内货物存放保管、集装箱的堆码及交付情况。 5. 施封锁的使用、保管、回收情况。 6. 篷布苫盖、拆除、折叠保管情况。 7. 检查防溜、防护措施情况。 8. 现场标示牌内容与股道存车情况相符，重点事项标示清楚	1. 严格执行标准化作业程序。现场控制有效，各项措施落实到位，防止误装、误运、误卸、误交付及票货分离。 2. 库区货物码放整齐，安全距离符合要求，防溜防护措施到位。 3. 防止出现超偏载、装载加固不良、危险品夹带以及车门捆绑、篷布苫盖不良情况。 4. 施封锁的使用、拆除、保管，台账资料齐全。 5. 篷布折叠整齐，移交清楚。 6. 重点车的作业事项布置周密，传达清楚。按规定监控到位

表7－5　损失发现与现场处理

程序	项目	作业内容	质量要求
一、事故发现	(一)抢救处理	1. 发现火灾，罐车装运的压缩气体、液化气体泄漏，立即向公安和施救单位及有关部门报告；遇有列车（或货车）火灾，还应向调度员报告。 2. 查阅、收集损失货物（车）的运输票据，了解货物的具体品名、特性。 3. 组织人员将损失货物（车）与相邻货物（车）分离；及时组织卸车或将货物（车）转移至安全地点	1. 启动应急预案。积极抢救货物，采取保护措施，将损失减少到最低。 2. 针对货物品名及特性，确定施救方案及措施，进行施救；需要组织人员疏散时，协助公安人员进行人员疏散。 3. 避免损失涉及相邻货物（车）。避免扩大损失
	(二)事故报告	1. 发现重大损失、较大损失：火灾事故，罐车装运的压缩气体、液化气体泄漏，以及一级毒害品、放射性物品、枪支弹药被盗丢失，应立即向公安和施救单位及有关部门报告。 2. 发现货物被盗，保护现场，向公安部门报案；同时向货运值班员报告。 3. 涉及车辆技术状态时，通知车辆部门。 4. 活动物死亡和食品染毒，及时通知防疫检疫部门	1. 报告要及时、准确，反映情况要清楚；报告主要内容：损失种类、货物品名、发现地点、时间、已采取施救措施等。 2. 查验损失货物（车），了解掌握损失现状。 3. 接受专业部门的指导，并按其要求妥善处理
二、现场处理	(一)事故勘察	1. 火灾。 （1）列车火灾。 查明事故货车的列车车次、到达时间、编挂位置及上一责任货检站检查情况；查看车内货物装载情况、起火部位、四周货物烧损情况；检查车辆状态；了解牵引机车类型、防火网孔尺寸规格、电力机车接触弓架状态、接触网导线最大弛度距钢轨顶面的高度。 ① 棚车：检查门窗关闭状态、施封加固及烟囱口关闭情况，并妥善保管施封锁。 ② 敞车：检查篷布苫盖、绳索捆绑状态，货物装载加固、包装衬垫材料等情况。 ③ 集装箱：检查箱体状态，箱门关闭、施封情况。	1. 安全员应配合公安人员勘察事故现场。 2. 对勘察情况如实记载于“普通记录登记簿”并进行拍照。 3. 了解掌握火灾发现（发生）和扑灭的时间

续上表

程序	项目	作业内容	质量要求
二、现场处理	(一)事故勘察	(2)货场火灾。 ① 事故货物所处位置。 ② 着火点货位及周边自然现状。 ③ 货物入库(区)时间和货物交接检查情况。 ④ 仓库电线、灯具情况。 ⑤ 装卸叉车、吊车等作业机具的防火情况。 ⑥ 有无闲杂人员出入	
		2. 被盗。 发现货车内货物被盗时,查明列车车次、到达时间、编挂位置及上一责任货检站检查情况;查看车内货物装载现状。 ① 棚车、冷藏车、罐车:检查车体与门窗关闭状态、施封加固情况。 ② 敞车:检查篷布苫盖、绳索捆绑状态,货物装载情况,表层货物现状;篷布有破口时,检查破口位置、尺寸,新旧痕迹和破口处货物的状态。 ③ 集装箱:检查箱体与箱门关闭状态、施加封固情况,集装箱在车内的装载位置和箱距,箱内货物装载现状及容积,箱体及配件技术状态,破损部位的尺寸、新旧痕迹和箱门密封情况。 ④ 货场:发现货场内货物被盗时,查明货物入库(区)时间、作业班组、作业货运员及库区的交接情况	1. 暂停作业保护现场,立即报告驻站公安会同勘察,协助公安人员查找线索,尽早破案。 2. 对勘察情况如实记载于"普通记录登记簿",损失较大或难以判明责任时应拍照。 3. 卸车发现货物被盗的,还应查明开始卸车时间。 4. 查明货物搬入或卸车时间、交接检查情况及有无闲杂人员出入
		3. 丢失。 ① 检查货车施封、门窗关闭加固、篷布苫盖、集装箱装载和箱体状况,及车辆状态、货物装载状态。 ② 检查货车(箱)内能否容纳短少货件。 ③ 包装破损内品短少时,检查破损货件装载位置,包装损坏状态,短少货物的具体品名、数量(无法判明短少数量时,应记明现有数量或现状),涉及重量时检斤,并记明现有重量。 ④ 查明卸车入库(区)时间,卸车班组、货运员、库区货运员的交接情况。 ⑤ 包装破损内品短少时,查明事故货件在库区堆码情况及周围货物出库情况。 ⑥ 查明有无闲杂人员出入	对勘察情况如实记载于"普通货物登记簿",损失较大或难以判明责任时应拍照

续上表

程序	项目	作业内容	质量要求
二、现场处理	(一)事故勘察	4. 损坏。 ① 货物现状：检查货物在货车（箱）内装载位置、损坏情况，接触货物有无窜动或冲撞痕迹。 ② 检查包装损坏状态、破损部位，内货固定及衬垫情况，包装是否符合规定。 ③ 检查篷布质量和苫盖、捆绑加固状态。 ④ 检查加固材料质量、加固方案是否符合规定。 ⑤ 检查包装储运图示标志、起重工具及吊卸方式是否符合规定。 ⑥ 发生湿损检查货车（箱）定检及是否透光和罐体状态、阀门关闭情况。 ⑦ 涉及车辆技术状态时，会同车辆部门检查。 ⑧ 检查货物损坏程度、破损位置、接触何物、码放地点及周边货物现状、有无碰撞痕迹	1. 对勘察情况如实记载于“普通货物登记簿”，损失较大或难以判明责任时应拍照。 2. 涉及车辆技术状态时，参加检查货物车的车辆部门人员在“货运事故登记簿”记录上签字或盖章，同时注明其所属单位名称；遇车辆需扣修等情况时，索取检查记录
		5. 变质。 检查运输票据记载事项及承运、装车、挂运和到达、卸车时间，有无△k 标记，检查变质货物位置及损失数量和程度。 （1）机械冷藏车。 ① 检测车内外温度、货物温度、车门胶条密封现状、施封情况。 ② 检查车内货物装载是否符合规定，包装及内部衬垫是否符合要求。 ③ 检查变质货物在车内码放位置。 ④ 了解仓储地点与装车地点的距离和装车情况，以及机械冷藏车机组检查、运输、控温操作等情况。 （2）棚、敞车。 ① 根据货物性质，检查装载方法、包装及内部衬垫是否符合要求。 ② 检查是否符合棚、敞车装运易腐货物条件。 ③ 确认是否按规定采取防寒、加温、保温、通风、隔热措施。 （3）活动物死亡。 ① 检验死亡原因。 ② 核实运输条件、沿途上水情况、容器质量及装载密度。 ③ 核实发站承运、装车、挂运、到达时间及车辆隔离情况。	1. 对勘察情况如实记载于登记簿，损失较大或难以判明责任时应拍照。 2. 核实机械冷藏车作业单和机械冷藏车承运报单。 3. 核实货物容许运输期限和计算运到期限及实际运到日数。 4. 复查单件货物重量。 5. 涉及防疫、检疫部门检查的，做出检查记录。 6. 派有押运人的，了解沿途运输情况。 7. 及时联系动植物检验部门协助检验死亡原因。 8. 核实运输票据是否附有检疫证明

续上表

程序	项目	作业内容	质量要求
		（4）植物枯死。 ① 核实运输条件。 ② 核实发站承运、装车、挂运、到达时间。 ③ 检查装载方法、包装，清点植物枯死数量，了解承运时的质量	
		6. 污染。 ① 检查损失货件装载位置、包装情况、周围货件装载情况。 ② 查明被污染货物和污染源的名称、包装、装载情况和污染数量、程度。 ③ 检查车内外是否贴有“洗刷除污标签”及车内清扫、衬垫情况。 ④ 查明货物性质及车辆来源。 ⑤ 查明损失货物卸车、入库时间及库区货运员交接情况、损失货件堆放位置、原堆放何物及其性质，以及相邻货物情况。 ⑥ 查明损失货件卸车后码放位置、包装及漏失情况。 ⑦ 粮食、食品染毒或人员中毒时，保留原车	1. 对勘察情况如实记载，损失较大或难以判明责任时应拍照。 2. 及时联系卫生防疫部门，进行检查鉴定，并索取检验记录。 3. 完好货件和被污染货件分开码放。 4. 污染源和被污染货件分别编制货运记录
二、现场处理	（一）事故勘察	7. 其他。 （1）票货（车）分离。 ① 查明货物（车）或票据来源及去向。 ② 与前方站联系寄送票据或凭记录将货物（车）继运到站。 （2）误运站。 ① 查明货物（车）或票据来源及去向。 ② 通知货物（车）的所在车站，向正确到站回送。 （3）误办理。 ① 查明正确到站、收货人。 ② 核实货物运单并与托运人取得联系，取得有效证明文件。 ③ 通知货物（车）的所在车站，告知正确到站或收货人。 （4）误交付。 ① 查明货物卸车时间，票据传递、交接情况。 ② 核实货票存查联记载的托运人、收货人情况。	1. 及时查明有关情况，分析原因，落实责任。 2. 及时追查货物（车）或运输票据下落继运或递送正确到站，交付正当收货人

续上表

程序	项目	作业内容	质量要求
二、现场处理	(一)事故勘察	③ 核实交付手续是否符合规定及领货人提供的证明文件、身份证或领货凭证的真伪情况。 ④ 追查货物下落。 ⑤ 有诈骗嫌疑及时向公安部门报案。 (5) 误编、伪编记录	
	(二)货物清理	1. 依据票据、货品清单或箱标记载，清点损失货件，做出物品损失清单或现有物品清单。 2. 损失货件与完整货件分别码放。 3. 损失货物涉及重量的，将发生损失的货件和完整的货件分别检查重量。 4. 妥善处理损失现场的残货、残渣	1. 认真清理，防止扩大损失。 2. 对损坏货件整修包装，中途站对需要继运的损失货件还应拴挂“损失货物标签”。 3. 避免污染环境
	(三)收集资料	1. 收集货物运单、货票、封套、装载清单、列车编组顺序表及随票同行的各种原始记录、单据、封印等。 2. 收集损失货车到达时间，货运检查及送入卸车地点、时间，货车作业时间、班组、人员等资料。 3. 涉及车辆技术状态时，收集车辆部门的检查记录。 4. 涉及检疫、防疫、公安、海关等部门时，收集相应的证明材料	1. 原始资料妥善保管，不应涂改、篡改。 2. 检查站、车交接电报或普通记录内容。 3. 涉及损失处理的基础信息，必须尽量录入系统，归入相应案卷
	(四)编制不带号码货运记录	1. 货运员根据损失勘察内容，逐项填写不带号码的货运记录，由货运主任（或货运值班员）进行审核签字后，连同与损失有关的材料、施封锁等在发现当日送交货运安全室。 2. 公安及其他人员会同检查的，应在编制的不带号码的货运记录或普通记录上签字或盖章	1. 如实记载损失货物及有关方面的当时现状。 2. 在发现损失货物当日，办理记录及资料实物的交接签认。 3. 不带号码的货运记录或普通记录上的签名应与实际参加检查人员相符

表7－6　损失调查与定责

程序	项目	作业内容	质量要求
一、编制记录	（一）现场核实	1. 安全员根据货运员编制的不带号码的货运记录，对损失现场和货物进行检查核对。 2. 涉及车辆、集装箱、篷布问题时，要核对保留的损失车、集装箱、篷布等。 3. 对收集的有关资料进行核实	1. 逐项检查各栏填写内容是否正确，语句是否通顺，发现问题要及时纠正。 2. 核对途中所附普通记录，货运记录及站、车交接电报等内容与现车是否相符。 3. 对照记录，核实所附资料和实物是否正确齐全
	（二）编制货运记录	1. 根据不带号码的货运记录，编制带号码货运记录。 2. 将不带号码货运记录上的公安或其他人员签名填写在货运记录相应栏内。 3. 遇附有发站或中途站编制的记录，情况相符时，不再编制记录；情况不符时，重新编制记录。 4. 编制货运记录应加盖“货运损失处理专用章”，还应加盖编制人员带有所属单位名称的人名章；记录有涂改时，在涂改处应加盖编制人员的名章。 5. 按顺序填写本站货运损失（记录、调查、赔偿）登记簿	1. 货运记录应与编制的不带号码的货运记录内容相符。 2. 货运记录应使用“保价及货运损失处理系统”编制打印，编制字迹清晰，用语用词准确、简练、明了，内容完整，实事求是，项目各栏填写齐全。 3. 参加检查货物（车）的有关人员姓名填写齐全，印章齐全。 4. 将已有资料收集归档，编号建卷，做到一案一卷。 5. 不在记录中作损失责任的结论
二、拍发速报	（一）确定损失等级	1. 根据货物损失程度、投保金额估算损失额。 2. 根据托运人、收货人提供的货物价值测算货物的损失额。 3. 核定人员伤亡程度	1. 根据事故现场勘察和货物价格测算货物损失是否构成货运大事故以上等级。 2. 根据医疗机构提供的人员伤亡情况，核定是否构成货运大事故以上等级
	（二）拍发损失速报	1. 发现重大损失、大损失：火灾事故，罐车装运的压缩气体、液化气体泄漏，以及一级毒害品、放射性物品、枪械弹药被盗丢失，应向有关站、中国国家铁路集团有限公司拍发“货运损失速报”，并抄报铁路相关部门。 2. 在拍发“货运损失速报”前用电话立即逐级报告；情节和后果严重的，直管站段及时向中国国家铁路集团有限公司报告。 3. 货运损失速报要经站长或主管副站长签发	1. 损失分类认定准确，损失概况叙述清楚。 2. 逐项编写，简明扼要，要求明确。 3. 损失速报在24小时内拍发，内容符合《损规》的格式要求。 4. 主、抄送单位齐全、正确

续上表

程序	项目	作业内容	质量要求
三、损失调查	（一）查询	1. 发站编制的货运记录由发站负责处理，如确实无法联系托运人时，可说明理由并将货运记录的货主页随同运输票据送到站处理。 2. 到站编制的货运记录（包括附有发站和中途站编制的货运记录）由到站负责处理。 3. 一件损失涉及两个以上责任单位时，应作货运记录抄件送有关单位。 4. 货运记录审核无误后，使用“保价及货运损失处理系统”有效存盘，及时将记录和相关资料随查复书以案卷方式传输至有关单位。 5. 货运记录送查时，应附着与损失有关的资料和实物照片。货运记录送查后，收货人领取货物时表示无意见，可及时通知有关站结案。件数不足的货物补送齐全，在向收货人补交时收回记录主页，并及时通知有关站结案	1. 送查的货运记录，于“货运损失查复书”在编制记录之日起3日内送责任站调查。 2. 附着资料齐全。 3. 损失处理站遇有关单位调查事故时要积极配合，不应以任何理由进行搪塞调查。 4. 损失处理站应备齐与事故有关的各种资料，以备接受有关单位的调查。 5. 案卷使用“保价及货运损失处理系统”传输后，要对传输进程适时查看；传输不成功的，及时联系信息部门或做相应处理
	（二）答复	1. 车站接到调查记录（包括本站编制的记录）、货运损失速报和查询文电后，核实送查记录及附件是否正确、齐全，加盖收文戳记，编号登记在相应登记簿内。 2. 使用“保价及货运损失处理系统”传输的，案卷接受后要及时建卷或归卷。 3. 向作业人员、班组调查货物承运、装车、挂运等情况，依据调查的情况，填写查询答复书，按规章进行答复	1. 编号登记于他站货运损失、货运损失速报登记簿内。 2. 对送查站查询内容认真核实，在规定的期限7日内（电报为2日）答复，保持调查案卷的资料完整。 3. 不准以戳记代查代答，或在他站查复书中签注答复意见。 4. 以事实为依据，以规章为准绳，事故答复用语文明。 5. 使用“保价及货运损失处理系统”传输查复的，必须用该系统答复

续上表

程序	项目	作业内容	质量要求
四、损失鉴定	原因和损失鉴定	1. 根据损失性质，鉴定损失发生原因、包装质量和损失程度。 2. 货物发生损坏或部分灭失，不能判明损失发生原因或损坏程度时，在交付之前，联系收货人进行检查或邀请有鉴定能力的第三方进行鉴定。 3. 损失鉴定在现场就地进行。在现场难以鉴定时，经与收货人或托运人协商同意后，可以移至适当场地进行鉴定。 4. 由于货运过程中染毒或危险货物发生损失，造成人员伤亡时，应通知劳动保护等有关部门	1. 损失货物鉴定时，每份货运记录分别编制鉴定书。 2. 积极主动组织损失鉴定，在规定的期限内将事故货物鉴定书送达有关单位。 3. 损失货物鉴定书应加盖鉴定单位的公章，参加人员应签字或盖章
五、损失定责	（一）损失分析	1. 收集整理资料，如损失鉴定书、查询答复书、往返调查的查复书、记录、损失照片等有关涉案资料。 2. 直管站段应认真分析，查找损失原因。 3. 货运重大损失、大损失，根据铁路局集团有限公司的要求和布置，为定责或参加损失分析会做好资料准备工作	1. 资料收集整理齐全，损失原因明确、证据有力。 2. 随时向中国国家铁路集团有限公司汇报工作进度及情况，并按照指示做好召开事故分析会的准备工作。 3. 必要时要派人到有关责任站进行外调外查，核对有关情况
	（二）划分承运、托运、收货人责任	1. 划分承运、托运、收货人间责任，要依据《中华人民共和国合同法》《中华人民共和国铁路法》《损规》等有关规定。 2. 属于承运人责任时，应主动承担责任。 3. 损失涉及托运人、收货人责任和铁路公司以外其他部门责任时，应主动联系有关方面处理	1. 在查明损失情况和原因基础上，按国家有关法律和《损规》及其引申规则、办法的规定，划分承运、托运、收货人之间的责任。 2. 如属于承运人责任的，应主动承担责任，积极做好事故的善后工作，积极理赔，消除影响。 3. 责任牵涉到其他站或部门，应积极主动进行处理
	（三）承运人内部定责	1. 一般损失由到站定责。 2. 大损失、重大损失由发现事故的铁路公司定责	1. 定责公正、准确、合理。 2. 遵守定责程序，并尊重定责意见

3. **损失赔偿与诉讼**

损失赔偿与诉讼作业内容与质量要求见表7－7。

表7－7　损失赔偿与诉讼

程序	项目	作业内容	质量要求
一、受理赔偿	（一）审核资格	1. 审核赔偿要求人是否与货物运单记载的托运人或收货人一致；委托他人代理时应有委托书或委托证明。 2. 确定提出赔偿要求的时间，是否为从本站交给托运人货运记录主页的次日起，至提出赔偿要求时止的180天内。 3. 不属于承运人赔偿责任的，说明理由和依据，答复赔偿要求人	1. 认真审核，严格把关。 2. 拒赔理由充分，做好解释工作。以站段正式文件答复提赔人
	（二）审核资料	1. 受理赔偿应审核以下资料： ①赔偿要求书。 ②货物运单（原件）。 ③货运记录货主页（原件）。 ④与该损失有关的其他证明文件： a. 货票报销联（原件或加盖财务专用章的复印件）。 b. 证明货物价值的有关材料。 c. 物品清单（在发站没有填制的除外）。 d. 领货凭证（货物全批灭失时应提供）。 e. 损失货物鉴定书（无须鉴定的除外）。 2. 审核无误后，向赔偿要求人出具加盖货运损失处理专用章及经办人名章的“赔偿要求书收据”。 3. 按受理日期依次登记“货运损失赔偿登记簿”	1. 赔偿要求书填记内容准确、清楚，发生涂改应在涂改处加盖赔偿要求人印章。 2. “提赔单位名称或姓名”“提赔单位（公章）、姓名（名章）”栏的内容与货物运单记载的收货人或托运人相符。 3. 开户银行名称与账号填写完整，不允许涂改，领款地点、通信地址详细。 4. 赔偿材料齐全、完整

续上表

程序	项目	作业内容	质量要求
二、办理赔偿	赔偿与清算	1. 按照“货运损失赔款通知书”（以下简称“赔通”）记载的赔偿要求人开户银行、账号，以及同意赔偿的金额，通过银行支付给赔偿要求人。除个人及无银行账号的个体经营者外，不应以现金支付。 2. 凡由处理站（铁路集团有限公司）最后确定责任的损失，应尊重其处理意见，属于车站转账的，联系财务及时转账，不允许退回“赔通”。 3. 办理赔偿后，损失赔款由处理单位按国家铁路集团有限公司有关规定向责任单位清算	1. 明确为承运人责任的保价事故可对外先赔付，然后划分铁路内部责任。 2. 办理保价运输的货物，全批货物损失时，按实际损失赔偿，但赔偿金额最高不超过保价金额；部分损失时，赔偿金额按损失货物占全批货物比例乘以保价金额。 3. 未办理保价运输的货物，按照实际损失赔偿，但最高不超过国务院铁路主管部门规定的赔偿限额
三、诉讼	诉讼	1. 赔偿要求人向法院提起的诉讼案，由被告单位出庭答辩。 2. 涉及被告单位以外的铁路其他单位责任时，被告单位应通知有关单位提供答辩意见和相关证据。 3. 法院一审判决后，是否需要上诉，被告单位应与有关单位商定后决定	1. 应诉单位代表承运人，依据法律做好应诉。 2. 有关单位应积极配合，提供相关证据。 3. 法院调解处理的案件，被告单位应征求铁路内部责任单位的意见

4 损失分析与统计

损失分析与统计及质量要求见表7－8。

表7－8 损失分析与统计

程序	项目	作业内容	质量要求
一、分析	分析	1. 一般损失，由责任站段召开事故分析会。 2. 大损失、重大损失，由铁路集团有限公司召开损失分析会	1. 按规定的时间召开损失分析会。 2. 查明原因、吸取教训，制定和落实防范措施。 3. 分析损失应坚持“四不放过”的原则，提出损失定责依据的处理意见，落实损失责任班组和责任人，并结合处理情况进行安全生产教育

续上表

程序	项目	作业内容	质量要求
二、损失统计	统计	1. 统计。对于责任损失（不论是否发生赔款）及未构成损失的责任赔款，均应按规定逐件统计。 2. 报告。一般损失、大损失、重大损失，由车站逐项填写“货运损失报告表”，随货运事故统计报告和货运损失分析报告同时逐级上报	1. 货运损失统计真实准确，由下而上，按时上报。 2. “货运损失报告表”填写齐全，内容简练明了

5. **“两无”货物处理**

无法交付货物和无标记损失货物处理见表7－9。

表7－9　无法交付货物和无标记损失货物处理

程序	项目	作业内容	质量要求
“两无”货物处理	（一）编制记录	1. 自车站发出催领通知的次日起（不能发出催领通知时，从卸车完成的次日起），经过查找，满30日（搬家货物满60日）仍无人领取的货物或收货人书面拒绝领取的货物，托运人又未按规定（接到通知之日起30日内）时间提出处理意见的货物，应按无法交付货物处理，督促货运员按批编制不带号码的货运记录，报告货运安全室。 2. 车站清理货区（库）发现货件上无标记以及铁路沿线拣拾和公安交来的无标记损失货物，已经赔偿后又找回但拒领的货物，车站内散落的零件、货底，以及其他无票、无标记损失货物，应按无标记损失货物处理，督促货运员按批编制不带号码的货运记录，报告货运安全室。 3. 根据编制的不带号码的货运记录，审核无误码后按批编制货运记录	1. 无法交付货物记录编制，应重点记载货物到达、卸车时间和催领方式、时间及次数。 2. 无标记损失货物记录编制，应重点记载发现的情况、件数、品名、包装及特征、内品数量、规格、尺寸、颜色、生产厂家及每件重量等
	（二）收集保管	1. 确定为“两无”货物后，应移至“两无”货物仓库保管。 2. 根据编制的货运记录，按编号顺序登记于“两无”货运登记簿内。 3. 管理台账的安全员及时登记入账，并与保管“两无”货物的安全员进行账物核对。 4. 对军运物资、历史文物、珍贵图书、重要资料和违禁物品等，在移交前应妥善保管	1. 不允许以货车、集装箱或作业库区代库。 2. 对每批货物进行编号并拴挂“事故货物标签”，分批码放，堆码整齐。 3. 台账与实物应分别由专人管理，账物相符

续上表

程序	项目	作业内容	质量要求
"两无"货物处理	(三)查询及处理	1. 自货运记录编制之日起3日内送查发站，并填制"无法交付货物通知书"主送托运人、抄送收货人。托运人、收货人和发站超过30日仍不答复的，即可上报变卖处理。 2. 无法交付货物，托运人、收货人提出领取的，应支付有关费用，办理交付后按批注销。 3. 对鲜活、易腐等不宜长期保管的货物，报告主管站长，由主管站长口头向铁路集团有限公司请示后可先行处理，并补报审批手续。对易燃、易爆、放射性、剧毒物品等按照《铁路危险货物运输管理规则》有关规定及时处理。 4. 对无标记损失货物，经核实为原有丢失、短件案件时，应并卷处理；能判明装车站的，向装车站回送。 5. 军运物资、历史文物、珍贵图书、重要资料和违禁物品等，分别向省（军）级的军事、公安、文化等主管部门无价移交，并做好移交记录，不允许交给其他部门或自行处理	1. 接到查询文电或记录，应在3日内主动联系托运人，提出处理意见。 2. 在保管期内仍要努力寻找线索，尽力做到物归原主
	(四)报批变卖	协助值班员做好如下手续： 1. 报批。经车站"两无"货物处理小组审核后，按规定上报铁路集团有限公司审批。 2. 变卖。接到铁路集团有限公司书面批复意见后，按规定将货物移交处理单位处理或变卖。 3. 变卖所得价款处理。"两无"货物变卖所得价款，应先扣除该货物的搬运、劳务等费用后上缴	1. 报批手续、程序符合规定。 2. 对于报批手续认真审核，按程序批复。 3. 变卖处理应有批复文件，并做到以质论价，价格合理

6. **交班工作**

交班工作内容见表7－10。

表7－10　交班作业内容及质量要求

程序	项目	作业内容	质量要求
交班	(一)交班准备	1. 复核	对本班工作自查，发现疏漏及时补充
		2. 登记有关台账，上报（上传）有关安全信息	台账登记及时、准确，安全信息及时
		3. 填写交接班簿	重点写明以下内容：设备状况、岗位规章、备品、重点事项、事故处理情况及上级有关要求等
		4. 打扫岗位卫生	卫生干净

续上表

程序	项目	作业内容	质量要求
交班	（二）交班	1. 交接	与接班货运检查员当面签认交接清楚
		2. 收回上岗证	保管妥善
	（三）班后会	参加班后会	总结本班工作情况，分析问题，及时整改。总结简明扼要，清楚完整

四、检查与考核

接受铁路各级管理人员对实施本岗位作业标准的过程及结果的监督检查；执行上级和本单位有关考核标准和办法。

五、报告与记录

（1）普通记录登记簿。
（2）货运损失统计报告。
（3）货运损失（记录、调查、赔偿）登记簿。
（4）无标、无法交付货物登记簿。
（5）自站编制货运记录。
（6）货运损失查复书。
（7）与货运安全员工作有关的其他记录及表格。

⊙ 实战 7.5

试根据表 7－11 制定现场安全生产作业要求。

表 7－11　现场生产检查监督

程序	项目	作业内容	质量要求
现场检查	生产现场检查	1. 检查监督装卸、交付、货区等岗位标准化作业的执行情况。 2. 了解重点货物的装卸车情况。 3. 检查货物装载加固、车门捆绑、危险品运输、篷布苫盖等安全措施的落实情况。 4. 掌握货区内货物存放保管、集装箱的堆码及交付情况。 5. 施封锁的使用、保管、回收情况。 6. 篷布苫盖、拆除、折叠保管情况。 7. 检查防溜、防护措施情况。 8. 现场标示牌内容与股道存车情况相符，重点事项标示清楚	1. 严格执行标准化作业程序。现场控制有效，各项措施落实到位，防止误装、误运、误卸、误交付及票货分离。 2. 库区货物码放整齐，安全距离符合要求，防溜防护措施到位。 3. 防止出现超偏载、装载加固不良、危险品夹带以及车门捆绑、篷布苫盖不良情况。 4. 施封锁的使用、拆除、保管，台账资料齐全。 5. 篷布折叠整齐，移交清楚。 6. 重点车的作业事项布置周密，传达清楚。按规定监控到位

⊙ 自测题 7.5

铁路货运安全员的作业标准中包含哪些职责与权限？

项目八　危险品物流作业安全管理

【学习目标】

1. 树立安全第一的价值观。
2. 了解危险品物流的包装和标志。
3. 熟悉危险品安全托运与承运的作业要求。
4. 熟悉危险品安全装卸和运输的作业要求。
5. 能制订危险品安全运输方案。

任务一　了解危险货物分类及物流作业的一般要求

例：2008 年 11 月 17 日，上海宝山海事处执法危防管理人员对到港船舶“明叶×”轮承载的集装箱实施了开箱检查（见图 8-1），发现有两票货物与其托运单显示名称不一致，且集装箱未办危险品申报手续，箱体也未显示危险品标志。经查阅《道路危险货物运输管理规定》，证实该两票货物（喷胶 620、五水硫酸铜）分属第 3 和第 9 类危险品。该处当即对该两票货物共计 3 个标准箱实施了暂扣，并做进一步的调查处理。

图 8-1　对“明叶×”轮承载的集装箱实施开箱检查现场

危险品具有特殊的性质，它们与外部环境接触可能发生变质，或因受到碰撞、摩擦、震动导致撒漏而引起燃烧、爆炸、毒害、腐蚀、放射性污染等事故。因此，为保证危险品物流作业安全管理，需要一整套的专门规则，对危险品物流作业的从业人员的资质、安全操作流程、包装等进行强制性的要求。除国家对危险品物流作业有专门的规定外，铁路、公路、航空、船舶等运输危险品均有行业规定，本项目内容主要介绍铁路行业对危险品物流作业的相关要求。

一、危险品定义与分类

物流作业在收运危险品时，收运人受理和承运危险货物前应确认货物运单内品名、编号、类项、包装等填写是否正确、完整，并核查危险货物品名表对该危险品有无特殊规定，包装是否符合相关要求（如图 8－2 所示）。因此，危险品物流作业安全管理首先需要弄清何为危险品以及危险品的类别。

图 8－2　单件危险品物流作业包装

1. 定义

危险品是指在物流作业中，可能明显地危害人身健康、安全或对财产、环境造成损害的物品或物质。

2. 危险品分类

危险品根据其所具有的不同性质的危险性可分为 9 类。有些类别再分成项别，这些类别和项别分列如下。

第 1 类：爆炸品

爆炸品指在外界作用下（如受热、撞击、静电、火源等），能发生剧烈的化学反应，瞬间产生大量的气体和热量，使周围压力急骤上升，发生爆炸，对周围环境造成破坏的物品，也包括无整体爆炸危险，但具有燃烧、抛射及较小爆炸危险，或仅产生热、光、音响或烟雾等一种或几种作用的烟火物品。本类货物按危险性分为六项。

第 1.1 项：具有整体爆炸危险的物品和物质。例如，炮弹、礼花弹、硝酸甘油。

第 1.2 项：具有抛射危险，但无整体爆炸危险的物品和物质。例如，烟幕弹。

第 1.3 项：具有燃烧危险并有局部爆炸危险或较小抛射危险，但无整体爆炸危险的物品和物质。

本项货物危险性较小，万一被点燃或引燃，其危险作用大部分局限在包装件内部，而对包装件外部无重大危险。例如，催泪弹。

第 1.4 项：不存在显著危险的物品和物质。

第 1.5 项：有整体爆炸危险的非常不敏感物质。

本项货物性质比较稳定，在着火试验中不会爆炸。例如，硝酸铵。

第 1.6 项：无整体爆炸危险的极端不敏感物品。

第 2 类：气体

本类物质是指易燃或有毒的气体、混合气体。例如，甲烷（CH_4）、氢气等。能与空气形成爆炸性混合物的爆炸危险物质分为三类：Ⅰ类是矿井甲烷；Ⅱ类是爆炸性气体、蒸汽或薄雾；Ⅲ类是爆炸性粉尘、纤维。需要注意的是，一般的压缩气体受猛烈撞击均会发生爆炸，例如，液态二氧化碳。本类货物按危险性分为三项。

第 2.1 项：易燃气体。

第 2.2 项：非易燃无毒气体。

第 2.3 项：毒性气体。

第 3 类：易燃液体

本类货物是指易燃的液体、液体混合物或含有固体物质的液体，但不包括由于其危险特性列入其他类别的液体。其闭杯试验闪点等于或低于 61 ℃，不同运输方式可确定本运输方式适用的闪点。本类货物按闪点分为三项。

低闪点液体货物是指闭杯试验闪点低于 −18 ℃的液体。

中闪点液体货物是指闭杯试验闪点在 −18 ℃至 <23 ℃的液体。

高闪点液体货物是指闭杯试验闪点在 23 ℃至 61 ℃的液体。

闪点（flash point）是指在规定条件下，加热油品所逸出的蒸汽和空气组成的混合物与火焰接触发生瞬间闪火时的最低温度，以℃表示。闭杯闪点试验（closed cup flash test）是液体燃烧试验方法之一，是将液体试样装入规定的封闭杯内（杯上有一小出气孔），使试样按要求的升温速率升温。然后按一定的温度间隔用规定的外部点火源快速通过出气孔上方，直至着火为止，将此时的温度记作该液体的闭杯闪点。不同种类的液体有具体的试验要求和相应的试验方法。

安全员丁丁在本次安全作业交班会上强调，由于搬运的货物是装有液态二氧化碳的钢瓶，受热、撞击或强烈震动会有爆炸危险，所以搬运时，要防止出现受热、撞击和强烈震动，以及拖、滚等不规范的搬运行为。你认为丁丁在交班会上的要求是否正确？为什么？

（参考答案见第 200 页）

第 4 类：易燃固体、易于自燃的物质、遇水放出易燃气体的物质

第 4.1 项：易燃固体。

本项货物是指燃点低，对热、撞击、摩擦敏感，易被外部火源点燃，燃烧迅速，并可能散发出有毒烟雾或有毒气体的固体，但不包括已列入爆炸品的物质。例如，红磷、硫黄、镁粉等属于本项货物。

第4.2项：易于自燃的物质。

本项货物是指自燃点低，在空气中易于发生氧化反应，放出热量，而自行燃烧的物品。例如，白磷。

第4.3项：遇水放出易燃气体的物质。

本项货物是指遇水或受潮时，发生剧烈化学反应，放出大量的易燃气体和热量的物品。有些不需明火，即能燃烧或爆炸。例如，钾、钠、铯、锂、碳化钙、磷化镁、磷化钙、硅化镁等。

第5类：氧化性物质和有机过氧化物

第5.1项：氧化性物质。

本项货物是指处于高氧化态，具有强氧化性，易分解并放出氧和热量的物质。包括含有过氧基的有机物，其本身不一定可燃，但能导致可燃物的燃烧，与松软的粉末状可燃物能组成爆炸性混合物，对热、震动或摩擦较敏感。例如，氯酸钾、高锰酸钾、高氯酸、过硫酸钠等。

第5.2项：有机过氧化物。

本项货物是指分子组成中含有过氧基的有机物，其本身易燃易爆，极易分解，对热、震动或摩擦极为敏感。例如，过氧乙醚。

第6类：毒性物质和感染性物质

第6.1项：毒性物质。

本项货物是指进入肌体后，累积达到一定的量，能与体液和组织发生生物化学作用或生物物理学变化，扰乱或破坏肌体的正常生理功能，引起暂时性或持久性的病理状态，甚至危及生命的物品。经口摄取半数致死量：固体 LD50≤500 mg/kg，液体LD50≤2 000 mg/kg；经皮肤接触24 h，半数致死量 LD50≤1 000 mg/kg；粉尘、烟雾及蒸汽吸入半数致死浓度 LC50≤10 mg/L 的固体或液体，以及列入危险货物品名表的农药。例如，苯酚、甲醇等。

其中 LD 为 Lethal Dose（致死剂量）的缩写。LD50 是半数致死剂量，指使实验动物一次染毒后，在14天内有半数实验动物死亡所使用的毒物剂量。

第6.2项：感染性物质。

本项货物是指含有致病的微生物，能引起病态，甚至死亡的物质。

第7类：放射性物质

本项货物是指有放射性的物品，例如，镭、铀、钴-60、硝酸钍、二氧化镅、乙酸铀酰锌、镅片等。

第8类：腐蚀性物质

本类货物是指能灼伤人体组织并对金属等物品造成损坏的固体或液体。与皮肤接触后在4 h 内出现可见坏死现象，或温度在55 ℃时，对20号钢的表面均匀年腐蚀率超过6.25 mm/a 的固体或液体。本类货物按化学性质分为三项。

酸性腐蚀品。例如，硫酸、盐酸、硝酸、氢碘酸、高氯酸、五氧化二磷、五氯化磷等物质。

碱性腐蚀品。例如，氢氧化钠、甲基锂、氢化锂铝、硼氢化钠等。

其他腐蚀品。例如，乙酸铀酰锌、氰化钾等。

第 9 类：杂项危险物品和物质

• 参考答案 •

正确。虽然二氧化碳为非易燃、无毒气体，但液态二氧化碳容易气化，当容器受热、撞击或强烈震动时会增大容器内压力，增大爆炸的可能性。

二、危险品物流的一般要求

（1）危险品物流点应设在安全的地点，并且相对集中。例如，危险货物专办站点应远离市区和人口稠密的居民点。

（2）从事危险品物流的车站、港口、机场等场所及企业，应建造具备通风、报警、消防、防爆、避雷、消除静电等安全设施的专门仓库。危险货物专门仓库的耐火等级及防火要求应符合《建筑设计防火规范》（GBJ 16—1987）的规定。例如，爆炸品的专门办理站应设置具有防爆性能的仓库和停放爆炸品装运车辆的专用线路；放射性物品的专门办理站，应根据物品性质和实际需要设立能够屏蔽射线辐射的库房。

（3）从事危险品物流的站点和企业的货运、装卸等相关作业人员，都要经过规定的专业知识培训，经考核合格，熟悉危险货物特性和有关规章，并保持人员的相对稳定。

（4）从事危险品物流的站点和企业必须建立健全严格的安全、防护、检查、交接制度，加强危险货物的安全监督和管理，并配备相应的技术人员。

（5）经常接触危险货物的物流作业人员的劳动保护用品和保健待遇应按国家有关规定执行。劳动防护用品应有专人保管，并训练有关人员正确使用。劳动防护用品应具有防静电功能，应保持清洁；作业工作服等防护用品用后必须集中清洗，不得穿戴回家。直接从事危险货物物流作业人员，每年至少应进行一次健康体检，并合理组织和安排健康疗养等活动。

（6）危险货物办理站点应备有必需的急救药品，配备的医务人员应熟悉危险货物中毒、灼伤的急救方法。

（7）经常从事放射性物品物流的站点应配备必要的检测仪器，并要妥善保管，熟练掌握使用方法。

（8）危险货物应做到就地生产、就地使用，尽量避免长距离运输；危险品物流应尽量采用专用设备，并积极考虑发展集装箱运输。

三、从事危险品运输的安全操作要求

从事运输危险品的驾驶员、押运员等作业人员应根据下列要求进行操作。

（1）牢固树立对自身生命健康，以及对国家、企业和人民生命财产高度负责的责任心。

（2）持有相应的从业资格证，公安消防部门核发在有效期内的“危险品运输证”。

（3）事先掌握货物的性能和消防、消毒等措施，对包装容器、工具和防护设备要认真检查，严禁危险品漏、散和车辆“带病”运行。

（4）严禁将有抵触性能的危险物品混装在一起运输，各种机动车进入危险品库区、场地时，应在消声器上装卸阻火器后，方能进入。

（5）在运输、停靠危险区域时，不准吸烟和使用明火。

（6）凡发现盛装危险品的容器有渗漏、破损等现象，应立即采取措施妥善处理，同时向领导和当地消防部门报告，避免引起氧化分解、自燃或爆炸事件。

丁丁作为“唯安车站”的规划设计师，由于车站新增了危险品物流功能，需要重新调整车站规划设计。他问了助手两个问题：一是要不要设计建造专门的危险品仓库？二是如果设计建造，仓库应该满足哪些安全要求？如果你是他助手，会如何回答丁丁的问题？

（参考答案见第 202 页）

（7）易燃危险品在炎热的季节应在上午 10 时前，下午 3 时后运输。

（8）装运危险物品的车辆不准停在人员稠密、集镇、交通要道、居住区等区域，不准将载有危险品的车辆停放在本单位车间、场内。如确因装卸不及、停车或过夜修理等，应向负责值班人员报告，采取必要的防护措施。

（9）危险物品运输的车辆，应及时进行清洗、消毒处理，在清洗、消毒时，应注意危险物品的性质，掌握清洗、消毒方法知识，防止污染、交叉反应或引起中毒等事故。

（10）装运危险物品的车辆应严格遵守公安消防部门指定的路线行驶，过渡口时，应自觉报告渡口管理部门，遵守渡口管理规定。

（11）装运危险物品的车辆，应配备相应的消防器材、急救药品、黄色三角旗和危险品运输车辆标志等。

（12）危险品运输驾驶员还需遵守汽车驾驶员的安全操作规程。

⊙ 实战 8.1

普通货车不能运输危险品，危险品货车能运输普通货物吗？

⊙ 自测题 8.1

判断下列说法是否正确。

（1）具有抛射危险而无整体爆炸危险的物质和物品不属于爆炸品。

（2）硫酸属于放射性货物。

（3）闪点是易燃活体发生瞬间闪火时的最低温度。

（4）高锰酸钾为有机过氧化物。

（5）白磷属于自燃固体货物。

(6) 钾是遇水放出易燃气体的物质。

• 参考答案 •

①应设计建造专门的危险品仓库。
②仓库的耐火等级及防火要求应符合《建筑设计防火规范》(GBJ 16—1987) 的规定。
③仓库应具备通风、报警、消防、防爆、避雷、消除静电等安全设施。

任务二 认识危险品物流的包装和标志

对于危险品物流来说，其危险性的大小除与货物的本身性质有关外，还与货物的包装密切相关。因而，危险品物流作业安全管理必须考虑到危险货物的包装和标志。

一、危险品物流包装一般要求

除第1类、第2类、第7类、第5类的5.2项和第6类的6.2项物质以及第4类的4.1项物质以外，需要包装的危险货物按其具有的危险程度划分为如下三个包装类别：

Ⅰ类包装：具有高度危险性的物质。

Ⅱ类包装：具有中等危险性的物质。

Ⅲ类包装：具有轻度危险性的物质。

压缩气体和液化气体按《气瓶安全监察规程》、放射性物品的包装按《放射性物质安全运输规程》(GB 11806—2004) 办理。

你认为下列说法正确吗？
(1) 充装液体危险货物最多至容器95%的容积。
(2) 充装液体和气体危险货物的容器都要严密封口，不得留有通气孔。
(3) 已装运过危险品的包装容器一律不得再使用。
(4) 托运人可根据需要改变危险品的包装。
(5) 危险品的外包装只要清晰、统一就符合要求。
(参考答案见第204页)

二、危险品物流包装的具体要求

危险货物的运输包装和内包装应按危险货物品名表及其规定确定包装方法，进行符合要求的包装。

(1) 包装材料的材质、规格和包装结构应与所装危险货物的性质和重量相适应：包装容器与所装货物不得发生危险反应或削弱包装强度；直接与危险物品接触的包装

（包括封闭物）必须有抗物品的任何化学反应或其他反应的能力；包装材料不得含有与其内装物品反应而生成危险性产物或明显削弱包装功能的物质。例如：氢氟酸有强烈的腐蚀性，能侵蚀玻璃，所以不能用玻璃容器盛装，要用铝桶或耐腐蚀的塑料、橡胶桶装运；氢氧化钠溶液也可与玻璃发生反应，所以装氢氧化钠溶液的瓶不能带玻璃塞，只能用胶塞。如果某材料（如有些塑料）在运输中由于温度的变化，与内容物发生化学反应或因使用冷冻剂而明显变软、脆化或渗透性增大，这样的材料不能用作包装材料。

（2）充装液体危险货物，容器应至少留有5%的空隙。

（3）液体危险货物要做到液密封口；对可产生有害蒸汽及易潮解或遇酸雾能发生危险反应的应做到气密封口。对必须装有通气孔的容器，其设计和安装应能防止货物流出和杂质、水分进入，排出的气体不致造成危险或污染。其他危险货物的包装应做到严密不漏。

（4）包装应坚固完好，能抗御运输、储存和装卸过程中正常的冲击、振动和挤压，并便于装卸和搬运。

（5）包装的衬垫物不得与所装货物发生反应而降低安全性，应能防止内装物移动和起到减震及吸震作用。

（6）包装表面应清洁，不得沾附所装物质和其他有害物质。

（7）盛装液体危险货物的金属桶、金属罐、塑料桶、塑料罐及钢塑复合桶，每桶（罐）每次使用前都必须做气密试验。钢瓶的机械强度试验应符合《气瓶安全监察规程》的规定；放射性物品包装应按照《放射性物质安全运输规程》（GB 11806—2004）的要求进行设计和试验。

（8）使用旧包装容器装运危险货物时，必须符合上述要求，托运人应在运单“托运人记载事项”栏内，注明“使用旧包装、符合安全运输要求”后方可承运。

（9）性质或消防方法相互抵触，以及配装号或类项不同的危险货物不得混装在同一包装内。采用集装化运输的危险货物集合包装必须有足够的强度，能够经受堆码和多次搬运，并便于机械装卸。

（10）托运人要求改变包装时，应填写改变运输包装申请表，并应首先向发站提出经县级以上（不包括县）主管部门审查同意的包装方法、产品理化特性及经包装检测机构出具的包装试验合格证明。发站对托运人提出的改变包装的有关文件确认按相关规定报批后，进行试运。试运前承运人、托运人双方应商定安全运输协议。试运结束时，若需要正式运输，车站应会同托运人办理相关手续，达到要求经正式批准后实施。

三、危险品包装标志

危险品包装必须进行规定的性能试验，试验合格后要在包装表面标注上持久、清晰、统一的合格标志后，才能使用。每件货物的包装应牢固、清晰地标明规定的危险货物包装标志和包装储运图示标志，并有与货物运单相同的危险货物品名。

1. 标志的作用

因为包装是在进行测试后打上标志的，所以标志的作用首先表现在：它用于表明带有该标志的包装是与已成功地通过了测试的设计类型相一致的，还表明该包装符合对外包装和单一包装的质量要求和性能测试中有关包装制造方面的规定，但此类规定与包装的使用无关。即无论该包装盛装何种物质，它均应符合包装规格的规定。其次表现为：标志意在为包装制造商、修理商、用户、承运人和有关当局提供某种帮助。在使用新包装时，最初的标志是生产商用以区别其包装类型和标明其已达到相关性能试验要求的手段。

2. 对标志的要求

除了用于第 2 类气体、第 7 类放射性物质和第 9 类物品的一些包装外，所有按危险品包装规格和试验规定进行生产和测试的单一包装和组合包装及复合包装的外包装都应带有耐久、易辨认的标志。内包装不要求标志。规格标志必须压印或用其他方式标在包装件上，以便有持久性和对比性，易于看清和了解。危险品标志位置必须合适且与包装相比大小相当，易于看清。对于毛重超过 30 kg 的包装，其标志或复制标志应显示在包装件的顶部或侧面，且标志的字母、数字和符号的高度应大于或等于 12 mm；包装件小于或等于 30 L 或 30 kg 时，标志应至少有 6 mm 高。对于 5 L 或 5 kg 或更小的包装件，标志的字母、数字和符号应为一种适当的尺寸。

• 参考答案 •

(1) 正确。但不得少于容器 80% 的容积。

(2) 错误。对必须装有通气孔的容器，其设计和安装应能防止货物流出，防止杂质、水分进入，排出的气体不致造成危险或污染。其他危险货物的包装都应严密封口不留通气孔。

(3) 错误。已装运过危险品的包装容器，符合相关规定要求，可以再次使用。托运人应在运单“托运人记载事项”栏内，注明“使用旧包装，符合安全运输要求”。承运人核查，符合规定后方可承运。

(4) 错误。托运人改变危险品包装需要按以下流程办理：①填写改变运输包装申请表；②提供包装试验合格证明；③发站对改变包装按规定报批；④发站在批准后进行试运，试运前承运人、托运人应商定安全运输协议；⑤试运成功后，正式批准后改变包装才能实施。

(5) 错误。还应加上“持久”这项要求。

3. 危险品包装标志

危险品包装标志见表 8－1。

表 8－1 危险品包装标志介绍

标志名称	标志图形	对应的危险品类项号
爆炸品	 （符号色：黑色；底色：橙红色）	1.1 1.2 1.3

续上表

标志名称	标志图形	对应的危险品类项号
爆炸品	 （符号色：黑色；底色：橙红色）	1.4
爆炸品	 （符号色：黑色；底色：橙红色）	1.5
易燃气体	 （符号色：黑色或白色；底色：正红色）	2.1
不燃气体	 （符号色：黑色或白色；底色：绿色）	2.2

续上表

标志名称	标志图形	对应的危险品类项号
有毒气体	 （符号色：黑色；底色：白色）	2. 3
易燃液体	 （符号色：黑色或白色；底色：正红色）	3
易燃固体	 （符号色：黑色；底色：白色红条）	4. 1
自燃物品	 （符号色：黑色；底色：上白下红）	4. 2

续上表

标志名称	标志图形	对应的危险品类项号
遇湿易燃物品	 （符号色：黑色或白色；底色：蓝色）	4.3
氧化剂	 （符号色：黑色；底色：柠檬黄色）	5.1
有机过氧化物	 （符号色：黑色；底色：柠檬黄色）	5.2
剧毒品	 （符号色：黑色；底色：白色）	6.1

续上表

标志名称	标志图形	对应的危险品类项号
有毒品	（符号色：黑色；底色：白色）	6.1
有害品（远离食品）	（符号色：黑色；底色：白色）	6.1
感染性物品	（符号色：黑色；底色：白色）	6.2
一级放射性物品	（符号色：黑色；底色：白色，附一条红竖条）	7

续上表

标志名称	标志图形	对应的危险品类项号
二级放射性物品	 （符号色：黑色；底色：上黄下白，附二条红竖条）	7
三级放射性物品	 （符号色：黑色；底色：上黄下白，附三条红竖条）	7
腐蚀品	 （符号色：上黑下白；底色：上白下黑）	8
杂类	 （符号色：黑色；底色：白色）	9

⊙ 实战8.2

氢氟酸有强烈的腐蚀性，所以一般会用玻璃瓶来盛装，而不能用塑料桶来装运。上述包装方法是否正确？

⊙ 自测题8.2

判断下列做法是否正确。

（1）Ⅰ类包装适用于具有轻度危险性的物质。

（2）如果旧包装符合要求，在注明“使用旧包装、符合安全运输要求”后可承运。

（3）向容器充装液体危险货物，容器应至少留有5%的空隙。

（4）毛重超过30 kg的包装，其标志的字母、数字和符号的高度应大于或等于6 mm。

（5）下面图示为有害货物的标志。

任务三　了解危险品的托运与承运

在危险品物流作业过程中，承运人和托运人应全面履行各自的职责，主要包括以下几方面：

（1）托运人托运危险货物时，应在货物运单需求联“货物名称”栏内填写危险货物品名索引表内列载的品名和编号，并在运单的右上角，用红色戳记标明类项。允许混装在同一包装内运输的危险货物，托运人应在货物运单需求联内分别写明货物名称和编号。

（2）性质或消防方法相互抵触、配装号或类项不同的危险货物，不能按一批托运。

（3）禁止运输过度敏感或能自发反应而引起危险的物品。凡性质不稳定或由于聚合、分解在运输中能引起剧烈反应的危险货物，托运人应采用加入稳定剂或抑制剂等方法，保证运输安全；对危险性大，如易于发生爆炸性分解等反应或需控温运输的危险货物，托运人应提出安全运输办法，报运输管理部门审批。除装入爆炸品保险箱的和配装表第1号、第2号内所列品名外，爆炸品限按整车办理。

（4）托运爆炸品时，托运人应提出危险货物品名表内规定的许可运输证明（公安机关的运输证明应是收货单位所在地县、市公安部门签发的爆炸物品运输证），同时在货物运单“托运人记载事项”栏内注明名称和号码。发站应确认品名、数量、有效期和到达地是否与运输证明记载相符。

(5) 装过危险货物的空容器、口盖，必须封闭严密。装过有毒、易燃气体的空钢瓶和装过黄磷、一级毒害品（剧毒品）、一级酸性腐蚀品的空容器必须按原装危险货物运输条件办理。其他危险货物空容器，经承运人确认已卸空、倒净，可按普通货物运输，但托运人应在货物运单“货物名称”栏内注明“原装×××，已经安全处理，无危险”字样。

(6) 托运危险货物品名索引表未列载的危险货物时，托运人在托运前向发站提出经县级以上（不含县）主管部门审查同意的“危险货物运输技术说明书”，承运人据以确定运输条件组织试运。

(7) 承运人受理和承运危险货物时，应认真做到以下三点：一是确认货物运单内品名、编号、类项、包装等填写是否正确、完整，并核查危险货物品名表第11栏内有无特殊规定；二是核查托运人提供的证明文件是否符合规定；三是检查包装是否符合规定，各项标志是否清晰、齐备、牢固。

⊙ 实战8.3

如何承运装过危险货物的空容器?

⊙ 自测题8.3

承运人受理和承运危险货物时，应认真完成哪三项作业?

任务四　掌握危险品的装卸和运输要求

危险品的装卸和运输安全需要从以下方面加以重视。

1. **危险货物装运车**

危险货物限使用棚车（包括毒品专用车）装运，危险货物品名表第11栏内有特殊规定的除外。整车发送的毒害品和放射性矿石、矿砂必须使用毒品专用车。如棚车、毒品专用车不足，经发送铁路集团有限公司批准在采取安全和防止污染措施的条件下，可以使用全钢敞车运输。

爆炸品（爆炸品保险箱除外）、氯酸钠、氯酸钾、黄磷和铁桶包装的一级易燃液体应选用木底棚车装运，如使用铁底棚车时，须经铁路集团有限公司批准。

使用木底棚车装运爆炸品，如危险货物品名表第11栏中未限定“停止制动作用”时应使用有防火板的木底棚车。

铁路集团有限公司应指定毒品专用车保管（备用）站，加强运用管理和维修工作。毒品专用车回送时，使用“特殊货车及运送用具回送清单”。

2. **危险货物装卸**

（1）危险货物装卸前，应对车辆和仓库进行必要的通风和检查。车内、仓库内必须清扫干净。严禁使用明火灯具照明，照明灯具应具有防爆性能。装卸作业使用的机具应能防止产生火花。

（2）作业前货运员应向装卸工组详细说明货物的品名、性质，布置装卸作业安全注意事项和需准备的消防器材及安全防护用品。作业时要轻拿轻放、堆码整齐牢固、防止倒塌，要严格按规定的安全作业事项操作，严禁货物倒放、卧装（钢瓶及特殊容器除外）。破损的包装件不准装车。

（3）在同一车内配装数种危险货物时，应符合危险货物配装表的规定。铁路部门认为有必要时，可按配装表组织沿途危险货物分组运输。

（4）托运人、收货人有专用铁路、专用线的，整车危险货物的装车和卸车必须在专用铁路、专用线办理。托运人、收货人提出专用铁路、专用线共用时，需由铁路部门批准。

3. **危险货物运输过程**

（1）整车运输的爆炸品以及另有规定的货物品名，托运人应派人押运。押运人员应熟悉货物性质，掌握押运人须知的有关要求，随身携带必要的工具、备件和防护用品，保证全程押运。

（2）有调车作业限制、编组隔离限制和需要停止制动作用的货车，应按表8－2规定办理特殊防护事项。

表8－2 特殊防护事项

特殊防护事项	货车上的标示	运输单据上的标示
规定禁止溜放和限速连挂的货车	在货车两侧插挂“禁止溜放”或“限速连挂”的货车表示牌	在运单右上角、票据封上用红色记明“禁止溜放”或“限速连挂”的字样
规定编组需要隔离的货车	①在货车表示牌上要记明三角标记 ②未限定“禁止溜放”或“限速连挂”的货车，可用货车表示牌背面记明三角标记，并插于货车两侧	在运单右上角、票据封套上用红色记明规定的三角标记
“品名表”第11栏中规定停止制动作用的货车	在货车表示牌上记明“停止制动作用”字样	在运单右上角、票据封套上用红色记明“停止制动作用”的字样

（3）装运爆炸品（爆炸品保险箱除外）需要使用停止制动作用的货车时，应通知车辆部门对所用货车进行检查，确认技术状态良好后，关闭制动机。到站卸车后应通知车辆部门恢复制动作用。有关关闭制动机或恢复制动作用的通知及办理情况，车站及车

辆部门应认真登记和记录。有关交接办法，各局可制定具体管理措施。

（4）车站应及时组织危险货物的发送和中转。对装有危险货物的车辆应快送、快取、优先编组挂运。停放装有危险货物的车辆时，车站应严格掌握，注意安全防护。

⊙ 实战 8.4

铁路物流危险货物运输车辆使用有哪些限制？

⊙ 自测题 8.4

铁路物流运输哪些危险货物必须派押运人？押运人由哪一方派出？所派押运人应符合什么条件？

附　录

《中华人民共和国安全生产法》

（2002 年 6 月 29 日第九届全国人民代表大会常务委员会第二十八次会议通过　根据 2009 年 8 月 27 日第十一届全国人民代表大会常务委员会第十次会议《关于修改部分法律的决定》第一次修正　根据 2014 年 8 月 31 日第十二届全国人民代表大会常务委员会第十次会议《关于修改 < 中华人民共和国安全生产法 > 的决定》第二次修正　根据 2021 年 6 月 10 日第十三届全国人民代表大会常务委员会第二十九次会议《关于修改 < 中华人民共和国安全生产法 > 的决定》第三次修正）

第一章　总　则

第一条　为了加强安全生产工作，防止和减少生产安全事故，保障人民群众生命和财产安全，促进经济社会持续健康发展，制定本法。

第二条　在中华人民共和国领域内从事生产经营活动的单位（以下统称生产经营单位）的安全生产，适用本法；有关法律、行政法规对消防安全和道路交通安全、铁路交通安全、水上交通安全、民用航空安全以及核与辐射安全、特种设备安全另有规定的，适用其规定。

第三条　安全生产工作坚持中国共产党的领导。

安全生产工作应当以人为本，坚持人民至上、生命至上，把保护人民生命安全摆在首位，树牢安全发展理念，坚持安全第一、预防为主、综合治理的方针，从源头上防范化解重大安全风险。

安全生产工作实行管行业必须管安全、管业务必须管安全、管生产经营必须管安全，强化和落实生产经营单位主体责任与政府监管责任，建立生产经营单位负责、职工参与、政府监管、行业自律和社会监督的机制。

第四条　生产经营单位必须遵守本法和其他有关安全生产的法律、法规，加强安全生产管理，建立健全全员安全生产责任制和安全生产规章制度，加大对安全生产资金、物资、技术、人员的投入保障力度，改善安全生产条件，加强安全生产标准化、信息化建设，构建安全风险分级管控和隐患排查治理双重预防机制，健全风险防范化解机制，提高安全生产水平，确保安全生产。

平台经济等新兴行业、领域的生产经营单位应当根据本行业、领域的特点，建立健全并落实全员安全生产责任制，加强从业人员安全生产教育和培训，履行本法和其他法律、法规规定的有关安全生产义务。

第五条 生产经营单位的主要负责人是本单位安全生产第一责任人，对本单位的安全生产工作全面负责。其他负责人对职责范围内的安全生产工作负责。

第六条 生产经营单位的从业人员有依法获得安全生产保障的权利，并应当依法履行安全生产方面的义务。

第七条 工会依法对安全生产工作进行监督。

生产经营单位的工会依法组织职工参加本单位安全生产工作的民主管理和民主监督，维护职工在安全生产方面的合法权益。生产经营单位制定或者修改有关安全生产的规章制度，应当听取工会的意见。

第八条 国务院和县级以上地方各级人民政府应当根据国民经济和社会发展规划制定安全生产规划，并组织实施。安全生产规划应当与国土空间规划等相关规划相衔接。

各级人民政府应当加强安全生产基础设施建设和安全生产监管能力建设，所需经费列入本级预算。

县级以上地方各级人民政府应当组织有关部门建立完善安全风险评估与论证机制，按照安全风险管控要求，进行产业规划和空间布局，并对位置相邻、行业相近、业态相似的生产经营单位实施重大安全风险联防联控。

第九条 国务院和县级以上地方各级人民政府应当加强对安全生产工作的领导，建立健全安全生产工作协调机制，支持、督促各有关部门依法履行安全生产监督管理职责，及时协调、解决安全生产监督管理中存在的重大问题。

乡镇人民政府和街道办事处，以及开发区、工业园区、港区、风景区等应当明确负责安全生产监督管理的有关工作机构及其职责，加强安全生产监管力量建设，按照职责对本行政区域或者管理区域内生产经营单位安全生产状况进行监督检查，协助人民政府有关部门或者按照授权依法履行安全生产监督管理职责。

第十条 国务院应急管理部门依照本法，对全国安全生产工作实施综合监督管理；县级以上地方各级人民政府应急管理部门依照本法，对本行政区域内安全生产工作实施综合监督管理。

国务院交通运输、住房和城乡建设、水利、民航等有关部门依照本法和其他有关法律、行政法规的规定，在各自的职责范围内对有关行业、领域的安全生产工作实施监督管理；县级以上地方各级人民政府有关部门依照本法和其他有关法律、法规的规定，在各自的职责范围内对有关行业、领域的安全生产工作实施监督管理。对新兴行业、领域的安全生产监督管理职责不明确的，由县级以上地方各级人民政府按照业务相近的原则确定监督管理部门。

应急管理部门和对有关行业、领域的安全生产工作实施监督管理的部门，统称负有安全生产监督管理职责的部门。负有安全生产监督管理职责的部门应当相互配合、齐抓共管、信息共享、资源共用，依法加强安全生产监督管理工作。

第十一条 国务院有关部门应当按照保障安全生产的要求，依法及时制定有关的国家标准或者行业标准，并根据科技进步和经济发展适时修订。

生产经营单位必须执行依法制定的保障安全生产的国家标准或者行业标准。

第十二条 国务院有关部门按照职责分工负责安全生产强制性国家标准的项目提出、组织起草、征求意见、技术审查。国务院应急管理部门统筹提出安全生产强制性国家标准的立项计划。国务院标准化行政主管部门负责安全生产强制性国家标准的立项、编号、对外通报和授权批准发布工作。国务院标准化行政主管部门、有关部门依据法定职责对安全生产强制性国家标准的实施进行监督检查。

第十三条 各级人民政府及其有关部门应当采取多种形式，加强对有关安全生产的法律、法规和安全生产知识的宣传，增强全社会的安全生产意识。

第十四条 有关协会组织依照法律、行政法规和章程，为生产经营单位提供安全生产方面的信息、培训等服务，发挥自律作用，促进生产经营单位加强安全生产管理。

第十五条 依法设立的为安全生产提供技术、管理服务的机构，依照法律、行政法规和执业准则，接受生产经营单位的委托为其安全生产工作提供技术、管理服务。

生产经营单位委托前款规定的机构提供安全生产技术、管理服务的，保证安全生产的责任仍由本单位负责。

第十六条 国家实行生产安全事故责任追究制度，依照本法和有关法律、法规的规定，追究生产安全事故责任单位和责任人员的法律责任。

第十七条 县级以上各级人民政府应当组织负有安全生产监督管理职责的部门依法编制安全生产权力和责任清单，公开并接受社会监督。

第十八条 国家鼓励和支持安全生产科学技术研究和安全生产先进技术的推广应用，提高安全生产水平。

第十九条 国家对在改善安全生产条件、防止生产安全事故、参加抢险救护等方面取得显著成绩的单位和个人，给予奖励。

第二章 生产经营单位的安全生产保障

第二十条 生产经营单位应当具备本法和有关法律、行政法规和国家标准或者行业标准规定的安全生产条件；不具备安全生产条件的，不得从事生产经营活动。

第二十一条 生产经营单位的主要负责人对本单位安全生产工作负有下列职责：

（一）建立健全并落实本单位全员安全生产责任制，加强安全生产标准化建设；

（二）组织制定并实施本单位安全生产规章制度和操作规程；

（三）组织制定并实施本单位安全生产教育和培训计划；

（四）保证本单位安全生产投入的有效实施；

（五）组织建立并落实安全风险分级管控和隐患排查治理双重预防工作机制，督促、检查本单位的安全生产工作，及时消除生产安全事故隐患；

（六）组织制定并实施本单位的生产安全事故应急救援预案；

（七）及时、如实报告生产安全事故。

第二十二条 生产经营单位的全员安全生产责任制应当明确各岗位的责任人员、责任范围和考核标准等内容。

生产经营单位应当建立相应的机制，加强对全员安全生产责任制落实情况的监督考核，保证全员安全生产责任制的落实。

第二十三条 生产经营单位应当具备的安全生产条件所必需的资金投入，由生产经营单位的决策机构、主要负责人或者个人经营的投资人予以保证，并对由于安全生产所必需的资金投入不足导致的后果承担责任。

有关生产经营单位应当按照规定提取和使用安全生产费用，专门用于改善安全生产条件。安全生产费用在成本中据实列支。安全生产费用提取、使用和监督管理的具体办法由国务院财政部门会同国务院应急管理部门征求国务院有关部门意见后制定。

第二十四条 矿山、金属冶炼、建筑施工、运输单位和危险物品的生产、经营、储存、装卸单位，应当设置安全生产管理机构或者配备专职安全生产管理人员。

前款规定以外的其他生产经营单位，从业人员超过一百人的，应当设置安全生产管理机构或者配备专职安全生产管理人员；从业人员在一百人以下的，应当配备专职或者兼职的安全生产管理人员。

第二十五条 生产经营单位的安全生产管理机构以及安全生产管理人员履行下列职责：

（一）组织或者参与拟订本单位安全生产规章制度、操作规程和生产安全事故应急救援预案；

（二）组织或者参与本单位安全生产教育和培训，如实记录安全生产教育和培训情况；

（三）组织开展危险源辨识和评估，督促落实本单位重大危险源的安全管理措施；

（四）组织或者参与本单位应急救援演练；

（五）检查本单位的安全生产状况，及时排查生产安全事故隐患，提出改进安全生产管理的建议；

（六）制止和纠正违章指挥、强令冒险作业、违反操作规程的行为；

（七）督促落实本单位安全生产整改措施。

生产经营单位可以设置专职安全生产分管负责人，协助本单位主要负责人履行安全生产管理职责。

第二十六条 生产经营单位的安全生产管理机构以及安全生产管理人员应当恪尽职守，依法履行职责。

生产经营单位作出涉及安全生产的经营决策，应当听取安全生产管理机构以及安全生产管理人员的意见。

生产经营单位不得因安全生产管理人员依法履行职责而降低其工资、福利等待遇或者解除与其订立的劳动合同。

危险物品的生产、储存单位以及矿山、金属冶炼单位的安全生产管理人员的任免，应当告知主管的负有安全生产监督管理职责的部门。

第二十七条 生产经营单位的主要负责人和安全生产管理人员必须具备与本单位所从事的生产经营活动相应的安全生产知识和管理能力。

危险物品的生产、经营、储存、装卸单位以及矿山、金属冶炼、建筑施工、运输单位的主要负责人和安全生产管理人员，应当由主管的负有安全生产监督管理职责的部门对其安全生产知识和管理能力考核合格。考核不得收费。

危险物品的生产、储存、装卸单位以及矿山、金属冶炼单位应当有注册安全工程师从事安全生产管理工作。鼓励其他生产经营单位聘用注册安全工程师从事安全生产管理工作。注册安全工程师按专业分类管理，具体办法由国务院人力资源和社会保障部门、国务院应急管理部门会同国务院有关部门制定。

第二十八条　生产经营单位应当对从业人员进行安全生产教育和培训，保证从业人员具备必要的安全生产知识，熟悉有关的安全生产规章制度和安全操作规程，掌握本岗位的安全操作技能，了解事故应急处理措施，知悉自身在安全生产方面的权利和义务。未经安全生产教育和培训合格的从业人员，不得上岗作业。

生产经营单位使用被派遣劳动者的，应当将被派遣劳动者纳入本单位从业人员统一管理，对被派遣劳动者进行岗位安全操作规程和安全操作技能的教育和培训。劳务派遣单位应当对被派遣劳动者进行必要的安全生产教育和培训。

生产经营单位接收中等职业学校、高等学校学生实习的，应当对实习学生进行相应的安全生产教育和培训，提供必要的劳动防护用品。学校应当协助生产经营单位对实习学生进行安全生产教育和培训。

生产经营单位应当建立安全生产教育和培训档案，如实记录安全生产教育和培训的时间、内容、参加人员以及考核结果等情况。

第二十九条　生产经营单位采用新工艺、新技术、新材料或者使用新设备，必须了解、掌握其安全技术特性，采取有效的安全防护措施，并对从业人员进行专门的安全生产教育和培训。

第三十条　生产经营单位的特种作业人员必须按照国家有关规定经专门的安全作业培训，取得相应资格，方可上岗作业。

特种作业人员的范围由国务院应急管理部门会同国务院有关部门确定。

第三十一条　生产经营单位新建、改建、扩建工程项目（以下统称建设项目）的安全设施，必须与主体工程同时设计、同时施工、同时投入生产和使用。安全设施投资应当纳入建设项目概算。

第三十二条　矿山、金属冶炼建设项目和用于生产、储存、装卸危险物品的建设项目，应当按照国家有关规定进行安全评价。

第三十三条　建设项目安全设施的设计人、设计单位应当对安全设施设计负责。

矿山、金属冶炼建设项目和用于生产、储存、装卸危险物品的建设项目的安全设施设计应当按照国家有关规定报经有关部门审查，审查部门及其负责审查的人员对审查结果负责。

第三十四条　矿山、金属冶炼建设项目和用于生产、储存、装卸危险物品的建设项目的施工单位必须按照批准的安全设施设计施工，并对安全设施的工程质量负责。

矿山、金属冶炼建设项目和用于生产、储存、装卸危险物品的建设项目竣工投入生产或者使用前，应当由建设单位负责组织对安全设施进行验收；验收合格后，方可投入生产和使用。负有安全生产监督管理职责的部门应当加强对建设单位验收活动和验收结果的监督核查。

第三十五条 生产经营单位应当在有较大危险因素的生产经营场所和有关设施、设备上，设置明显的安全警示标志。

第三十六条 安全设备的设计、制造、安装、使用、检测、维修、改造和报废，应当符合国家标准或者行业标准。

生产经营单位必须对安全设备进行经常性维护、保养，并定期检测，保证正常运转。维护、保养、检测应当作好记录，并由有关人员签字。

生产经营单位不得关闭、破坏直接关系生产安全的监控、报警、防护、救生设备、设施，或者篡改、隐瞒、销毁其相关数据、信息。

餐饮等行业的生产经营单位使用燃气的，应当安装可燃气体报警装置，并保障其正常使用。

第三十七条 生产经营单位使用的危险物品的容器、运输工具，以及涉及人身安全、危险性较大的海洋石油开采特种设备和矿山井下特种设备，必须按照国家有关规定，由专业生产单位生产，并经具有专业资质的检测、检验机构检测、检验合格，取得安全使用证或者安全标志，方可投入使用。检测、检验机构对检测、检验结果负责。

第三十八条 国家对严重危及生产安全的工艺、设备实行淘汰制度，具体目录由国务院应急管理部门会同国务院有关部门制定并公布。法律、行政法规对目录的制定另有规定的，适用其规定。

省、自治区、直辖市人民政府可以根据本地区实际情况制定并公布具体目录，对前款规定以外的危及生产安全的工艺、设备予以淘汰。

生产经营单位不得使用应当淘汰的危及生产安全的工艺、设备。

第三十九条 生产、经营、运输、储存、使用危险物品或者处置废弃危险物品的，由有关主管部门依照有关法律、法规的规定和国家标准或者行业标准审批并实施监督管理。

生产经营单位生产、经营、运输、储存、使用危险物品或者处置废弃危险物品，必须执行有关法律、法规和国家标准或者行业标准，建立专门的安全管理制度，采取可靠的安全措施，接受有关主管部门依法实施的监督管理。

第四十条 生产经营单位对重大危险源应当登记建档，进行定期检测、评估、监控，并制定应急预案，告知从业人员和相关人员在紧急情况下应当采取的应急措施。

生产经营单位应当按照国家有关规定将本单位重大危险源及有关安全措施、应急措施报有关地方人民政府应急管理部门和有关部门备案。有关地方人民政府应急管理部门和有关部门应当通过相关信息系统实现信息共享。

第四十一条 生产经营单位应当建立安全风险分级管控制度，按照安全风险分级采取相应的管控措施。

生产经营单位应当建立健全并落实生产安全事故隐患排查治理制度，采取技术、管理措施，及时发现并消除事故隐患。事故隐患排查治理情况应当如实记录，并通过职工大会或者职工代表大会、信息公示栏等方式向从业人员通报。其中，重大事故隐患排查治理情况应当及时向负有安全生产监督管理职责的部门和职工大会或者职工代表大会报告。

县级以上地方各级人民政府负有安全生产监督管理职责的部门应当将重大事故隐患纳入相关信息系统，建立健全重大事故隐患治理督办制度，督促生产经营单位消除重大事故隐患。

第四十二条 生产、经营、储存、使用危险物品的车间、商店、仓库不得与员工宿舍在同一座建筑物内，并应当与员工宿舍保持安全距离。

生产经营场所和员工宿舍应当设有符合紧急疏散要求、标志明显、保持畅通的出口、疏散通道。禁止占用、锁闭、封堵生产经营场所或者员工宿舍的出口、疏散通道。

第四十三条 生产经营单位进行爆破、吊装、动火、临时用电以及国务院应急管理部门会同国务院有关部门规定的其他危险作业，应当安排专门人员进行现场安全管理，确保操作规程的遵守和安全措施的落实。

第四十四条 生产经营单位应当教育和督促从业人员严格执行本单位的安全生产规章制度和安全操作规程；并向从业人员如实告知作业场所和工作岗位存在的危险因素、防范措施以及事故应急措施。

生产经营单位应当关注从业人员的身体、心理状况和行为习惯，加强对从业人员的心理疏导、精神慰藉，严格落实岗位安全生产责任，防范从业人员行为异常导致事故发生。

第四十五条 生产经营单位必须为从业人员提供符合国家标准或者行业标准的劳动防护用品，并监督、教育从业人员按照使用规则佩戴、使用。

第四十六条 生产经营单位的安全生产管理人员应当根据本单位的生产经营特点，对安全生产状况进行经常性检查；对检查中发现的安全问题，应当立即处理；不能处理的，应当及时报告本单位有关负责人，有关负责人应当及时处理。检查及处理情况应当如实记录在案。

生产经营单位的安全生产管理人员在检查中发现重大事故隐患，依照前款规定向本单位有关负责人报告，有关负责人不及时处理的，安全生产管理人员可以向主管的负有安全生产监督管理职责的部门报告，接到报告的部门应当依法及时处理。

第四十七条 生产经营单位应当安排用于配备劳动防护用品、进行安全生产培训的经费。

第四十八条 两个以上生产经营单位在同一作业区域内进行生产经营活动，可能危及对方生产安全的，应当签订安全生产管理协议，明确各自的安全生产管理职责和应当采取的安全措施，并指定专职安全生产管理人员进行安全检查与协调。

第四十九条 生产经营单位不得将生产经营项目、场所、设备发包或者出租给不具备安全生产条件或者相应资质的单位或者个人。

生产经营项目、场所发包或者出租给其他单位的，生产经营单位应当与承包单位、承租单位签订专门的安全生产管理协议，或者在承包合同、租赁合同中约定各自的安全生产管理职责；生产经营单位对承包单位、承租单位的安全生产工作统一协调、管理，定期进行安全检查，发现安全问题的，应当及时督促整改。

矿山、金属冶炼建设项目和用于生产、储存、装卸危险物品的建设项目的施工单位应当加强对施工项目的安全管理，不得倒卖、出租、出借、挂靠或者以其他形式非法转让施工资质，不得将其承包的全部建设工程转包给第三人或者将其承包的全部建设工程支解以后以分包的名义分别转包给第三人，不得将工程分包给不具备相应资质条件的单位。

第五十条 生产经营单位发生生产安全事故时，单位的主要负责人应当立即组织抢救，并不得在事故调查处理期间擅离职守。

第五十一条 生产经营单位必须依法参加工伤保险，为从业人员缴纳保险费。

国家鼓励生产经营单位投保安全生产责任保险；属于国家规定的高危行业、领域的生产经营单位，应当投保安全生产责任保险。具体范围和实施办法由国务院应急管理部门会同国务院财政部门、国务院保险监督管理机构和相关行业主管部门制定。

第三章 从业人员的安全生产权利义务

第五十二条 生产经营单位与从业人员订立的劳动合同，应当载明有关保障从业人员劳动安全、防止职业危害的事项，以及依法为从业人员办理工伤保险的事项。

生产经营单位不得以任何形式与从业人员订立协议，免除或者减轻其对从业人员因生产安全事故伤亡依法应承担的责任。

第五十三条 生产经营单位的从业人员有权了解其作业场所和工作岗位存在的危险因素、防范措施及事故应急措施，有权对本单位的安全生产工作提出建议。

第五十四条 从业人员有权对本单位安全生产工作中存在的问题提出批评、检举、控告；有权拒绝违章指挥和强令冒险作业。

生产经营单位不得因从业人员对本单位安全生产工作提出批评、检举、控告或者拒绝违章指挥、强令冒险作业而降低其工资、福利等待遇或者解除与其订立的劳动合同。

第五十五条 从业人员发现直接危及人身安全的紧急情况时，有权停止作业或者在采取可能的应急措施后撤离作业场所。

生产经营单位不得因从业人员在前款紧急情况下停止作业或者采取紧急撤离措施而降低其工资、福利等待遇或者解除与其订立的劳动合同。

第五十六条 生产经营单位发生生产安全事故后，应当及时采取措施救治有关人员。

因生产安全事故受到损害的从业人员，除依法享有工伤保险外，依照有关民事法律尚有获得赔偿的权利的，有权提出赔偿要求。

第五十七条 从业人员在作业过程中，应当严格落实岗位安全责任，遵守本单位的安全生产规章制度和操作规程，服从管理，正确佩戴和使用劳动防护用品。

第五十八条 从业人员应当接受安全生产教育和培训，掌握本职工作所需的安全生产知识，提高安全生产技能，增强事故预防和应急处理能力。

第五十九条 从业人员发现事故隐患或者其他不安全因素，应当立即向现场安全生产管理人员或者本单位负责人报告；接到报告的人员应当及时予以处理。

第六十条 工会有权对建设项目的安全设施与主体工程同时设计、同时施工、同时投入生产和使用进行监督，提出意见。

工会对生产经营单位违反安全生产法律、法规，侵犯从业人员合法权益的行为，有权要求纠正；发现生产经营单位违章指挥、强令冒险作业或者发现事故隐患时，有权提出解决的建议，生产经营单位应当及时研究答复；发现危及从业人员生命安全的情况时，有权向生产经营单位建议组织从业人员撤离危险场所，生产经营单位必须立即作出处理。

工会有权依法参加事故调查，向有关部门提出处理意见，并要求追究有关人员的责任。

第六十一条 生产经营单位使用被派遣劳动者的，被派遣劳动者享有本法规定的从业人员的权利，并应当履行本法规定的从业人员的义务。

第四章 安全生产的监督管理

第六十二条 县级以上地方各级人民政府应当根据本行政区域内的安全生产状况，组织有关部门按照职责分工，对本行政区域内容易发生重大生产安全事故的生产经营单位进行严格检查。

应急管理部门应当按照分类分级监督管理的要求，制定安全生产年度监督检查计划，并按照年度监督检查计划进行监督检查，发现事故隐患，应当及时处理。

第六十三条 负有安全生产监督管理职责的部门依照有关法律、法规的规定，对涉及安全生产的事项需要审查批准（包括批准、核准、许可、注册、认证、颁发证照等，下同）或者验收的，必须严格依照有关法律、法规和国家标准或者行业标准规定的安全生产条件和程序进行审查；不符合有关法律、法规和国家标准或者行业标准规定的安全生产条件的，不得批准或者验收通过。对未依法取得批准或者验收合格的单位擅自从事有关活动的，负责行政审批的部门发现或者接到举报后应当立即予以取缔，并依法予以处理。对已经依法取得批准的单位，负责行政审批的部门发现其不再具备安全生产条件的，应当撤销原批准。

第六十四条 负有安全生产监督管理职责的部门对涉及安全生产的事项进行审查、验收，不得收取费用；不得要求接受审查、验收的单位购买其指定品牌或者指定生产、销售单位的安全设备、器材或者其他产品。

第六十五条 应急管理部门和其他负有安全生产监督管理职责的部门依法开展安全生产行政执法工作，对生产经营单位执行有关安全生产的法律、法规和国家标准或者行业标准的情况进行监督检查，行使以下职权：

（一）进入生产经营单位进行检查，调阅有关资料，向有关单位和人员了解情况；

（二）对检查中发现的安全生产违法行为，当场予以纠正或者要求限期改正；对依法应当给予行政处罚的行为，依照本法和其他有关法律、行政法规的规定作出行政处罚决定；

（三）对检查中发现的事故隐患，应当责令立即排除；重大事故隐患排除前或者排除过程中无法保证安全的，应当责令从危险区域内撤出作业人员，责令暂时停产停业或者停止使用相关设施、设备；重大事故隐患排除后，经审查同意，方可恢复生产经营和使用；

（四）对有根据认为不符合保障安全生产的国家标准或者行业标准的设施、设备、器材以及违法生产、储存、使用、经营、运输的危险物品予以查封或者扣押，对违法生产、储存、使用、经营危险物品的作业场所予以查封，并依法作出处理决定。

监督检查不得影响被检查单位的正常生产经营活动。

第六十六条 生产经营单位对负有安全生产监督管理职责的部门的监督检查人员（以下统称安全生产监督检查人员）依法履行监督检查职责，应当予以配合，不得拒绝、阻挠。

第六十七条 安全生产监督检查人员应当忠于职守，坚持原则，秉公执法。

安全生产监督检查人员执行监督检查任务时，必须出示有效的行政执法证件；对涉及被检查单位的技术秘密和业务秘密，应当为其保密。

第六十八条 安全生产监督检查人员应当将检查的时间、地点、内容、发现的问题及其处理情况，作出书面记录，并由检查人员和被检查单位的负责人签字；被检查单位的负责人拒绝签字的，检查人员应当将情况记录在案，并向负有安全生产监督管理职责的部门报告。

第六十九条 负有安全生产监督管理职责的部门在监督检查中，应当互相配合，实行联合检查；确需分别进行检查的，应当互通情况，发现存在的安全问题应当由其他有关部门进行处理的，应当及时移送其他有关部门并形成记录备查，接受移送的部门应当及时进行处理。

第七十条 负有安全生产监督管理职责的部门依法对存在重大事故隐患的生产经营单位作出停产停业、停止施工、停止使用相关设施或者设备的决定，生产经营单位应当依法执行，及时消除事故隐患。生产经营单位拒不执行，有发生生产安全事故的现实危险的，在保证安全的前提下，经本部门主要负责人批准，负有安全生产监督管理职责的部门可以采取通知有关单位停止供电、停止供应民用爆炸物品等措施，强制生产经营单位履行决定。通知应当采用书面形式，有关单位应当予以配合。

负有安全生产监督管理职责的部门依照前款规定采取停止供电措施，除有危及生产安全的紧急情形外，应当提前二十四小时通知生产经营单位。生产经营单位依法履行行政决定、采取相应措施消除事故隐患的，负有安全生产监督管理职责的部门应当及时解除前款规定的措施。

第七十一条 监察机关依照监察法的规定，对负有安全生产监督管理职责的部门及其工作人员履行安全生产监督管理职责实施监察。

第七十二条 承担安全评价、认证、检测、检验职责的机构应当具备国家规定的资质条件，并对其作出的安全评价、认证、检测、检验结果的合法性、真实性负责。资质条件由国务院应急管理部门会同国务院有关部门制定。

承担安全评价、认证、检测、检验职责的机构应当建立并实施服务公开和报告公开制度，不得租借资质、挂靠、出具虚假报告。

第七十三条 负有安全生产监督管理职责的部门应当建立举报制度，公开举报电话、信箱或者电子邮件地址等网络举报平台，受理有关安全生产的举报；受理的举报事项经调查核实后，应当形成书面材料；需要落实整改措施的，报经有关负责人签字并督促落实。对不属于本部门职责，需要由其他有关部门进行调查处理的，转交其他有关部门处理。

涉及人员死亡的举报事项，应当由县级以上人民政府组织核查处理。

第七十四条 任何单位或者个人对事故隐患或者安全生产违法行为，均有权向负有安全生产监督管理职责的部门报告或者举报。

因安全生产违法行为造成重大事故隐患或者导致重大事故，致使国家利益或者社会公共利益受到侵害的，人民检察院可以根据民事诉讼法、行政诉讼法的相关规定提起公益诉讼。

第七十五条 居民委员会、村民委员会发现其所在区域内的生产经营单位存在事故隐患或者安全生产违法行为时，应当向当地人民政府或者有关部门报告。

第七十六条 县级以上各级人民政府及其有关部门对报告重大事故隐患或者举报安全生产违法行为的有功人员，给予奖励。具体奖励办法由国务院应急管理部门会同国务院财政部门制定。

第七十七条 新闻、出版、广播、电影、电视等单位有进行安全生产公益宣传教育的义务，有对违反安全生产法律、法规的行为进行舆论监督的权利。

第七十八条 负有安全生产监督管理职责的部门应当建立安全生产违法行为信息库，如实记录生产经营单位及其有关从业人员的安全生产违法行为信息；对违法行为情节严重的生产经营单位及其有关从业人员，应当及时向社会公告，并通报行业主管部门、投资主管部门、自然资源主管部门、生态环境主管部门、证券监督管理机构以及有关金融机构。有关部门和机构应当对存在失信行为的生产经营单位及其有关从业人员采取加大执法检查频次、暂停项目审批、上调有关保险费率、行业或者职业禁入等联合惩戒措施，并向社会公示。

负有安全生产监督管理职责的部门应当加强对生产经营单位行政处罚信息的及时归集、共享、应用和公开，对生产经营单位作出处罚决定后七个工作日内在监督管理部门公示系统予以公开曝光，强化对违法失信生产经营单位及其有关从业人员的社会监督，提高全社会安全生产诚信水平。

第五章　生产安全事故的应急救援与调查处理

第七十九条 国家加强生产安全事故应急能力建设，在重点行业、领域建立应急救援基地和应急救援队伍，并由国家安全生产应急救援机构统一协调指挥；鼓励生产经营单位和其他社会力量建立应急救援队伍，配备相应的应急救援装备和物资，提高应急救援的专业化水平。

国务院应急管理部门牵头建立全国统一的生产安全事故应急救援信息系统，国务院交通运输、住房和城乡建设、水利、民航等有关部门和县级以上地方人民政府建立健全相关行业、领域、地区的生产安全事故应急救援信息系统，实现互联互通、信息共享，通过推行网上安全信息采集、安全监管和监测预警，提升监管的精准化、智能化水平。

第八十条 县级以上地方各级人民政府应当组织有关部门制定本行政区域内生产安全事故应急救援预案，建立应急救援体系。

乡镇人民政府和街道办事处，以及开发区、工业园区、港区、风景区等应当制定相应的生产安全事故应急救援预案，协助人民政府有关部门或者按照授权依法履行生产安全事故应急救援工作职责。

第八十一条 生产经营单位应当制定本单位生产安全事故应急救援预案，与所在地县级以上地方人民政府组织制定的生产安全事故应急救援预案相衔接，并定期组织演练。

第八十二条 危险物品的生产、经营、储存单位以及矿山、金属冶炼、城市轨道交通运营、建筑施工单位应当建立应急救援组织；生产经营规模较小的，可以不建立应急救援组织，但应当指定兼职的应急救援人员。

危险物品的生产、经营、储存、运输单位以及矿山、金属冶炼、城市轨道交通运营、建筑施工单位应当配备必要的应急救援器材、设备和物资，并进行经常性维护、保养，保证正常运转。

第八十三条 生产经营单位发生生产安全事故后，事故现场有关人员应当立即报告本单位负责人。

单位负责人接到事故报告后，应当迅速采取有效措施，组织抢救，防止事故扩大，减少人员伤亡和财产损失，并按照国家有关规定立即如实报告当地负有安全生产监督管理职责的部门，不得隐瞒不报、谎报或者迟报，不得故意破坏事故现场、毁灭有关证据。

第八十四条 负有安全生产监督管理职责的部门接到事故报告后，应当立即按照国家有关规定上报事故情况。负有安全生产监督管理职责的部门和有关地方人民政府对事故情况不得隐瞒不报、谎报或者迟报。

第八十五条 有关地方人民政府和负有安全生产监督管理职责的部门的负责人接到生产安全事故报告后，应当按照生产安全事故应急救援预案的要求立即赶到事故现场，组织事故抢救。

参与事故抢救的部门和单位应当服从统一指挥，加强协同联动，采取有效的应急救援措施，并根据事故救援的需要采取警戒、疏散等措施，防止事故扩大和次生灾害的发生，减少人员伤亡和财产损失。

事故抢救过程中应当采取必要措施，避免或者减少对环境造成的危害。

任何单位和个人都应当支持、配合事故抢救，并提供一切便利条件。

第八十六条 事故调查处理应当按照科学严谨、依法依规、实事求是、注重实效的原则，及时、准确地查清事故原因，查明事故性质和责任，评估应急处置工作，总结事故教训，提出整改措施，并对事故责任单位和人员提出处理建议。事故调查报告应当依法及时向社会公布。事故调查和处理的具体办法由国务院制定。

事故发生单位应当及时全面落实整改措施，负有安全生产监督管理职责的部门应当加强监督检查。

负责事故调查处理的国务院有关部门和地方人民政府应当在批复事故调查报告后一年内，组织有关部门对事故整改和防范措施落实情况进行评估，并及时向社会公开评估结果；对不履行职责导致事故整改和防范措施没有落实的有关单位和人员，应当按照有关规定追究责任。

第八十七条 生产经营单位发生生产安全事故，经调查确定为责任事故的，除了应当查明事故单位的责任并依法予以追究外，还应当查明对安全生产的有关事项负有审查批准和监督职责的行政部门的责任，对有失职、渎职行为的，依照本法第九十条的规定追究法律责任。

第八十八条 任何单位和个人不得阻挠和干涉对事故的依法调查处理。

第八十九条 县级以上地方各级人民政府应急管理部门应当定期统计分析本行政区域内发生生产安全事故的情况，并定期向社会公布。

第六章 法律责任

第九十条 负有安全生产监督管理职责的部门的工作人员，有下列行为之一的，给予降级或者撤职的处分；构成犯罪的，依照刑法有关规定追究刑事责任：

（一）对不符合法定安全生产条件的涉及安全生产的事项予以批准或者验收通过的；

（二）发现未依法取得批准、验收的单位擅自从事有关活动或者接到举报后不予取缔或者不依法予以处理的；

（三）对已经依法取得批准的单位不履行监督管理职责，发现其不再具备安全生产条件而不撤销原批准或者发现安全生产违法行为不予查处的；

（四）在监督检查中发现重大事故隐患，不依法及时处理的。

负有安全生产监督管理职责的部门的工作人员有前款规定以外的滥用职权、玩忽职守、徇私舞弊行为的，依法给予处分；构成犯罪的，依照刑法有关规定追究刑事责任。

第九十一条 负有安全生产监督管理职责的部门，要求被审查、验收的单位购买其指定的安全设备、器材或者其他产品的，在对安全生产事项的审查、验收中收取费用的，由其上级机关或者监察机关责令改正，责令退还收取的费用；情节严重的，对直接负责的主管人员和其他直接责任人员依法给予处分。

第九十二条 承担安全评价、认证、检测、检验职责的机构出具失实报告的，责令停业整顿，并处三万元以上十万元以下的罚款；给他人造成损害的，依法承担赔偿责任。

承担安全评价、认证、检测、检验职责的机构租借资质、挂靠、出具虚假报告的，没收违法所得；违法所得在十万元以上的，并处违法所得二倍以上五倍以下的罚款，没有违法所得或者违法所得不足十万元的，单处或者并处十万元以上二十万元以下的罚款；对其直接负责的主管人员和其他直接责任人员处五万元以上十万元以下的罚款；给他人造成损害的，与生产经营单位承担连带赔偿责任；构成犯罪的，依照刑法有关规定追究刑事责任。

对有前款违法行为的机构及其直接责任人员，吊销其相应资质和资格，五年内不得从事安全评价、认证、检测、检验等工作；情节严重的，实行终身行业和职业禁入。

第九十三条 生产经营单位的决策机构、主要负责人或者个人经营的投资人不依照本法规定保证安全生产所必需的资金投入，致使生产经营单位不具备安全生产条件的，责令限期改正，提供必需的资金；逾期未改正的，责令生产经营单位停产停业整顿。

有前款违法行为，导致发生生产安全事故的，对生产经营单位的主要负责人给予撤职处分，对个人经营的投资人处二万元以上二十万元以下的罚款；构成犯罪的，依照刑法有关规定追究刑事责任。

第九十四条 生产经营单位的主要负责人未履行本法规定的安全生产管理职责的，责令限期改正，处二万元以上五万元以下的罚款；逾期未改正的，处五万元以上十万元以下的罚款，责令生产经营单位停产停业整顿。

生产经营单位的主要负责人有前款违法行为，导致发生生产安全事故的，给予撤职处分；构成犯罪的，依照刑法有关规定追究刑事责任。

生产经营单位的主要负责人依照前款规定受刑事处罚或者撤职处分的，自刑罚执行完毕或者受处分之日起，五年内不得担任任何生产经营单位的主要负责人；对重大、特别重大生产安全事故负有责任的，终身不得担任本行业生产经营单位的主要负责人。

第九十五条 生产经营单位的主要负责人未履行本法规定的安全生产管理职责，导致发生生产安全事故的，由应急管理部门依照下列规定处以罚款：

（一）发生一般事故的，处上一年年收入百分之四十的罚款；

（二）发生较大事故的，处上一年年收入百分之六十的罚款；

（三）发生重大事故的，处上一年年收入百分之八十的罚款；

（四）发生特别重大事故的，处上一年年收入百分之一百的罚款。

第九十六条 生产经营单位的其他负责人和安全生产管理人员未履行本法规定的安全生产管理职责的，责令限期改正，处一万元以上三万元以下的罚款；导致发生生产安全事故的，暂停或者吊销其与安全生产有关的资格，并处上一年年收入百分之二十以上百分之五十以下的罚款；构成犯罪的，依照刑法有关规定追究刑事责任。

第九十七条 生产经营单位有下列行为之一的，责令限期改正，处十万元以下的罚款；逾期未改正的，责令停产停业整顿，并处十万元以上二十万元以下的罚款，对其直接负责的主管人员和其他直接责任人员处二万元以上五万元以下的罚款：

（一）未按照规定设置安全生产管理机构或者配备安全生产管理人员、注册安全工程师的；

（二）危险物品的生产、经营、储存、装卸单位以及矿山、金属冶炼、建筑施工、运输单位的主要负责人和安全生产管理人员未按照规定经考核合格的；

（三）未按照规定对从业人员、被派遣劳动者、实习学生进行安全生产教育和培训，或者未按照规定如实告知有关的安全生产事项的；

（四）未如实记录安全生产教育和培训情况的；

（五）未将事故隐患排查治理情况如实记录或者未向从业人员通报的；

（六）未按照规定制定生产安全事故应急救援预案或者未定期组织演练的；

（七）特种作业人员未按照规定经专门的安全作业培训并取得相应资格，上岗作业的。

第九十八条 生产经营单位有下列行为之一的，责令停止建设或者停产停业整顿，限期改正，并处十万元以上五十万元以下的罚款，对其直接负责的主管人员和其他直接责任人员处二万元以上五万元以下的罚款；逾期未改正的，处五十万元以上一百万元以下的罚款，对其直接负责的主管人员和其他直接责任人员处五万元以上十万元以下的罚款；构成犯罪的，依照刑法有关规定追究刑事责任：

（一）未按照规定对矿山、金属冶炼建设项目或者用于生产、储存、装卸危险物品的建设项目进行安全评价的；

（二）矿山、金属冶炼建设项目或者用于生产、储存、装卸危险物品的建设项目没有安全设施设计或者安全设施设计未按照规定报经有关部门审查同意的；

（三）矿山、金属冶炼建设项目或者用于生产、储存、装卸危险物品的建设项目的施工单位未按照批准的安全设施设计施工的；

（四）矿山、金属冶炼建设项目或者用于生产、储存、装卸危险物品的建设项目竣工投入生产或者使用前，安全设施未经验收合格的。

第九十九条 生产经营单位有下列行为之一的，责令限期改正，处五万元以下的罚款；逾期未改正的，处五万元以上二十万元以下的罚款，对其直接负责的主管人员和其他直接责任人员处一万元以上二万元以下的罚款；情节严重的，责令停产停业整顿；构成犯罪的，依照刑法有关规定追究刑事责任：

（一）未在有较大危险因素的生产经营场所和有关设施、设备上设置明显的安全警示标志的；

（二）安全设备的安装、使用、检测、改造和报废不符合国家标准或者行业标准的；

（三）未对安全设备进行经常性维护、保养和定期检测的；

（四）关闭、破坏直接关系生产安全的监控、报警、防护、救生设备、设施，或者篡改、隐瞒、销毁其相关数据、信息的；

（五）未为从业人员提供符合国家标准或者行业标准的劳动防护用品的；

（六）危险物品的容器、运输工具，以及涉及人身安全、危险性较大的海洋石油开采特种设备和矿山井下特种设备未经具有专业资质的机构检测、检验合格，取得安全使用证或者安全标志，投入使用的；

（七）使用应当淘汰的危及生产安全的工艺、设备的；

（八）餐饮等行业的生产经营单位使用燃气未安装可燃气体报警装置的。

第一百条 未经依法批准，擅自生产、经营、运输、储存、使用危险物品或者处置废弃危险物品的，依照有关危险物品安全管理的法律、行政法规的规定予以处罚；构成犯罪的，依照刑法有关规定追究刑事责任。

第一百零一条 生产经营单位有下列行为之一的，责令限期改正，处十万元以下的罚款；逾期未改正的，责令停产停业整顿，并处十万元以上二十万元以下的罚款，对其直接负责的主管人员和其他直接责任人员处二万元以上五万元以下的罚款；构成犯罪的，依照刑法有关规定追究刑事责任：

（一）生产、经营、运输、储存、使用危险物品或者处置废弃危险物品，未建立专门安全管理制度、未采取可靠的安全措施的；

（二）对重大危险源未登记建档，未进行定期检测、评估、监控，未制定应急预案，或者未告知应急措施的；

（三）进行爆破、吊装、动火、临时用电以及国务院应急管理部门会同国务院有关部门规定的其他危险作业，未安排专门人员进行现场安全管理的；

（四）未建立安全风险分级管控制度或者未按照安全风险分级采取相应管控措施的；

（五）未建立事故隐患排查治理制度，或者重大事故隐患排查治理情况未按照规定报告的。

第一百零二条 生产经营单位未采取措施消除事故隐患的，责令立即消除或者限期消除，处五万元以下的罚款；生产经营单位拒不执行的，责令停产停业整顿，对其直接负责的主管人员和其他直接责任人员处五万元以上十万元以下的罚款；构成犯罪的，依照刑法有关规定追究刑事责任。

第一百零三条 生产经营单位将生产经营项目、场所、设备发包或者出租给不具备安全生产条件或者相应资质的单位或者个人的，责令限期改正，没收违法所得；违法所得十万元以上的，并处违法所得二倍以上五倍以下的罚款；没有违法所得或者违法所得不足十万元的，单处或者并处十万元以上二十万元以下的罚款；对其直接负责的主管人员和其他直接责任人员处一万元以上二万元以下的罚款；导致发生生产安全事故给他人造成损害的，与承包方、承租方承担连带赔偿责任。

生产经营单位未与承包单位、承租单位签订专门的安全生产管理协议或者未在承包合同、租赁合同中明确各自的安全生产管理职责，或者未对承包单位、承租单位的安全生产统一协调、管理的，责令限期改正，处五万元以下的罚款，对其直接负责的主管人员和其他直接责任人员处一万元以下的罚款；逾期未改正的，责令停产停业整顿。

矿山、金属冶炼建设项目和用于生产、储存、装卸危险物品的建设项目的施工单位未按照规定对施工项目进行安全管理的，责令限期改正，处十万元以下的罚款，对其直接负责的主管人员和其他直接责任人员处二万元以下的罚款；逾期未改正的，责令停产停业整顿。以上施工单位倒卖、出租、出借、挂靠或者以其他形式非法转让施工资质的，责令停产停业整顿，吊销资质证书，没收违法所得；违法所得十万元以上的，并处违法所得二倍以上五倍以下的罚款，没有违法所得或者违法所得不足十万元的，单处或者并处十万元以上二十万元以下的罚款；对其直接负责的主管人员和其他直接责任人员处五万元以上十万元以下的罚款；构成犯罪的，依照刑法有关规定追究刑事责任。

第一百零四条 两个以上生产经营单位在同一作业区域内进行可能危及对方安全生产的生产经营活动，未签订安全生产管理协议或者未指定专职安全生产管理人员进行安全检查与协调的，责令限期改正，处五万元以下的罚款，对其直接负责的主管人员和其他直接责任人员处一万元以下的罚款；逾期未改正的，责令停产停业。

第一百零五条 生产经营单位有下列行为之一的，责令限期改正，处五万元以下的罚款，对其直接负责的主管人员和其他直接责任人员处一万元以下的罚款；逾期未改正的，责令停产停业整顿；构成犯罪的，依照刑法有关规定追究刑事责任：

（一）生产、经营、储存、使用危险物品的车间、商店、仓库与员工宿舍在同一座建筑内，或者与员工宿舍的距离不符合安全要求的；

（二）生产经营场所和员工宿舍未设有符合紧急疏散需要、标志明显、保持畅通的出口、疏散通道，或者占用、锁闭、封堵生产经营场所或者员工宿舍出口、疏散通道的。

第一百零六条 生产经营单位与从业人员订立协议，免除或者减轻其对从业人员因生产安全事故伤亡依法应承担的责任的，该协议无效；对生产经营单位的主要负责人、个人经营的投资人处二万元以上十万元以下的罚款。

第一百零七条 生产经营单位的从业人员不落实岗位安全责任，不服从管理，违反安全生产规章制度或者操作规程的，由生产经营单位给予批评教育，依照有关规章制度给予处分；构成犯罪的，依照刑法有关规定追究刑事责任。

第一百零八条 违反本法规定，生产经营单位拒绝、阻碍负有安全生产监督管理职责的部门依法实施监督检查的，责令改正；拒不改正的，处二万元以上二十万元以下的罚款；对其直接负责的主管人员和其他直接责任人员处一万元以上二万元以下的罚款；构成犯罪的，依照刑法有关规定追究刑事责任。

第一百零九条 高危行业、领域的生产经营单位未按照国家规定投保安全生产责任保险的，责令限期改正，处五万元以上十万元以下的罚款；逾期未改正的，处十万元以上二十万元以下的罚款。

第一百一十条 生产经营单位的主要负责人在本单位发生生产安全事故时，不立即组织抢救或者在事故调查处理期间擅离职守或者逃匿的，给予降级、撤职的处分，并由应急管理部门处上一年年收入百分之六十至百分之一百的罚款；对逃匿的处十五日以下拘留；构成犯罪的，依照刑法有关规定追究刑事责任。

生产经营单位的主要负责人对生产安全事故隐瞒不报、谎报或者迟报的，依照前款规定处罚。

第一百一十一条 有关地方人民政府、负有安全生产监督管理职责的部门，对生产安全事故隐瞒不报、谎报或者迟报的，对直接负责的主管人员和其他直接责任人员依法给予处分；构成犯罪的，依照刑法有关规定追究刑事责任。

第一百一十二条 生产经营单位违反本法规定，被责令改正且受到罚款处罚，拒不改正的，负有安全生产监督管理职责的部门可以自作出责令改正之日的次日起，按照原处罚数额按日连续处罚。

第一百一十三条 生产经营单位存在下列情形之一的，负有安全生产监督管理职责的部门应当提请地方人民政府予以关闭，有关部门应当依法吊销其有关证照。生产经营单位主要负责人五年内不得担任任何生产经营单位的主要负责人；情节严重的，终身不得担任本行业生产经营单位的主要负责人：

（一）存在重大事故隐患，一百八十日内三次或者一年内四次受到本法规定的行政处罚的；

（二）经停产停业整顿，仍不具备法律、行政法规和国家标准或者行业标准规定的安全生产条件的；

（三）不具备法律、行政法规和国家标准或者行业标准规定的安全生产条件，导致发生重大、特别重大生产安全事故的；

（四）拒不执行负有安全生产监督管理职责的部门作出的停产停业整顿决定的。

第一百一十四条 发生生产安全事故，对负有责任的生产经营单位除要求其依法承担相应的赔偿等责任外，由应急管理部门依照下列规定处以罚款：

（一）发生一般事故的，处三十万元以上一百万元以下的罚款；

（二）发生较大事故的，处一百万元以上二百万元以下的罚款；

（三）发生重大事故的，处二百万元以上一千万元以下的罚款；

（四）发生特别重大事故的，处一千万元以上二千万元以下的罚款。

发生生产安全事故，情节特别严重、影响特别恶劣的，应急管理部门可以按照前款罚款数额的二倍以上五倍以下对负有责任的生产经营单位处以罚款。

第一百一十五条 本法规定的行政处罚，由应急管理部门和其他负有安全生产监督管理职责的部门按照职责分工决定；其中，根据本法第九十五条、第一百一十条、第一百一十四条的规定应当给予民航、铁路、电力行业的生产经营单位及其主要负责人行政处罚的，也可以由主管的负有安全生产监督管理职责的部门进行处罚。予以关闭的行政处罚，由负有安全生产监督管理职责的部门报请县级以上人民政府按照国务院规定的权限决定；给予拘留的行政处罚，由公安机关依照治安管理处罚的规定决定。

第一百一十六条 生产经营单位发生生产安全事故造成人员伤亡、他人财产损失的，应当依法承担赔偿责任；拒不承担或者其负责人逃匿的，由人民法院依法强制执行。

生产安全事故的责任人未依法承担赔偿责任，经人民法院依法采取执行措施后，仍不能对受害人给予足额赔偿的，应当继续履行赔偿义务；受害人发现责任人有其他财产的，可以随时请求人民法院执行。

第七章　附　则

第一百一十七条 本法下列用语的含义：

危险物品，是指易燃易爆物品、危险化学品、放射性物品等能够危及人身安全和财产安全的物品。

重大危险源，是指长期地或者临时地生产、搬运、使用或者储存危险物品，且危险物品的数量等于或者超过临界量的单元（包括场所和设施）。

第一百一十八条 本法规定的生产安全一般事故、较大事故、重大事故、特别重大事故的划分标准由国务院规定。

国务院应急管理部门和其他负有安全生产监督管理职责的部门应当根据各自的职责分工，制定相关行业、领域重大危险源的辨识标准和重大事故隐患的判定标准。

第一百一十九条 本法自 2002 年 11 月 1 日起施行。

《中华人民共和国职业病防治法》

天津港“8·12”瑞海公司危险品仓库特别重大火灾爆炸事故调查报告

参考文献

[1] 企业安全生产标准建设系列手册编委会. 工贸企业安全生产标准化建设手册 [M]. 北京：中国劳动社会保障出版社，2014.

[2] 安全生产规范化管理丛书编委会. 企业开展事故隐患排查工作新做法与新经验 [M]. 北京：中国劳动社会保障出版社，2013.

[3] 傅贵. 安全管理学：事故预防的行为控制方法 [M]. 北京：科学出版社，2018.

[4] 罗云. 现代安全管理 [M]. 3 版. 北京：化学工业出版社，2016.

[5] 谢振华. 安全生产基础知识 [M]. 2 版. 北京：中国劳动社会保障出版社，2017.

[6] 苗金明. 职业健康安全管理体系与安全生产标准化 [M]. 北京：清华大学出版社，2013.

[7] 21 世纪安全生产教育丛书编写组. 企业负责人与管理人员安全生产管理读本 [M]. 北京：中国劳动社会保障出版社，2012.

[8] 刘宏. 职业安全管理 [M]. 北京：化学工业出版社，2004.

[9] 罗云. 风险分析与安全评价 [M]. 3 版. 北京：化学工业出版社，2016.

[10] 王自勤. 现代物流管理 [M]. 3 版. 北京：电子工业出版社，2018.

[11] 中国安全生产协会. 安全生产技术 [M]. 北京：中国大百科全书出版社，2011.

[12] 田水承，景国勋. 安全管理学 [M]. 2 版. 北京：机械工业出版社，2016.

[13] 崔政斌，冯永发. 杜邦十大安全理念透视 [M]. 北京：化学工业出版社，2013.

[14] 简新. 安全生产定律论 [M]. 北京：气象出版社，2012.

[15] 刘双跃. 安全生产法及相关法律知识 [M]. 北京：中国建筑工业出版社，2012.

[16] 黄守刚. 图解铁路工程施工安全防护与安全心理 [M]. 北京：中国铁道出版社，2012.

[17] 李仲男. 安全防范设计评估师（基础知识）[M]. 北京：中国劳动社会保障出版社，2007.

[18] 林柏泉，张景林. 安全系统工程 [M]. 北京：中国劳动社会保障出版社，2007.

[19] 张力，廖可兵. 安全人机工程学 [M]. 北京：中国劳动社会保障出版社，2007.

[20] 中国铁道学会安全委员会. 铁路安全管理新视觉 [M]. 成都：西南交通大学出版社，2013.

[21] 于维英，张玮. 职业安全与卫生 [M]. 北京：清华大学出版社，2008.

[22] 邢娟娟，等. 企业重大事故应急管理与预案编制 [M]. 北京：航空工业出版社，2005.

[23] 王武宏. 车辆人机交互安全与辅助驾驶 [M]. 北京：人民交通出版社，2012.

[24] 高觉敷. 西方心理学史论 [M]. 合肥：安徽教育出版社，1995.

[25] 李劲. 企业生产安全事故的“基因”分析 [J]. 中国安全科学学报，2009（7）：58－64.

[26] 齐继伟. 交通事故中驾驶员因素的影响：论驾驶错觉与行车安全 [J]. 交通工程，2003（5）：29－33.

[27] 李劲. 第三方物流安全的现状分析及展望 [J]. 中国安全科学学报，2009，19（1）：93－98.

[28] 石国红，贺玉姣，刘昊. 过去 30 年铁路危险货物运输事故规律剖析 [J]. 交通运输工程与信息学报，2017（3）：1－8.

[29] 刘光新，李克平，倪颖. 交叉口行人过街心理及交通行为分析 [J]. 交通科技与经济，2008（5）：58－61.

［30］江琼．海峡两岸职业安全卫生法制比较［J］．华北科技学院学报，2007（4）：45－49．
［31］谢德成．劳动安全保护权到工作环境权：《安全生产法》的权利理念［J］．社会评论，2007（4）：96－103．
［32］陈荣昌，刘敏燕，黄兵．美国职业卫生法规、监管及统计体系［J］．中国安全科学学报，2007（3）：100－104．
［33］陈荣昌，刘敏燕，樊鸿涛，等．英国职业卫生法规、监管及统计体系［J］．中国安全科学学报，2007（4）：100－104．
［34］吴伟．美国的职业安全与卫生监管［J］．社会科学，2006（4）：104－110．
［35］许婷，周燕．比较视野下安全生产的政府管制研究［J］．中国地质大学学报（社会科学版），2006（6）：55－60．
［36］张剑虹，楚风华．国外职业安全卫生法的发展及对当代中国的启示［J］．河北法学，2007，25（2）：94－96．
［37］廖可兵，张力，黄祥瑞．人的失误理论研究进展［J］．中国安全科学学报，2006（7）：45－50．
［38］张兴容．心理学在企业安全管理中的应用［J］．工业安全与环保，1997（9）：36－38．
［39］王泽申．关于人机系统安全分析中人的因素的一些探讨［J］．中国安全科学学报，1997（2）：26－29．
［40］公安部交通管理局．中华人民共和国道路交通事故统计年报（2008—2015）［R］．2016．
［41］刘星期．构建工业安全心理学的思考［J］．心理科学，2003，26（2）：341－342．
［42］楚风华，张剑虹．职业安全卫生法的国际比较及其启示［J］．甘肃社会科学，2007（5）：152－154．
［43］任国友．中国职业安全卫生工作走一体化发展道路的必要性［J］．安全，2007（8）：22－23．
［44］徐德蜀．安全文化、安全科技与科学安全生产观［J］．中国安全科学学报，2006（3）：71－82．
［45］刘星．安全伦理与安全生产：解析安全伦理命题，制定“道德的”安全生产激励政策［J］．中国安全科学学报，2007（6）：79－86．
［46］罗铮．物流链安全保障体系研究［J］．物流科技，2005（10）：8－10．
［47］罗一新．关于我国物流安全的现状及对策研究［J］．科技和产业，2006（5）：16－19．
［48］陈志刚，陈祥锋，黄中鼎．构建物流安全系统框架研究［J］．科技导报，2007（15）：48－52．
［49］张效宏．如何把住货运作业“三关”，确保运输安全［J］．铁道节能环保与安全卫生，2007（6）：280－282．
［50］杨佐东，黄志鹏．铁路货运列车火灾事故成因及预防对策［J］．铁道警察学院学报，2010（3）：17－19．
［51］赵宏展，徐向东，于广涛．企业安全管理体系功能实现：生产安全问题确认和求解的视角［J］．中国安全科学学报，2009（1）：75－80．
［52］邱成．职业安全卫生尚存立法空间：与法学博士陈步雷一席谈（上）［J］．现代职业安全，2007（11）：58－61．
［53］邱成．职业安全卫生尚存立法空间：与法学博士陈步雷一席谈（下）［J］．现代职业安全，2007（12）：62－65．
［54］闫华．道路交通事故与驾驶员群体心理品质关联模型构建［J］．中国安全科学学报，2016（2）：13－17．
［55］黄浪，吴超．物流安全运筹学的构建研究［J］．中国安全科学学报，2016（2）：18－24．
［56］马振鹏，俞秀宝，吴宗法，等．安全知识对安全绩效的影响机制研究［J］．中国安全科学学报，2016，26（7）：141－146．

[57] 赵勇刚. 铁路车站货运作业安全评价及管理的相关研究 [D]. 北京：北京交通大学，2007.
[58] 广州铁路（集团）公司. 广州铁路（集团）公司企业标准 Q/GZT03Z—2010 [S].
[59] COOPER J M, MEDEIROS - WARD N, STRAYER D L. The impact of eye movements and cognitive workload on lateral position variability in driving [J]. Human Factors, 2013, 55 (5): 1001 - 1014.
[60] ASHBY N J, KONSTANTINIDIS E, YECHIAM E. Choice in experiential learning: true preferences or experimental artifacts? [J]. Acta Psychologica, 2017, 174 (3): 59 - 67.
[61] SILVA S. LIMA M L, BAPTISTA C. OSCI: an organizational and safety climate inventory [J]. Safety Sicence, 2004 (42): 205 - 220.
[62] VREDENBURGH A. Organizational safety: which management practices are most effective in reducing employee injury rates [J]. Journal of Safety Reacher, 2002 (33): 259 - 276.
[63] WILLEY R J, CROWL D A, LEPKOWSKI W. The Bhopal tragedy: its influence on process and community safety as practiced in the United States [J]. Journal of Loss Prevention in the Process Industries, 2005 (18): 365 - 374.
[64] DRUCKER P. Management: tasks, responsibility, practices [M]. New York: Harper&Row, 1973.
[65] O'DONOGHUE T, RABIN M. Incentives for procrastinators [J]. Quarterly Journal of Economics, 1999, 114 (3): 796 - 818.
[66] RUNDMO T. Associations between risk perception and safety [J]. Safety Sicence, 1996 (24): 197 - 209.
[67] EVERYD, BEARMAN C, MATTHEWS R, et al. Contacts versus connectors: the role of community fire safe group coordinators in achieving positive bushfire safety outcomes [J]. International Journal of DisasterRiskReduction, 2016, 19 (5): 390 - 398.
[68] SARAF S, KARANJIKAR M. Literary and economic impact of the Bhopal gas tragedy [J]. Journal of Loss Prevention in the Process Industries, 2005, 18 (4 - 6): 274 - 282.
[69] WAKABAYASHI H, ANDO M, KAWAGUCHI T, et al. Sustainable traffic safety management at accident black spots combined with drivers psychology and vehicle engineering using eye mark recorder [J]. Transportation Research Procedia, 2014, 3 (2): 90 - 99.